기독학교,
이 땅의 소망입니다

하나님의 영광과 나라와 교회와 기독학교를 향한

43년의 헌신과 사랑에 감사드리며

존경하는 동송(冬松) 김국도 목사님과 사모님께

이 책을 드립니다.

기독학교, 이 땅의 소망입니다

인 쇄	2015년 11월 28일
발 행	2015년 11월 28일

지은이	조형래
펴낸이	조형래
펴낸곳	전인기독학교
주 소	서울시 송파구 방이동 위례성대로 28 / 강원도 홍천구 서면 모곡로 87 – 17
전화번호	Tel) 02) 2202 – 3767, 033) 439 – 1111
디자인	크리스찬디자인 그리심 / www.grisim.co.kr

ISBN 979-11-86108-15-4

* 이 책의 판권은 지은이와 전인기독학교에 있습니다. 내용의 일부와 전부를 무단 전재하거나 복제를 금합니다.

WHOLE PERSON CHRISTIANACADEMY

조 형 래 지음

추천사

성경적 세계관으로 크리스천 리더를 양성하는 전인기독학교

김요셉 목사
원천침례교회 담임목사
수원 중앙기독학교 교목

성공과 결과 중심의 세속화된 교육 현실 속에서 전인기독학교가 이 땅에 존재한다는 것 자체가 소망이고 축복입니다.

전인기독학교를 방문할 때마다 느끼는 생각은 부모, 교사, 학생 모두가 행복한 학교라는 것입니다. 그 이유는 이 학교가 온전한 교육을 말보다 삶으로 가르치며 실현하고 있다는 것입니다. 온전한 교육은 학교에서만 아니라 성경적 세계관에 바탕을 둔 가정과 교회 그리고 학교가 함께 교육할 때 이루어집니다. 그런 차원에서 기독교학교들이 진정한 교육을 제시하고 공교육이 지니는 여러 문제점들에 대안적 교육을 위해 많이 세워지고 있습니다. 하지만 교회와 함께 교육하고 온전한 기독교 교육이 이뤄지고 있는 기독학교는 많지 않습니다. 그런 가운데 전인기독학교는 온전한 사람을 양성하는 전인교육을 위하여 건강하게 성장해 온 기독학교입니다.

전인기독학교의 교장 조형래 목사님은, 가정, 학교, 교회가 하나 된 공동체를 바탕으로 기독교학교를 운영하고, 목사이면서 교육자라는 공통점

이 있어서 그랬을까요? 제가 해드리는 조언을 귀담아 들으며, 열심히 학교의 모습을 갖춰나갔습니다. 미국에 있는 기독교학교를 함께 탐방하면서 한국에서 각자 시작한 기독교학교를 하나님 안에서 잘 해나가고 싶은 마음과 비전을 나누었던 것이 엊그제 같은데, 벌써 12여 년이 흘렀네요.

이번에 출간하는 책을 읽어보니, 목사님이 평소에 하시던 말씀과 철학, 12년 동안 일군 학교의 모습이 고스란히 담겨 있습니다. 책에 소개된 내용 이상으로 훌륭한 교육이 이루어지고 있음을 알지만, 몇 가지 제게 강하게 다가온 부분이 있었습니다.

먼저 학교가 학생들의 교육을 책임지겠다는 의지가 강합니다. 이에 따라 성, 지, 정, 의, 체를 골고루 성장하도록 하는 커리큘럼을 운영하고 있습니다. 임마누엘교회의 기도와 재정적인 후원과 믿음으로 훈련된 부모 그리고 실력과 영성을 겸비한 교사들이 삼위일체가 되어 이 시대에 영향력 있는 글로벌 지도자를 양성하는 학교입니다. 특별히 수요자 중심의 눈높이 교육을 통하여 학생들의 잠재된 능력과 재능을 찾아내어 실력 있는 인재를 양성하는 교육의 요람입니다. 그래서인지 전인기독학교에 대한 졸업생과 재학생들, 학부모님들의 만족도가 상당히 높았습니다.

이제 전인가독학교도 초등학교부터 고등학교까지, 12년의 커리큘럼을 제대로 갖추었습니다. 대학입시도 벌써 세 차례나 치렀고, 좋은 결과를 냈습니다. 어디에 내놔도 손색없는 기독교학교로 거듭나고 있습니다. 이제 전인기독학교가 기독교학교로서의 자부심을 가지고, 우리나라뿐만 아니라 전 세계의 크리스천 리더를 배출하는 훌륭한 학교로 거듭나길 원합니다. 세상과 문화를 변화시켜 하나님께 영광 돌리는 학생들을 많이 배출해내고, 새롭게 기독교학교를 시작하는 이들에게는 좋은 모델이 되는 학교가 되길 소원합니다.

추천사

세상을 변화시키는 비전으로 초대하는 학교

박상진 소장
(기독교학교교육연구소, 장신대 교수)

이 책은 하나님의 교육을 꿈꾸는 아름다운 학교 이야기를 담고 있다. 12년 전에 한 알의 밀알처럼 심겨져 이제는 뿌리를 내리고 줄기를 뻗어 많은 열매를 맺는 아름드리나무로 성장한 기독학교, 바로 전인기독학교 이야기이다.

지난 10여 년을 가까이에서 지켜본 전인기독학교는 여러 가지로 모범적인 기독학교이다. 우선 이름이 보여주듯이 정말 전인(Whole Person)에 관한 관심이 있다. 오늘날 학교들이 지적인 영역, 그것도 시험에 나오는 것만 달달 외우는 암기식, 요령 위주 교육으로 왜곡되어 있는데, 전인기독학교는 성, 지, 정, 의, 체를 균형 있게 추구하는 학교이다. 강원도 홍천의 공기 좋은 시골 한 모퉁이에 자리 잡은 전인기독학교를 방문해보면, 다섯 가지 교육가치가 얼마나 아름답게 형성되고 있는지를 눈으로 보게 될 것이다. 전인기독학교는 특히 성(聖)을 중요하게 여기는데 '여호와를 경외하는 것

이 지식의 근본'임을 알고 신앙에 기초한 교육을 추구한다. 단지 대안학교로 머무르지 않고 하나님이 원하시는 원안학교를 지향하는 기독학교로서의 전인기독학교는 신앙적인 교육이 어떻게 진정으로 행복한 삶을 만드는지를 보여주고 있다.

전인기독학교의 교장 선생님이신 조형래 목사님은 인생의 여러 가지 다른 선택이 얼마든지 가능하신 분임에도 불구하고 기독교교육에 자신의 인생의 승부를 거신 분이다. 그가 쓰고 편집한 책을 읽노라면 마음이 따뜻해지고 감동이 되며, 더 나아가 마음이 뜨거워지고 불이 붙는 것을 느끼게 된다. 한국교회가 이 땅에 기독학교들을 세워 이 세상을 변화시키는 이 비전으로 초대받게 된다. 이 책은 단지 머리로 쓰거나 손으로 쓴 책이 아니다. 가슴으로 쓴 책이며 온몸으로 쓴 책이다. 독자들도 이 책을 머리나 눈으로 읽기보다는 마음으로 온몸으로 읽기 바란다. 그리고 우리가 어떤 모양으로든 이 비전에 참여하기 바란다. 이 책은 자녀교육을 위해 고민하는 이 땅의 모든 학부모, 그리고 다음 세대 교육에 관심 있는 모든 목회자와 교사들이 읽어야 할 필독서이다. 이 책을 읽는 독자들을 통해 이 땅에 하나님의 교육이 가득해지기를 소망한다.

추천사

미래 한국과 교회를 살리는 유일한 대안의 모형이 되는 학교

김병삼 목사
만나교회 담임목사

"콩 심은 데 콩 나고, 팥 심은 데 팥 난다"는 속담이 있습니다. 이 말은 우리 삶의 여러 군데에 적용되겠지만, 저는 이 말이 어김없이 적용되는 영역 중 하나를 교육이라고 생각합니다.

우리가 가진 씨앗 중에 선별해서 좋은 씨앗을 심고 가꿀 때 좋은 열매를 맺을 수 있듯이, 우리가 가진 좋은 것을 다음 세대에게 잘 심어줄 때, 교육받은 우리 자녀의 삶은 크게 달라진다고 생각합니다.

지금 우리가 가진 것이 무엇이고, 무엇을 전하고 있는지 심각하게 고민하면서 시작한 학교가 있습니다. 바로 '전인기독학교'였습니다. 이사장 김국도 목사님은 "제대로 된 교육은 무엇인가"를 끊임없이 고민하셨습니다. 그리고 그 답은 오직 하나님께 있음을 알고, 하나님의 세계관으로 가르치는 학교를 세워야 한다고 보셨습니다. 학교에서 배우는 모든 부분에 하나님이 계시도록 커리큘럼을 짜고, 학교가 마음껏 교육할 수 있도록 교회가

적극 도와야 한다며 두 팔을 걷고 열심히 후원해 주셨습니다. 실력과 영성을 겸비한 사람, 전인격적으로 균형 잡힌 하나님의 사람을 길러 내는 일은 단순히 한 학생의 꿈을 이루는 수준이 아니라, 미래의 한국을 살리며, 한국 교회를 살리는 유일한 대안이라고 여기셨기 때문입니다. 이를 위해 교장 조형래 목사님은 열정과 최선을 다하며 그 대안을 현실화 하며 불모지와 같은 한국 기독교학교에 길을 만들고 씨를 뿌리며 열매를 맺는 데 헌신하고 있습니다.

이 책에는 교회가 세운 한국 최초의 미인가 기독학교인, 전인기독학교가 어떻게 시작되었고, 비전과 추구하는 바는 무엇인지가 잘 드러나 있습니다. 대한민국 교육의 최전선에서 하나님께 받은 구원의 은혜와 사랑을 경험한 아이들이 어떻게 성장하고 있는지도 잘 적혀 있습니다. 저는 전인기독학교에서 교육받은 학생들이 앞으로 이 세상을 섬기고 치유하는 온전한 그리스도인이 되리라 믿습니다.

기독교학교를 세우고 싶은 마음을 가진 분이나 다음 세대를 향한 비전을 가진 분들에게는 이 책이 전해주는 생생한 삶의 이야기가 생각의 방향을 잡는 데 좋은 길잡이가 되리라 생각합니다.

추천사

하늘나라의 명문교육을 받는 전인기독학교 아이들

임우현 목사
(징검다리선교회 대표)

아마 청소년들을 만나는 사역자 중에 제가 전인 기독학교 친구들을 지난 몇 년간 가장 많이 만나지 않았나 싶어요. 그 이유는 제가 전인기독학교 학생들을 자주 보고 싶어 하기 때문입니다. ^^ 처음 학교에 개학 부흥회를 하러 찾아 갈 때에 서울에서 멀지는 않은데 도착만 하면 어느새 강원도 한 산골의 여유로움과 상쾌함을 느낄 수 있는 환경에 깜짝 놀랐답니다. ^^ 그리고 만난 친구들의 오전 예배와 오후 그리고 저녁 예배까지 이틀간에 여섯 번의 예배를 쭉 이어 달리는 프로그램에 "우와 이 학교 대단하다"라는 생각도 해보며 예배를 중요하게 여기는 기독학교라 생각했습니다.

그런데 아이들 중에 점심 후 집회에 조금 피곤해 보이고 졸려 보이는 아이들이 있어서 '예배를 많이 드리니 피곤해서 그런가' 아니면 '내가 싫어서 그런가?'라는 여러 생각을 했는데 나중에 알고 보니 전교생이 모두 다 새벽기도회를 드리는 학교랍니다. ㅠㅠ 새벽 예배를요. ^^

이거는 일주일 내내 학교에서 가장 첫 시간을 예배로 시작하고 개학하

고도 가장 먼저 예배로 시작하는 이 교육은 아마도 현재의 교육과는 정반대의 교육이며 게다가 아이들은 휴대폰을 사용하지도 않습니다. 인근 10km 내에 PC방은 물론이고 노래방도 없습니다. 강원도 공기 좋은 산자락에서 운동장에서 운동을 하고 친구들과 음악을 하고 하나님이 만들어 놓으신 자연을 바라보며 살아가는 전인학생들, 가장 비싼 과외를 받으며 명문 학원을 다니는 학생들보다도 가장 완벽한 창조주 하나님께 과외를 받으며 이 땅이 아닌 하늘나라 천국의 가장 명문교육을 받는 이 친구들이야말로 가장 이상적인 기독교 교육을 받는다는 생각이 들었답니다. ^^ 그래서 제가 선생님들과 학생들에게 자주자주 만나고 싶다했습니다. ^^

예배를 드리러 올 때마다 자주 이야기하는 고백은 "십 년 후, 이십 년 후에 전인 출신 너희들이 이 사회의 곳곳에서 주인공이 되었을 때에 펼쳐질 놀라운 일들을 기대한다"는 것이었습니다. 분명히 세상에 빠져 죄에 헤매며 세상의 성공만을 향해 믿음을 버리고 예배를 타협하며 자라난 세대 속에, 다니엘과 세 친구처럼 뜻을 정하고 믿음을 지켜낸 친구들이 자신에게 주어진 달란트를 잘 관리하고 더욱 훈련하여서 세상에 나아갔을 때, 골리앗을 물리친 다윗처럼 나라를 구하고 백성들을 살려낸 모세와 요셉처럼, 그리고 다니엘과 에스더처럼 가족과 친구와 나라와 민족을 살려낼 이들이 자라날 것을 믿습니다. 부족하지만 저도 이들이 만들어가는 아름다운 세상을 주 안에서 함께 바라보기를 원하며 이 책을 대하는 많은 분들도 전인 교육의 마음에 공감하며 같은 마음으로 살아가시길 축복해 봅니다.

작은 추천사를 쓰면 전인이들을 생각하니 흥분되어 긴 글이 되어 버렸습니다. ㅠㅠ 이해해 주시고 전인기독학교 모든 학생들과 선생님들에게 감사와 사랑의 마음을 전해봅니다

감사의 글

사랑에 빚진 자입니다

한국을 사랑하고 한국 교회를 사랑하기에 한국을 사랑하시는 하나님의 마음을 전하고 싶은 생각이 예전부터 많았는데 그 일을 하게 되어 감사하게 생각합니다. 이 일이 가능하도록 도와주신 많은 분에게 감사를 드립니다.

12년 동안 함께 한 학생들과 학부모님들, 선생님들과 직원들 그리고 전인기독학교를 위해 기도해 주신 임마누엘교회 장로님들을 비롯한 성도님들과 특별히 기도와 사랑으로 날마다 부족한 사람을 위해 기도해 주시는 전인교회 성도님들께 감사드립니다.

Thanks

특별히 부족한 사람의 처음 출간하는 책을 깊은 마음으로 격려해 주신 김요셉 목사님, 박상진 교수님, 김병삼 목사님 그리고 우리 학교를 너무나 사랑해 주시는 번개탄 임우현 목사님께 깊은 감사를 드리며, 이 책이 나오기까지 함께 수고해 주신 그리심의 염영식 장로님과 김희영 대리님, 글을 정리하고 수정해 준 우경신 전도사님, 이현주 집사님 그리고 남수현 선생님께 감사를 드립니다.

마지막으로 참교육을 삶으로 보여 주신 부모님과 목회자로서 성장하도록 지도해 주신 김국도 목사님께 깊은 감사를 드립니다.

무엇보다도 학교 일로 교회 일로 바쁘게 뛰어다닌 남편과 아빠를 끝까지 믿어주고 사랑해 주고 격려하며 여기까지 함께해준 사랑하는 아내 김정현 사모와 은송, 은빈, 현빈에게 너무나 감사하고 사랑합니다.

첫 눈이 내린 아름다운 홍천 보리울에서
사랑에 빚진 자
조형래 목사

목 차 CONTENTS

추천사 성경적 세계관으로크리스천 리더를 양성하는 전인기독학교 _ 김요셉 목사
　　　　　세상을 변화시키는 비전으로 초대하는 학교 _ 박상진 소장
　　　　　미래 한국과 교회를 살리는 유일한 대안의 모형이 되는 학교 _ 김병삼 목사
　　　　　하늘나라의 명문교육을 받는 전인기독학교 아이들 _ 임우현 목사

감사의 글 사랑에 빚진 자 입니다

프롤로그 기독교학교를 세우는 디딤돌이 되기 소망합니다

Theme 1 전인기독학교는 어떤 학교인가요? _ 23

　　　전인기독학교 시작되다 / 한 사람을 향한 사랑으로
　　　학교 설립에 마음을 모으다 / 기독학교 사역은 나에게 축복의 통로다
　　　삶과 신앙의 선순환을 도모하는 학교 / 영국엔 킹스우드, 한국엔 전인기독학교가 있다
　　　전인기독학교의 경쟁력과 강점 / 전인기독학교 책임지는 교육에 도전한다
　　　사랑하는 선배들아, 미안하다 / 사랑과 기도로 함께 하신 모든 분들께 감사드립니다
　　　하나님이 기준이 되는 학교 / 하나님이 맺어주신 한 가족과 같은 공동체

Theme 2 전인교육이 궁금해요 _ 109

　　　전인교육은 무엇인가?
　　　모든 것에 하나님을 더하는 거룩한 교육 – 성(聖)
　　　하나님을 알고 나를 알고 세상을 아는 지혜로운 교육 – 지(智)
　　　하나님 앞에 나를 내려놓기 위한 절제와 인내의 교육 – 정(情)
　　　하나님과 이 세상을 사랑하는 관계를 위하여 나를 계발하는 교육 – 의(意)
　　　'성령의 전'인 몸을 바르고 건전하고 건강하게 단련시키는 교육 – 체(體)
　　　전인기독학교의 초등교육과정

Theme 3 아이들을 통해 우리가 배워요 _ 169

　　　선생님들의 전인사랑 이야기

　　　날마다 주님의 도우심을 구하며 / 무릎으로 흘렸던 눈물이 씨앗이 되어

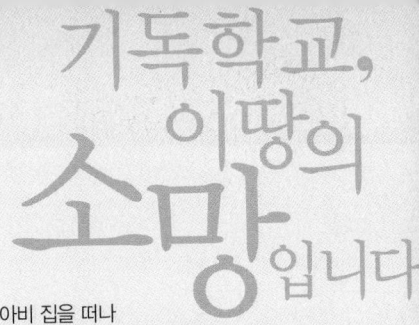

하나님의 부르심 / 본토 친척 아비 집을 떠나
교회가 있는 학교에서 공부할 수 있게 해주시니 감사합니다
아이들과 함께 성장하는 교사 / 우린 하나 / 기독교사로의 부르심
학생의 내면을 만지는 교사 / 손과 발로 섬기는 교사

선생님들의 가르침 이야기

우리 학교만의 독특한 이야기들 / 소논문으로 꿈과 비전 찾기
좌충우돌 과학 실험 / 영성수련회와 성경 읽기
몸은 하나님의 성전 / 공동체 생활의 위력을 아세요?
홍천의 새벽 운동

Theme 4 하나님이 우리 아이들을 키우시네요! _213

대안학교가 아닌 기독학교
그들만의 학교가 아닌 우리 모두의 학교
우리 아이들에게 참된 행복은 무엇일까?
아이와 부모가 함께 자랍니다
God's Academy!
학부모들의 목소리를 들어보세요.

Theme 5 교육 개혁, 교회가 해야 합니다 _243

회복과 부흥을 위해 교회가 해야 할 일
교회가 기독학교를 준비하고 시작해야 한다
하얀 거짓말의 교육
무엇을 위해 학교 보내십니까?
오늘날 학교를 생각해 본다
인본주의 영향력 아래 있는 현대교육
하고 싶은 일을 하는 것은 욕심이다
전인(全人)으로 키우겠습니다
세상이 우리를 통해 변할 수 있을까?

에필로그 하나님의 자존심이 되시기를 소망하는 전인기독학교

프롤로그

기독교학교를 세우는
디딤돌이 되기 소망합니다.

광복 70주년 기념하고 통일한국을 소망하는 마음으로 지난여름 40여명의 아이들과 함께 백두에서 한라까지 국토순례를 하면서 참 많은 경험과 감사의 순간들이 많았습니다. 특별히 우리를 안내한 가이드를 통해 기독학교의 가능성을 보았고 우리를 통해 세상이 변화될 수 있다는 확신을 하게 되었습니다.

처음 국토순례에 함께한 가이드의 첫인상은 까칠해 보였고 중고등학생들과 하는 여행이라 고생스럽고 힘들겠다라고 생각하는 듯이 보였습니다. 아이들을 이끄는 모습도 조금은 차갑고 사무적인 관계로 다가왔습니다. 그렇게 하루 이틀 시간이 지나면서 동행하는 아이들의 모습을 보고 또, 우리들의 일정들을 보면서 가이드의 마음이 조금씩 변하는 것을 순간순간 느꼈습니다.

일반학생들과 다르게 스마트폰을 소유한 학생이 없고 대화 가운데 욕설이 오고가지도 않고 묻는 질문에 정확하게 답을 하며 시간과 질서를 잘 지

Prologue

키는 밝은 웃음과 순수한 아이들의 매력에 푹 빠진 것 같았습니다. 더욱이 이런 학생들이 통일에 대한 뜻을 가지고 기도하고 애국가를 부르는 모습에 감동을 받은 것 같았습니다. '과연 이 아이들은 누구지? 왜 이제까지 봐왔던 학생들과 전혀 다른 것이지?' 그런 질문들이 가이드에게 있었는지 버스 안에서 설명을 할 때 방문하는 곳에 대한 설명 보다는 동행한 아이들을 향한 자신이 느끼는 생각과 도전과 감동에 대하여 이야기하기 시작했습니다. 아이들에 대한 기대와 소망을 느끼고 자신의 경험과 삶을 이야기 하더니 결국에는 아이들이 믿고 있는 하나님을 자기도 믿고 싶다고 하나님이 자신을 만나주시면 좋겠다며 눈가를 적시며 고백했습니다. 그 감동을 오래도록 기억하고 싶어서 였을까요, 가이드는 제주도 일정을 마치고 서울로 돌아올 때 기념품 가게에서 직접 선물을 골라 포장까지 해서 헤어짐의 선물로 아이들에게 주었습니다.

　이 한 사람의 변화를 보며 많은 생각을 하게 되었습니다. 이 세상이 예수 그리스도로 인해 변화되지 않는 것은 믿고 있는 우리가 예수 믿는 삶을 보여주지 못하고 나타내지 못함이라는 것입니다. 우리가 성경적으로 살고 그 믿음의 모습으로 살아가는 행복한 모습을, 세상과 다른 모습을 보여줄 때 하나님을 모르는 사람들도 하나님을 알고 싶고 믿고 싶은 감동을 받는다는 것입니다. 이것을 보여주고 알려줄 세상과 다르게 사는 사람들이 있다면 세상은 변화될 수 있다는 확신입니다.

프롤로그

그런데 교회 안에 그런 사람들을 찾아보기 쉽지 않은 시대에 살고 있습니다. 저는 그 이유가 교회가 타락하고 목회자들의 부정과 성도들의 기복신앙적인 믿음 때문이라고 생각하지 않습니다. 그것이 이유라면 그것 또한 우리가 받아 온 교육제도와 내용 때문입니다.

국가가 주도하는 의무교육을 국민이 마땅히 해야 할 일로 생각했기에 한 번도 의심한 적도 없었고 잘못된 것이라 생각하지도 않았습니다. 오히려 하나님을 뒤로 하더라도 더 열심히 공부시켜서 대학 보내는 것이 옳은 일이라 생각한 것입니다. 간교한 사탄은 이러한 마음을 알고 시대의 흐름 속에 교육을 통하여 우리의 믿음이 변질되게 만들었습니다.

이러한 왜곡된 교육을 바로 잡는 방법은 참된 교육을 보여주면 됩니다. 참 어려운 일 같지만 교육이 황폐화되어 청소년들의 마음이 메말라 방황하고 꿈과 비전 없이 대학 입시에 병들어 가는 이 세상에, 이런 아이들과 다른 아이들이 있다는 것을 보여주면 됩니다. 위기는 위험과 기회가 공존하는 것이라 합니다. 한국 교회와 사회는 분명 위험한 상황에 처했습니다. 그러나 하나님은 한국 교회에 다시금 영적 부흥의 기회를 허락하셨습니다. 그것이 바로 교회가 세우고 책임지는 학교입니다.

지난여름에는 우리 학교 아이들을 보고 변화되는 한 사람의 모습을 통해 다음 세대의 희망을 보았습니다. 이제 우리가 하면 됩니다. 아니 해야 합니다.

Prologue

　교육은 백년지대계(百年之大計)라 했습니다. 사탄이 교육을 통해 이 세상을 병들게 했다면 이제, 우리 그리스도인들이 일어나 강산이 몇 번 바뀌더라도 교육을 통해 다시 회복해야 합니다.

　전인기독학교는 이 땅에 교육을 통한 변화와 회복을 소망하며 성장해 나가고 있는 교회 중심의 기독교학교입니다. 교회의 전폭적인 지원이 있었음에도 한국 교육의 현실의 벽을 넘는다는 것은 분명 쉽지 않은 일입니다. 하지만 못할 일도 아닙니다. 우리 학교는 이 특별한 사명을 가지고 12년의 과정을 마무리하고 있습니다. 지금의 우리의 모습과 열매가 엘리야가 보았던 손바닥만 한 구름과 같은 존재인지 모르겠습니다. 하지만 수년 내에 하나님께서 큰 비를 허락하셨듯 전인기독학교의 아이들을 통해 이 세상의 교육의 기준을 바꾸어 주실 것이라 생각합니다.

　이 소망을 품고 기독교학교를 세우기 위해 준비하는 교회와 한국교육 현실의 아픔을 느끼며 대안을 찾는 부모들에게 조금이라도 도움이 되고자 하는 마음으로 전인기독학교가 품고 있는 다양한 이야기들을 정리해 보았습니다.

THEME 1
전인기독학교는 어떤 학교인가요?

협력학교인 수원 중앙기독학교에서 있었던 조형래 교장 선생님과의 인터뷰를 정리한 내용입니다.

전인기독학교,
시작되다

학부모 안녕하세요? 목사님! 전인기독학교가 어떤 학교인지 알고 싶습니다. 소개해 주실래요?

조형래 단순한 질문인데 답하기에는 여러 관점이 생각나서 소개할 내용이 많네요. 우리 학교는 기독교대한감리회에 속한 서울 임마누엘교회가 설립한 부설학교로 2004년에 초등 1, 2, 3학년 과정을 시작으로 개교한 학교입니다. 아마도 교회가 세운 미인가 학교로는 한국 최초의 학교일 것입니다. 그 후 2008년에 강원도 홍천 모곡리에 기숙사 학교를 신축하여 현재 1학년부터 12학년까지 전 과정을 갖추었습니다. 서울캠퍼스는 1학년에서 4학년이, 홍천캠퍼스는 5학년부터 12학년까지 다니고 있는데 6학년은 미국과 캐나다 자매학교에 유학 합니다.

학부모 한국 최초로 교회에서 세운 기독학교라니 의미가 있네요. 그런 전인기독학교가 추구하는 것은 무엇인가요?

조형래 우리 학교는 성경적 세계관 속에 하나님 나라를 회복하고 가정, 교회, 나라가 모두 행복한 공동체를 추구하는 학교입니다. 입시교육과 세속화된 교육으로 병든 이 세상에 참교육이 무엇인지를 보여 주고 싶은 것이지요. 사교육이 필요 없이 대학진학이 가능하도록 부모와 학교와 교회가 함께 책임지는 교육의 현장입니다. 한국에 존재하지만, 한국에는 지금까지 없었던 학교라고 말할 수 있습니다.

서울과 홍천에 있는 작은 학교이지만 그래서 하나님의 방법으로, 무책임하고 사교육으로 방치된 이 세상에서 성·지·정·의·체(聖·智·情·意·體)의 더 나은 전인교육을 통해 진짜 교육이 무엇인지 세상에 알려주고 싶어요.

저는 이런 교육이 하나님을 믿는 가정과 교회와 학교 공동체들을 통해 가능하다고 생각해요. 그 가능성을 현실로 보여주고 나타내고자 합니다. 하나님께서 전인기독학교를 통해 수년 내에 그것을 이루고 증명하게 하시리라 저는 확신합니다. 하나님의 교육으로 세상을 시끄럽게 할 학교입니다.

이런 목적을 위해서 아이는 하나님을 믿으며, 하나님이 자신을 부르신 부름을 깨닫도록 교육합니다. 하나님 안에서 내가 무엇을 하며 어떻게 살아야 하는지를 알도록 돕는 학교, 하나님 안에서 세상에 있는 사람들을 섬기며 지도자로서 사는 삶을 살아가도록 아이 마음에 기초를 놓는 학교가 되기 위해 10여 년을 달려왔습니다.

학부모 서울캠퍼스가 2004년, 홍천캠퍼스가 2009년에 개교했으니, 전인기독학교가 설립된 지 꽤 오랜 시간이 지났습니다. 전인기독학교는 설립에 임마누엘교회가 왜 주도적으로 나서게 되었는지 궁금하네요.

조형래 우리 학교 설립자이신 이사장님은 서울 방이동에 위치한 임마누엘교회 김국도 목사님입니다. 이사장님은 이미 2000년 정도부터 교회가 이끄는 학교를 설립해야겠다고 생각하셨습니다. 교사의 권위가 무너지고 학교 교육은 인본주의 커리큘럼으로 흘러가며 하향평준화 정책에 따라 진행되고 있었습니다. 그 무렵 매스컴을 통해 여교사에게 차 심부름을 시켰다가 일이 불거져서 결국 교장 선생님이 자살하는 등 교육의 현장에서 벌어지는 불미스런 일들이 많았지요. 전교조의 편향된 교육도 문제였고요.  이러한 교육의 문제로 기본적인 질서가 무너져 내린 한국에서는 도저히 아이들을 교육시킬 수 없다며 교인들 가운데 외국으로 이민을 떠나거나 가족 일부가 떨어져 사는 기러기 가족도 점차 늘어났습니다. 그러다보니 가정 내에 문제가 발생하는 경우가 많아졌고 급기야 가정이 파괴되는 경우도 많이 생겼어요. 이렇게 가정이나 학교, 사회에서 일어나는 문제들을 보면 가슴이 아프지만, 막상 주일에 한두 시간 모이는 주일학교로는 이러한 교육의 문제를 근본적으로 해결할 수 없다는 것을 절감하게 되는 현실이었지요. 김국도 목사님은 이런 한국교회와 가정, 학교 현장을 보고 못내 안타까워하셨습니다. 목사님은 성경적 세계관에 역행하는 학교 교육에 믿음의 자녀를 맡기고 싶지 않으셨다고 해요. 결국 목사님은 임마누엘교회가 주축이 되어서 학교를

하나 제대로 세워보자고 마음먹으셨습니다. 2004년에 이런 비전을 가지고 학교현장의 문제, 가정의 문제를 교회가 나서서 해결하려고 하셨어요. 시대의 아픔을 교회가 끌어안고 성도들이 직면한 문제를 해결하고자 하는 마음이 많으셨던 거죠. 소극적 대안과 방법이 아닌 적극적이고 실질적인 대안과 방법을 제시한 것이지요. 학교 교육과 교회 교육이 이원화되어 있는 현실을 절감한 교회가 학교를 만들어 교육하면서 하나로 만들어 보겠다고 하셨던 거예요.

학부모 이런 비전을 가지신 김국도 목사님은 어떤 분이신가요?

조형래 저는 목사님을 탁월한 설교가시고 통찰력 있는 비전과 열정의 목회자라고 생각합니다. 초창기 목사님이 품은 비전의 핵심은 교회 성장을 통한 해외 선교와 군 선교, 다음 세대를 위한 교육이었어요. 임마누엘교회는 개척할 때 4평 천막에서 시작되었어요. 지금은 교회의 크기로만 비교하자면 1,100배로 커졌지요. 엄청난 축복이에요. 물론 해외선교, 군 선교, 전인기독학교를 통한 목사님의 비전은 숫자로 표현할 수 없을 정도로 사역의 열매를 맺었습니다. 늘 도전하고 씨름하면서 하나님의 일을 이루어나가셨던 거죠. 여러 사명을 감당하는 동안 하나님은 항상 놀랍게 인도해 주셨어요.

저는요 임마누엘교회에 부임해서 깜짝 놀랐어요. 해외선교나 군 선교에 대한 지원이 엄청났거든요. 목사님은 책임지는 선교를 하셨어요. 주보에 이름만 올려놓고 선교한다고 생색만 내는 게 아니라 케냐, 탄자니아, 말레이시아, 중국, 칠레를 비롯하여 북한까지 30여 개국에 선교사를 파송하여 현지에서 가능한 사역이라 판단이 되면 최선을 다해 아낌없이 지원하셨어요. 특별히 선교사님들이 자녀교육에 대한 걱정 없이 선교에만 힘쓰실 수 있도록 자녀교육비를 지원해주셨지요. 이런 지원 속에 선교사님들이 선교지에 세운 교회와 학교, 병원도 정말 많습니다.

군선교 지원은 더 놀라웠어요. 장병에게 진중세례를 해주실 뿐 아니라 대대급 규모의 부대에 매우 많은 지원과 후원을 해주셨어요. 교회와 성도들의 헌금으로 30여 부대에 교회를 지어주셨고 부활절, 성탄절 그리고 부대 체육대회를 비롯한 행사를 지원하시면서 유기적이고 지속적인 관계를 맺으며 군 선교를 하셨어요. 군 복무 중인 청년들의 믿음생활과 복지에 늘 마음을 써주셨던 거예요. 가끔 어디선가 목사님께 인사하는 낯선 사람들을 보게 되는데, 그분들은 군선교를 통해 도움을 받고 은혜를 받았다는 분들이에요. 제가 임마누엘교회의 기획목사로 있을 당시만 해도 해외선교와 군선교에 전체 교회 예산의 3분의 1을 사용하셨답니다.

그뿐 아니라 교육이나 청소년, 청년들에 관한 관심은 교회 건축에도 드러나서, 1988년 교회를 건축할 당시 학생들을 위한 독서실과 체육관을 넣어 직접 설계하셨어요. 지금은 많은 교회가 건축을 그렇게 하지만, 당시만 해도 교회를 건축하는 데 그런 부대시설을 넣는다는 것은 생각하지 못하던 때였거든요. 모든 것이 다음 세대를 향한 목사님의 사랑이었습니다.

학부모 이사장님께서 다음 세대에 대한 매우 큰 애정과 관심을 가지셨네요.

　조형래 목사님 자신은 몹시 어렵게 교회를 개척하셨어요. 그러나 특유의 카리스마와 기도, 말씀으로 임마누엘교회를 부흥시키셨지요. 목사님은 그 부흥을 다음 세대를 위한 축복이요 사명으로 삼으셨어요. 그래서 다음 세대를 위한 사랑으로 군선교, 해외선교, 교육선교를 꿈꾸며 기도하시며 하나하나 이루어가셨어요.

　제가 대학청년부 담당을 하고 있을 때 어느 청년들이 이런 말을 하더라고요. "주일학교부터 청년부까지 교회생활 열심히 하니까 은혜와 성령만 받은 것이 아니라 아시아·아프리카·미국·유럽·호주·성지순례까지 5대양 6대주를 다 방문했어요." 목사님은 어린 아동부에서 청년부에 이르기까지 세계적인 믿음의 사람이 되기 위해서는 세계를 알고 경험해야 한다고 생각하셔서 아이들이 적은 비용으로 여행을 할 수 있도록 교회가 많은 부담을 하게 하셨습니다. 그뿐 아니라 해병대 병영체험, 농어촌 봉사 프로그램 등을 통해 교회교육의 차별화와 선진화를 이루셨지요.

　이런 다음 세대를 향한 목사님의 사랑은 자신이 마지막 혼신의 힘을 기울여서 성도들을 위해서 해야 할 일이 학교를 세워 신앙과 교육의 문제를 해결해 주는 것으로 생각하셨어요. 그래서 2004년 임마누엘교회 공간을 이용해서 학교를 시작하셨지요. 그리고 중학교, 고등학교를 세울 수 있는 지역을 계속 알아보러 다니셨어요. 2007년 지금의 홍천 땅을 발견하시고 학교 건축이 급물살을 타기 시작했어요. 그리고 이제는 목사님이 제시하신 교육의 틀에 세부적인 내용을 하나씩 담으며 구체화하고 있습니다.

학부모 그런 관심이 결국 학교에 대한 필요성과 맞물려 학교를 시작하게 되셨군요.

조형래 맞습니다. 김국도 목사님은 비전을 품고 사람들 마음에 그 비전을 전하셨어요. 한 분의 비전이 오늘의 전인기독학교를 가능하게 했지요. 목사님은 청소년, 청년들이 믿음 안에서 올곧게 자라는 것이 우리나라를 살리는 길이라고 생각하셨어요. 그리고 그 관심은 전인기독학교를 통해 나타나게 되었지요.

우리 학교는 교회 안에만 머무르는 사람이 아니라 차세대의 세계적인 인재를 길러 내는 것을 목표로, 능력 있는 그리스도인 양육, 실천하는 지성인 육성, 민족의 지도자 배출, 세계적인 인물 배양이라는 비전을 가지고 학교를 시작했어요. 하지만 쉽지는 않았지요.

학부모 학교의 실제적인 준비가 쉽진 않으셨나 보군요?

조형래 구체적으로 무엇을, 어떻게 해야 할지 막막했어요. 목사님이 큰 비전을 제시하셨지만 한국에 국가중심의 학교가 아닌 독립적으로 교회중심의 학교를 운영한다는 것은 처음 시도하는 것과도 같았으니까요. 그래서 이사장님은 학교 설립에 가능성과 모델이 된 수원 중앙기독초등학교의 김요셉 목사님을 임마누엘교회 부흥회 강사로 모셨어요. 김요셉 목사님은 그 당시 이미 사립 기독학교를 세워서 10여 년 동안 운영하고 계셨거든요. 목사님은 부흥회를 통해서 "우리 자녀를 어떻게 키워야 하는지?", "왜 기독학교를 세워야 하는지?", "교회가 후원하는 학교를 세우는 일이 얼마나 귀한 일인

지"를 역설하셨어요. 김요셉 목사님의 비전과 경험을 들은 많은 이들이 큰 도전을 받았지요. 성도들의 마음에 제대로 동기부여가 되자, 학교 설립이 구체화하고 속도감 있게 진행되기 시작했어요. 당시 김국도 목사님은 그것이 하나님의 뜻이라는 확신을 갖게 되셨고 불도저같이 일을 추진하셨어요. 추진력과 카리스마가 최고셨지요. 준비된 것은 없었고 예산도 확보된 것이 아니었지만, 다음 세대를 위한 학교를 세워야 한다는 패기와 열정은 아무도 막을 수 없었어요.

학부모 그렇게 학교가 시작되었군요. 그런데 이름이 좀 독특해요. 전인기독학교, 누가 학교 이름을 지었나요?

조형래 이사장님께서 기독학교에 대한 비전을 가지고 기도하시며 준비하실 때 재정적인 부분을 고민하고 계셨다는데, 한국기독청소년교육원 원장이신 조만제 장로님(경희대 명예교수)이 이사장님을 찾아오셨어요. 임마누엘교회 성도는 아니셨지만 평소 목사님의 목회 열정과 세계선교, 군선교를 뜻있게 하시는 것을 잘 알고 계셨던 장로님은 평생 모은 재산을 정리하는 과정에서 다음 세대를 향한 이사장님의 뜻을 따라 학교를 세워 가는 데 필요한 seed money가 될 큰 헌금을 하셨어요. 이사장님은 조만제 장로님이 평소 다음 세대를 위해 교육하시고 남다른 신앙과 철학으로 부모교육과 자녀교육을 하는 것을 아시고는 학교 이름을 지어달라고 부탁했습니다. 그래서 장로님도 기도하시는 가운데 우리 학교 이름을 '전인'(全人)이라고 지어 주셨습니다.

학부모 그렇게 되었군요. 그럼 이름에 담긴 뜻은 무엇인가요?

조형래 전인기독학교라는 이름에 우리 학교의 지향하는 바, 철학이 담겨 있어요. 한자로는 '온전할 전(全)'과 '사람 인(人)'을 씁니다. 영어로는 Whole Person Christian Academy죠. 학교를 방문하시는 분들은 이름이 참 좋다는 말씀을 하십니다. 특히 외국에서 온 분들은 대부분 영어 표현이 참 좋고 의미도 있다고 하십니다.

전인의 의미를 담고 있는 영어 단어를 꼽으라면, 성숙(Mature), 완전(Perfect), 완성(Complete)이라고 말할 수 있고요. 하지만 좀 더 포괄적으로 저는 우리 학교의 전인, Whole Person의 의미를 담은 단어로는 Integrity라고 생각하고 있어요.

학부모 영어의 Integrity라는 말이 '전인'을 잘 표현하는 단어라는 말씀이신가요?

조형래 예, 이 단어를 사전에서 찾아보면, 도덕성, 진실성, 고결함, 위상, 온전함, 통합성 등으로 설명하고 있어요. 이 단어만큼 복합적인 의미를 담고 있는 단어가 또 있을까 싶을 정도로 설명하기 쉽지 않으나 많은 의미를 내포하고 있지요.

2013년에 JAMA(미국의 영적 대각성과 부흥을 위해 사역하는 단체) 대표이신 김춘근 교수님(알래스카 주립대학 교수)이 '리더의 가장 중요한 성품'에 대해 강의하시는 것을 들은 적이 있었습니다. 교수님은 우리나라 사람들이 느끼는 한(恨)을 미국 사람들에게 설명하면 잘 알아듣지 못하듯, Integrity라는 단어를 한국 사람들에게 설명하기 어렵다고 말씀하셨습니다.

그러면서 교수님은 'Integrity'를 '하나님이 보시기에 옳은 일을 하기 위해서 타협하지 않는 헌신'(Integrity is uncompromising commitment to do what is right in the eyes of God)이라고 정의하셨어요. 그리고 그런 헌신은 하나님 나라의 뜻과 영광을 위해 이루어져야 할 일을 위해 내 마음과 생각, 영혼과 성품과 성격, 달란트와 능력과 자원, 물질과 노력과 시간, 몸을 다하여서 끝까지 추구하는 것이라고 하셨습니다.

다시 말하면 헌신이란 전심으로 하나님의 뜻과 비전을 이루기 위해 타협하지 않고 최선을 다하는 모습이라 할 수 있겠지요. 이런 통합적인 의미가 전인이라는 말에 담겨 있습니다.

학부모 전인기독학교가 하나님이 보시기에 옳은 일을 하기 위해 타협하지 않는 헌신적인 사람, 그런 학생이나 교사들이 모인 곳이라고 생각하니 더 궁금해지네요. 전인기독학교의 전인상을 잘 설명해주는 성경 구절도 있을 것 같은데요?

조형래 에베소서 4장 13~15절이 이 내용을 담고 있습니다. "우리가 다 하나님의 아들을 믿는 것과 아는 일에 하나가 되어 온전한 사람을 이루어 그리스도의 장성한 분량이 충만한 데까지 이르리니 이는 우리가 이제부터 어린아이가 되지 아니하여 사람의 속임수와 간사한 유혹에 빠져 온갖 교훈의 풍조에 밀려 요동하지 않게 하려 함이라"는 말씀이죠.

우리 전인기독학교가 추구하는 전인은 아는 것과 믿는 것에 하나가 되어 온전한 사람을 이루는 균형 잡힌 그리스도인입니다. 이런 사람은 그냥 군중 속에 있는 한 사람으로 살아가지 않습니다. 그리스도의 장성한 분량이 충만해서 예수님을 닮아가는 삶을 살아가게 되지요. 이런 전인적인 사람은 세상의 흐름에 요동치는 사람이 아닌 세상에 선한 영향력을 끼치는 사람입니다.

우리 전인기독학교가 추구하는 전인인(全人人)의 모습이 있습니다. 능력 있는 그리스도인, 실천하는 지성인, 민족의 지도자, 세계적인 인물입니다. 이러한 전인은 세상의 이론이나 유행, 사탄의 속임수나 유혹에 빠지지 않고 하나님이 우리에게 기대하고 계신 바를 저버리지 않는 사람입니다. 이를 위해 지·정·의·성·체(智·情·意·聖·體) 면에서 건강하고, 온전한 사람을 기르기 위해 교회, 가정, 학교가 한 마음, 한 뜻으로 전심전력하는 것이지요.

학부모 교장 선생님께서 학생들에게 전인기독학교가 추구하는 학생의 모습을 자주 말씀해 주시는 편인가요?

조형래 성경적 세계관을 통하여 설교도 많이 하지만 성경에서 찾을 수 있는 전인적 인물을 통해 설교를 자주 하기도 합니다. 대표적인 인물이 욥, 요셉, 다니엘, 다윗입니다.

그리고 우리가 살아야 할 시대에 온전한 그리스도인이 가져야 할 성품과 인격에 대하여도 종종 말합니다. 얼마 전에도 수요예배 때 "당신 멋져"라는 제목으로 글자를 하나씩 들어서 전인기독학교가 추구하는 전인에 대해 설교했어요. 당당한 그리스도인, 신실한 그리스도인, 멋진 그리스도인, 져주는 그리스도인이라는 내용이었어

요. 요약해서 말씀드릴게요.

첫째, 정정당당한 그리스도인이 되려면 실력이 있어야 한다. 실력이 없을 때 뇌물을 주고받는 사람이 된다. 당당한 현대인으로 살아갈 수 있어야 한다. 실력은 지적, 인격적, 체력적인 부분에 두루 갖추고 있어야 한다.

둘째, 신실해야 한다. 믿음과 진실함이다. 하나님 잘 믿고 진실하게 사는 사람이 되어야 한다. 다니엘처럼 뜻을 세워서 굴하지 않는 사람이다. 죽든 살든 믿음을 가지고 달려나가는 사람이다. 또한 하나님과 다른 사람이 믿을 만한 사람이 되어야 한다.

셋째, 멋진 사람이어야 한다. 다윗도, 요셉도, 다니엘도 용모 단정한 멋진 사람이었다. 그러려면 자기 몸을 잘 다루고 관리해야 한다. 내 몸이 하나님의 귀한 몸인 것을 잘 알아야 한다. 나를 소중히 여긴 사람은 하나님이 준비하신 신랑, 신부를 만날 수 있다. 나 자신을 잘 간수하고 몸과 마음을 잘 키우는 것이 나에게 주어진 과제이다.

넷째, 져주는 삶이다. 다른 말로 하면 섬기는 그리스도인이라고 할 수 있다. 희생하고 섬기는 사람이 되어야 한다. 우리가 공부하는 목적도 나를 위한 것이 아니라(not for self) 다른 사람을 섬기고 치유하고 사랑하기 위한 것이다.

이런 내용이었어요. 때로 제가 교장인지라 설교가 학교생활과 연관되어 잔소리처럼 들리기도 할 터인데 말씀으로 잘 준비되어가는 우리 아이들을 보면 한 아이, 아이가 얼마나 대견하고 위대해 보이는지 몰라요.

한 사람을 향한 사랑으로
가정 교회 학교 하나가 되다

학부모 학생들도 삶에 잘 적용해볼 수 있을 것 같아요. 말씀을 들으니 학교라는 공동체 속에 있는 다수보다는 '한 사람'에 대한 마음이 느껴지는데요?

조형래 전인은 주님의 말씀에 따라서 하나님이 주신 사랑과 진리를 추구하며 '예수 그리스도를 닮은 한 사람, 각 사람(Each Person)'을 의미합니다. 사도 바울은 골로새서 1장 28~29절에서 "우리가 그를 전파하여 각 사람을 권하고 모든 지혜로 각 사람을 가르침은 각 사람을 그리스도 안에서 완전한 자로 세우려 함이니 이를 위하여 나도 내 속에서 능력으로 역사하시는 이의 역사를 따라 힘을 다하여 수고하노라"하고 말합니다. 이처럼 전인기독학교는 한 사람을 향하여 역사하시는 이의 역사를 따라 힘을 다하여 수고하고 목숨을 거는 학교입니다.

한 사람이 온전한 사람, 예수님의 제자가 되었을 때, 영향력 있는 진정한 리더가 될 수 있습니다. 모두를 위한 한 사람(One for All)으로 존재하게 된다는 의미예요. 한 아이를 이런 하나님의 지도자로 키우면 그 사람이 지도력을 발휘해서 결국 세상을 행복하게 할 수 있다고 봐요. 그런 분이 예수님이셨잖아요? 하나님이 예수님을 위해 모든 것을 주셨고, 예수님이 이 땅에 오셔서 자기를 내어 주심으로 온 인류를 구원하셨으니 말이에요. 예수님이 그러셨듯이, 우리도 그래야 하는 거죠. 우리 시대의 아픔은 그 한 사람이 없다는 것 아니겠습니까?

예수님이 제자들을 향해 너희가 나보다 큰일을 할 것이라고 하셨던 것처럼 이 시대에 우리 아이들이 예수님을 닮은 온전하고 완전한 전인으로 성장한다면 그 한 사람이 되면 온 인류를 위해 얼마나 많은 일을 하게 될 것입니다.

그러니 우리는 한 사람을 키우는 일에 할 수 있는 모든 것(All for One)을 하는 거죠. 교육의 대상은 무리가 아니라 개체입니다. 그 한 인물을 만들기 위해 학교, 가정, 교회가 온 마음과 뜻과 사랑을 다해서 교육 하는 것, 그 교육을 받은 한 사람이 온 인류를 위해 헌신하는 것, All for One, One For all의 정신을 중요하게 여기고 있습니다.

학부모 말씀을 듣고 보니 요즘 대한민국 교육의 관심이 모두 '입시'에 있는 데 비해서, 전인기독인의 초점은 '한 사람'에 있다는 생각이 들어요.

조형래 그렇습니다. 우리나라에 있는 한 어느 학교라도 입시에서 자유로울 수 없을 겁니다. 다양한 학생들이 저마다의 목소리를 내지만 결국 입시와 맞닿아 있지요. 물론 우리 학교도 입시를 중요하게 여깁니다. 그러나 우리는 다수의 요구에 귀 기울이다가 한 사람의 목소리를 듣지 못하는 교육이 되지 않도록 항상 조심합니다. 우리 학교에는 많은 학생이 있지만 한 사람, 한 사람을 눈여겨보고, 이들을 하나님의 계획과 섭리 속에서 성숙한 한 사람으로 만들려고 노력합니다. 예수님의 마음과 생각으로 가르치고 바른길로 인도하려고 노력하는 겁니다. 성경적으로 볼 때 기독학교는 한 사람을 위한 학교가 되어야 한다고 생각하기 때문입니다.

하지만 한 사람을 온전한 그리스도인이 되도록 가르치는 일은 쉽지 않습니다. 공장에서 똑같은 물건을 만들어내듯 획일화되고 경쟁적인 교육으로는 어림도 없는 일이지요. 한 사람을 위해서 모든 교육 공동체, 학교와 교회와 가정이 하나가 되어야 하는 거죠. 그 안의 구성원들, 교사는 교사대로, 부모는 부모대로, 친구는 친구대로, 목회자는 목회자대로 최선을 다하는 게 필요해요. 모든 이들이 한 사람을 제대로 키워보려는 마음을 가지고 있고, 학교는 그에 발맞춰 나갈 수 있는 커리큘럼과 내용을 만들어 내는 거죠.

그래서 우리 학교에서는 수준별, 무차별 교육을 추구하고 있어요. 모든 아이가 한 교실에서 공부하지 않고, 수준별로 나누어서 공부하도록 해요. 그게 바로 학생 한 명을 제대로 차별 없이 평등하게 '책임지는 교육'이 아닐까 싶어요.

학부모 기독학교로서 갈 길에 대해 자신 있는 어조로 말씀하시네요. 학생을 하나님의 온전한 사람으로 기르는 일을 학교 혼자서 해내겠다는 말씀이신지요?

조형래 아닙니다. 다음 세대를 양육하는 일은 학교만으로는 역부족입니다. 어떻게 보면 학교가 할 수 있는 일이 아닙니다. 성경적이지도 않고요. 하나님은 한 아이를 기르는 데에 세 기관이 힘을 모으도록 하셨다고 봅니다. 하나님은 예수님을 통해 지상명령을 주셨습니다. "그러므로 너희는 가서 모든 민족을 제자로 삼아 아버지와 아들과 성령의 이름으로 세례를 베풀고 내가 너희에게 분부한 모든 것을 가르쳐 지키게 하라"(마 28:19~20 상)고 하셨지요.

저는 이 말씀을 묵상하는 가운데 교육의 방법을 찾았습니다. 바로 이 시대의 교회, 학교, 가정에 주신 지상명령이지요. 명령은 지켜야 하는 것입니다. 더욱이 예수님의 유언과도 같은 말씀입니다. 우리에게 마지막으로 부탁하신 말씀으로 우리가 그대로 이루어 지켜 행해야 할 사명을 받은 것입니다. 이 일을 위해 교회, 학교, 가정들은 이 명령대로 살아야 합니다만, 각자 담당해야 할 몫이, 강조점이 다른 거죠. 즉 한 아이의 성장을 예로 든다면, 교회는 아이에게 세례를 주고 학교는 가르치며, 가정에서는 배우고 익힌 것을 수행할 수 있게 하는 역할에 좀 더 강조점을 둘 수 있지 않을까요?

학부모 목사님 말씀을 들으니, 세 기관의 역할이 단순한 역할 분담 차원이 아니라 유기적인 관계 속에서 이루어져야 할 것 같군요.

조형래 맞습니다. 교회, 학교, 가정은 한 아이를 하나님의 관점으로 바라보고 키울 책임이 있는 기관입니다. 단순히 역할을 분담하는 차원이 아니라 유기적으로 상호작용하며 한 아이를 키워야 하지요. 교회에서 세례를 주는 것은 그리스도인임을 선언하는 것입니다. 세례받은 사람으로서 살아간다는 것은 결국 하나님의 말씀을 기준으로 삼는다는 것이죠. 단순히 교회가 종교적인 행위를 하는 곳이 아님을 제대로 알려주는 것입니다. 세상의 논리나 가치가 아니라 말씀을 기준으로 세상 속에서 영향력 있게 살아간다고 선언하는 것이기도 합니다.

요즘은 학교를 대학 가기 위한 과정으로 여기는 것 같아요. 하지만 학교는 아이들이 존재의 목적을 발견하고 자기를 실현할 수 있도록 하고, 그런 실력을 갖추도록 도와주는 곳이어야 합니다. 하나님이 그 아이에게 부여하신 달란트, 자기 장점을 발견할 기회를 제공하고, 경험하도록 교육과정을 제공해야 하지요.

또한 이 모든 교육의 근간과 책임은 교회, 학교가 아니라 가정입니다. 요즘 우리 주변에는 부모의 역할이나 부모 자녀 관계가 허물어져가는 가정이 너무 많습니다. 교회와 학교가 부모교육을 통해서 성경적인 부모상, 부모자녀관계를 교육한다면 가정을 성경적 세계관 위에 올바르게 세울 수 있다고 봅니다. 교회가 지원하고 학교가 성경적으로 학생들을 교육하며 부모들에게도 자녀교육의 최종 책임은 부모들에게 있음을 가르쳐야 합니다.

아프리카에 '한 아이를 키우려면 한 마을이 필요하다'는 속담이 있죠? 아이가 건강하게 자라려면 부모뿐 아니라 이웃이 필요하다는 말입니다. 마찬가지입니다. 교회, 학교, 가정은 아이 한 명을 키우는 일에 한마음이 되어야 합니다. 이것이 우리 어른들이 자녀 세대, 다음 세대를 향해서 해야 할 일 아니겠습니까?

학부모 결국 전인기독학교가 지향하는 것은 다음 세대 교육을

학교 혼자서 독주(獨走)하는 게 아니군요. 세 기관이 일치된 마음으로 성경에서 말하는 자녀교육을 해내는 것, 서로 유기적으로 영향을 주고받는 하나 된 믿음의 시스템을 염두에 두시는 것 같습니다. 하지만 이런 생각을 실제로 구현하기란 그리 쉽지 않으셨을 듯합니다.

조형래 그렇습니다. 우리 학교는 12년 동안 참으로 많은 우여곡절을 겪었습니다. 보통 어느 학교나 규모가 커지거나 리더십이 바뀌면서 철학이나 흐름이 연결되지 않고 삐걱거리게 되기 마련입니다. 특히 교회와 학교가 함께 사역하는 경우에는 더 그런 것 같습니다. 좋은 점도 있지만, 어려움도 생기게 마련이지요. 한쪽에서는 학교의 독립성을 보장하고, 교사의 권한을 확대해 달라는 불만의 목소리가 들리고, 다른 한쪽에서는 학교에 대한 교회의 권한이나 생각을 좀 더 확대하고 싶어 하는 거죠. 우리 학교도 위기가 없었던 것은 아닙니다. 때로 불평 불만의 목소리를 듣고 오해도 많이 받았지요. 그렇게 오해가 생길 때에는 일단 저 자신을 돌아보아 하나님 앞에 어떤가를 살펴보았지요. 그리고 정직하게 분석하여 부끄러움이 없다면 꿋꿋하게 일을 감당했습니다. 그런 때 중심을 잡아주는 것은 결국 우리 학교의 설립목적을 붙잡고 기도하며 이 땅에 하나님의 학교를 세우는 것에만 집중했습니다. 세상의 기준과 다른 기준, 하나님의 창조 원리와 질서를 회복하는 것이라는 학교의 존재 목적을 더 확고히 하는 생각을 많이 했습니다. 그렇게 순간순간 학교의 어려움, 아픔과 문제를 하나님 편에서 생각하면 복잡하게 얽힌 문제가 풀리기 시작했어요. 하나님이 인내하시듯 사안을 놓고 기도하며 기다렸지요.

학부모 그러셨군요. 문제에 맞닥뜨렸을 때 하나님께서 하실 것을 바라보며 기도하고 기다리셨군요. 그 과정에서 목사님의 입장이 정리되고 더 구체화하셨을 듯합니다.

조형래 그랬습니다. 저는 인본주의 교육사상에 입각한 학교가 아니라 하나님의 세계관과 교육방법으로 교육해야 한다는 입장을 견지해 왔습니다. 하나님이 기준이 되시는 학교를 운영하려고 애써 왔지요. 우리 학교는 일반학교에서 가르치는 교과목을 다 가르칩니다. 그러나 그 기준이 다릅니다. 하나님이 기준이기에 모든 교과를 하나님의 시각으로 가르칠 수 있습니다. 신본주의 교육사상으로 가르쳐야 제대로 교육할 수 있습니다.

요즘 대안학교를 시작하시는 분들을 보면 하나님의 힘을 빌려서 자신의 교육철학을 좀 더 단단하게 세우는, 마치 자신의 교육에 하나님을 가미하는 듯한 교육을 하는 건 아닌가 하는 생각이 들기도 합니다. 그건 하나님이 원하시는 모습이 아니라고 봐요. 평양대부흥 운동 후에 선교사님들이 학교를 많이 세우셨어요. 이 나라를 바로 세우는 방법으로 교육을 선택하셨던 거죠. 하지만 이것이 세월이 흐르면서 변질되어서 사학비리나 학교를 배불리는 식으로 운영된 학교들이 있었어요.

하나님의 학교가 아니라 자기 교육 이념을 현실화해서도 안 됩니다. 하나님이 기준이 되시고 함께하시는 세상이기에 하나님의 마음으로 학교를 만들어 가야 합니다. 기독학교를 세우는 것은 이 나라를 살리는 Movement, 다음 세대를 살리는 운동이 되어야 해요. 먹고 사는 비즈니스로 전락하면 무너지고 말죠.

궁극적으로는 온전한 하나님의 한 사람을 키우기 위해서 모든 하나님의 공동체가 한 사람에게 집중하는 것, 교회, 학교, 가정이 함께 가는 교육 공동체, 이것이 바로 전인기독학교의 철학이 담긴 형태라 할 수 있습니다.

학부모 기독학교를 세우는 데 있어서 교회와 학교의 관계에 대해 궁금해지네요. 목사님이 생각하시는 '교회와 학교의 건강한 관계'는 어떤 것인지요?

조형래 우선 저는 교회가 기독학교를 하나 세워서 지원하는 일이 마치 콩나물시루에 물 붓는 것 같다고 말하고 싶어요. 밑 빠진 독에 물 붓는 심정으로 해야 한다는 거죠. 단시일 내에 어떤 결과를 보겠다는 마음으로는 할 수 없는 일이니까요. 콩나물을 기를 때, 물을 부으면 붓는 대로 다 빠져나가지만 결국 그 물로 콩나물이 자라지 않습니까? 기독학교도 그런 것 같아요. 그러니 교회가 학교를 세우고 지원한다는 것은 쉽지 않은 일입니다. 그러나 이것이 믿음의 삶으로 세상을 섬기는 지도자를 양성하지 못해 영적으로 병들고 세상에 희망을 주지 못하고 있는 이 시대에 한국교회를 회복하고 살리기 위해 하나님께서 마지막으로 주신 기회와 방법이 기독학교라고 생각합니다.

학교 설립에
마음을 모으다

학부모 교회가 하나님의 명령에 따라서 선교에 힘쓰듯이, 학교를 후원해야 한다는 말씀으로 해석해도 될까요?

조형래 그렇습니다. 후원 정도가 아니라 교회가 주도적으로 기독학교가 잘 운영되도록 울타리가 되어 주어야 합니다. 결국, 그것은 교회를 부흥하도록 하는 성장의 통로가 될 것입니다. 우리 전인기독학교 경우에는 임마누엘교회가 주도적으로 세운 학교입니다. 장로님들이 앞장서서 이사 헌금으로 5,000만원씩, 성도들은 한 가정당 300만원씩, 기숙사 방 하나 3,000만원, 교실 하나 5,000만원을 헌금해주신 가정도 있었습니다. 처음에 학교를 세울 때도 얼마나 많은 분들이 도와주셨는지 몰라요. 임마누엘교회 성도님들은 한 푼 두푼 아껴 모아두었던 주머닛돈을 꺼내 학교를 위한 후원금으로 보내주셨습니다. 약사이신 성도님 한 분은 오랫동안 약국을 경영하셨는데, 약국을 정리하면서 생긴 전셋돈을 모두 헌금하셨어요. 남편이 돌아가시면서 남긴 유산 일부를 헌금하셨던 분도 계셨지요.

전인기독학교 교사 중의 한 분도 아끼고 절약해서 모은 1,000만원을 기부했고요. 임마누엘교회 교인은 아니셨으나 목사님의 비전에 동의하고 지지하셨던 조만제 장로님은 수억 원을 헌금하셔서 학교가 시작할 수 있도록 땅을 살 수 있었지요. 기도와 물질로 학교의 기초를 놔주신 것이죠. 이 모든 것은 다음 세대를 키우겠다는 교회 차원의 결심이 있었기에 가능한 일이었습니다.

이 일은 쉽지 않았습니다. 성도님들이 마음을 모아주셨기 때문에 가능했습니다. 우리 학교가 한 사람의 소유가 아닌 이유가 여기에 있습니다. 단순히 대형교회라서 그렇게 할 수 있었다고 생각하지는 않습니다. 김국도 목사님이 품으신 비전을 공유하고 말씀에 순종해서 함께해주신 분들이 많았기 때문이라고 생각해요.

그뿐 아닙니다. 임마누엘교회의 학교를 위한 기도와 사랑은 말로 다할 수 없습니다. 홍천캠퍼스 신축 당시 선교회와 기관별로 기도회를 매주 홍천 학교 부지에 와서 했어요. 천막 하나 지어놓고는 비가 오나 눈이 오나 오셔서 기도하셨지요. 지금은 서울 춘천 고속도로가 개통되어서 홍천까지 1시간이면 도착하지만, 당시엔 비포장도로를 달려서 꼬박 2시간을 가야 했어요. 덜컹거리는 버스 안에서 열심히 찬양과 기도로 터를 닦아 주셨기에 홍천에 지금처럼 좋은 학교가 세워질 수 있었지요. 목사님의 비전, 교회의 사역을 내 것으로 생각하며 함께해주신 기도 용사들께 학교는 정말로 큰 사랑의 빚을 지고 있어요.

그 후 기공예배 드리러 가던 날 버스가 널미재 고개에서 추락하는 큰 사고로 많은 분들이 다치셨어요. 다행히 사망자는 없었지만 죽음의 위기까지 가신 분들이 계셔서 얼마나 기도했는지 모릅니다.

정말 사고를 생각하면 우리 학교가 잘 성장하고 교육해야 하는 이유를 다시 한 번 생각하게 합니다. 이외에도 말할 수 없을 만큼 많은 분에게 감사할 수밖에 없는 학교가 우리 학교입니다. 이렇듯 전인기독학교는 임마누엘교회 성도님들의 헌신과 희생 기도와 사랑으로 시작하고 여기까지 온 학교입니다.

학부모 그랬군요. 전인기독학교의 현재 모습엔 참으로 많은 이들의 눈물과 기도, 물질 후원, 비전선포 등이 있었군요. 교장 선생님은 학교를 세우는 데 있어서 실제적인 준비를 하셨겠네요?

조형래 아니요. 그러지 못했어요. 원래 저는 학교 개교 당시 유학을 마치고 돌아와 임마누엘교회 기획과 청년부 담당전도사로 사역 하고 있었습니다. 기획 전도사였기에 전인기독학교의 일을 옆에서 돕고 지켜보고는 있었지요. 그런데 학교 개교를 준비하던 행정실장이 갑작스럽게 사임하고 교장으로 선임한 분이 사정상 부임을 할 수 없는 일이 생겼어요. 학교 초기에 위기라면 큰 위기에 봉착한 것이지요. 그래서 적임자를 찾게 되었습니다. 하지만 이사장님의 철학을 잘 알고 그것을 학교를 통해서 구현해 낼 교장과 행정실장을 갑자기 구하기란 쉽지 않았어요. 이리저리 좋은 분을 찾던 중 이사장님이 저를 불러 이렇게 말씀하셨어요. "조 전도사, 학교를 잠시 맡고 있어라."

순간 '학교를 전혀 모르는 내가 학교를 맡다니…, 과연 할 수 있을까?' 하는 생각이 스쳤지요. 교육학을 전공한 것도 아니고 학교 교육에 대해 깊은 관심이 있지 않았던 저로서는 정말 난감했습니다. 하지만 저는 이사장님의 잠시라는 말씀에 적임자가 금방 오리라 생각하며 소위 '땜빵' 한다는 심정으로 학교 일을 맡아서 하게 되었어요. 그런데 그 일을 아직도 하고 있습니다.

학부모 특별한 준비 없이 학교를 맡게 되셔서 초기에는 어려움이 많으셨겠네요.

조형래 말로 표현할 수 없지요. 어떻게 해야 할지 몰라 고민을 참 많이 했습니다. 교육대학원에 다니기도 했습니다. 정말 무엇을 어떻게 해야 하는지 몰라 날마다 선생님과 학부모와 함께 답이 없는 회의를 했습니다. 회의 하면 할수록 이 땅에 학교를 세운다는 것이 얼마나 어렵고 불가능한지를 느끼게 되어 회의감만 느끼게 되는 시간이었지요. 그때 가장 많은 도움을 주시고 갈 길을 안내해 주신 분이 김요셉 목사님이세요.

물론 저는 교육자이신 아버지의 통해 어려서부터 교육적이고 신앙적인 가정 분위기 속에서 자랐어요. 아버지는 제 멘토이자 스승이셨지요. 삶으로 가르치시고 교육하시는 아버지를 통해 '교육은 이런 것이다'고 짐작할 수 있었지만, 학교경영과 운영, 특히 한국 땅에 아직 생소한 기독학교 그것도 미인가 학교를 이끈다는 것은 몰라서 했지, 알면 못했을 일이에요.

그렇게 어려울 때마다 김요셉 목사님은 저에게 한국에 기독학교의 필요성을 깨닫게 해 주시며 용기와 도전을 주셨어요. 그러면서 구체적으로 읽어야 할 책부터 시작해서 교사 충원 그리고 해외 기독학교 탐방을 함께하며 지금의 유학 프로그램을 가능케 해 주셨습니다.

어찌 되었든 저는 학교 일을 하기 시작했어요. 일단 맡은 일이라면 책임감을 가지고 성실하게 해내는 편인지라, 정말 열심히 했어요. 기독교학교와 교육, 무엇보다도 성경적 세계관에 관한 책을 그때 정말 많이 읽은 것 같아요. 이미 세워진 철학이나 기반 위에 시작한 학교가 아니라 학교를 세워가며 철학을 만들어 갔던 거죠. 그 과정에서 힘들고 욕도 많이 들었습니다. 하지만 그 과정을 통해 알게 된 기독학교에 대한 지식과 경험은 결국 저에게 큰 축복을 가져다주었습니다. 순종하는 자에게 주시는 하나님의 은혜이지요.

기독학교 사역은
나에게 축복의 통로다

 **학부모** 굉장히 힘든 시간이었는데 목사님에게 축복이었다니, 기독교학교에 관해 공부하시면서 받은 축복의 내용이 궁금해지네요.

조형래 가장 중요한 것은 먼저 '성경적 세계관의 눈'을 뜨게 된 것입니다. 유학시절 예배학을 공부하며 문화와 사상에 관심을 가졌고, 음악을 전공한 저에게 성경적 세계관은 신세계와 같았습니다. 10여 년의 신학을 공부하고 나름 기독교적 공부에 충실했다고 생각했는데 기독학교를 이해하고 세우기 위해 기본이 되는 성경적 세계관을 연구하며 저는 오늘날 신학교의 커리큘럼이 바뀌어야 된다고 생각할 정도로 세계관의 중요성을 깨닫게 되었습니다.

또한 30대에 기독학교를 설립하는 과정을 경험하고 지금까지 목회자로 기독학교를 경험할 수 있다는 것만으로도 운영하면서 겪는 어려움과 고난은 축복이었습니다. 저는 기독학교가 다음 세대를 살리고 이 땅에 다시 한 번 그리스도의 부흥을 이룰 수 있는 한국교회의 마지막 기회요, 통로라고 생각합니다. 이것을 경험하고 미래 한국을 준비할 수 있다는 것이 얼마나 큰 축복입니까?

그 외에도 아이들의 변화와 가정의 변화 특히 아버지들의 변화를 보면서 참 행복했습니다. 처음에는 미인가 학교에 대해 미덥지 못해서 까칠하고 부정적이고 냉소적인 아버지들이 아이들의 변화와 달라지는 모습을 통해 변화되는 모습이지요. 적극적으로 변하여 아이들을 향한 교육의 일관성을 위해 노력하는 모습이 참 감사할 뿐입니다.

학부모 세계관을 공부하고 학교에 적용하시면서 얻으신 통찰력이 있으시다면 무엇인지요?

조형래 당시 저는 대학원에서 다시 교육학을 공부하면서 기독학교의 본질을 연구하며 오늘날 시대에 나타나는 여러 가지 문제들을 성경적 세계관으로 보게 되었습니다. 특히 사회 지도층에 있는 사람들, 소위 일류대학을 나와 대한민국의 최정상에 있는 사람들이 성추행 하기도 하고 부정을 저지르기도 하며 가정폭력으로 살인하고 도박과 마약을 합니다. 그리고 마침내 자살 합니다. 그들의 직업은 판사, 검사, 변호인입니다. 대학교수입니다. 의사입니다. 군 장성입니다. 국회의원이고 장관이고 대통령입니다.

누가 이들을 이렇게 불행한 인간으로 만든 걸까요? 왜 그들은 최고의 학벌과 위치에서 인생의 허무와 불행 속에 이런 사회악이 되었을까요? 결론은 교육입니다. 사회에 큰 이슈가 있을 때마다 꼭 거론되는 것이 교육입니다. 그래서 교육제도를 바꾸고 교과서를 바꾸어 보려 합니다. 하지만 그런다고 해서 해결된 분야가 있습니까?

학부모 그렇다면 무엇이 문제였던 걸까요?

조형래 바로 현대교육의 사상과 학교 시스템이 문제였다고 봅니다. 한 사람을 위한 교육과 학교가 아니라 국가가 원하는 사람을 만들어내는 목적으로 운영되는 공립학교 시스템입니다. 그래서 앨빈 토플러는 '오늘날의 학교를 공장을 모델로 한 것'이라 했습니다. 거기엔 우리 자녀의 존재 목적은 없습니다. 그러니 행복할 수 없는 것입니다. 이런 교육제도 아래 자녀에게 열심히 교육을 시켰다고 하지만 그건 부모의 열심이었을 수 있어요. 아이들 역시 열심히 공부하지만 잘못된 방향으로 가면서도 열심만 냈을 수 있지요. 성공을 지향하다 보니 타인은 사랑하고 배려할 대상이 아니라 경쟁 상대라고, 내가 올라서기 위해 밟아야 하는 존재라고 배우는 것입니다.

공부만 잘하면 그만이지 인성은 그리 중요하지 않다고, 부모에게 막말하고 때로 폭력을 가해도 공부 잘하는 것으로 모든 것이 이해되는 것이지요. 때로는 최고가 되기 위해 감정이나 충동은 숨겨야 했고, 그래서 건강한 방법으로 해결하는 법을 배우지 못했는지도 모르고요. 이런저런 이유로 건강한 성장 과정을 지내지 못한 사람들이 어른이 되어서는 모든 것을 가지고 있으면서도 결국 말도 안 되는 갑(甲)질을 하는 사람, 충동조절을 못 하는 사람, 부모의 은혜를 전혀 모르는 어른이 되고 말았을 겁니다.

학부모 그런 마음으로 12년을 달려오셨던 거로군요. 지금까지 학교를 세워가면서 중점을 두신 건 무엇이었는지요?

조형래 저는 이러한 왜곡된 교육제도 속에서 '제대로 된 교육은 무엇인가'를 더 고민하게 되었어요. 그리고 그 답은 하나님께 있음을 깨달았습니다. 왜냐하면, 하나님께서 이 세상을 창조하셨고 우리를 향한 하나님의 생각을 하고 계심을 알고 있기 때문입니다. 교육은 그런 하나님의 생각을 알게 하는 것입니다. 그래서 모든 교육의 기초는 성경 중심의 신앙교육입니다.

학교 사역을 통해서 교육의 주권이 하나님께 있고 결국 세상의 주인이 하나님이시란 것을 보여 주고 싶었어요. 오늘날 우리 대한민국의 거대한 우상은 대학교입니다. 대학교의 교자가 학교 '교(校)'가 아닌 종교 '교(敎)'가 되어 버렸습니다. 그래서 이 학부모들의 우상이 헛된 것임을 보여 주고 싶었습니다. 대학 문제를 너끈하게 해결하면서도 이 세상의 기준을 바꾸고 싶었던 것입니다. 그것이 궁극적인 교육의 회복이라고 생각했습니다. 대학 진학을 위한 학교는 결코 아니지만, 하나님 중심으로 지정의성체 모든 영역의 교육을 통해서도 일류대학 진학에 아무런 문제가 없는 하나님의 학교 말입니다. 그렇다면 대한민국 부모들의 생각이 달라지지 않겠습니까? 이 땅의 모든 기준과 중심은 하나님이시라는 것을 전인 아이들의 삶과 진로를 통해서 보여드리고 싶습니다.

학부모 그렇다면 목사님은 전인기독학교 같은 기독학교들이 더 많아져야 한다고 보시는 건가요?

조형래 저는 이 땅의 교육 문제를 해결할 수 있는 공동체는 교회 밖에 없다고 생각합니다. 교회 입장에서도 앞으로 교회의 생존을 위해서 투자할 곳이 교육이라고 믿습니다. 교회 재정의 상당 부분을 기독학교에 투자하는 겁니다. 투자입니다. 투자라는 것은 다시 무엇인가 얻는 것이 있다는 것 아니겠습니까?

20세기 말의 세계적인 기업 중 하나가 'General Electric'입니다. 이 GE의 엄청난 발전의 뒤에는 뉴욕주의 "크론토빌 연수원"이란 곳이 있다고 합니다. 경영의 천재라고 하는 잭 웰치가 1980년대 회장으로 취임하면서 대규모 구조조정을 감행하는데 간부의 휴양소로 전락해버렸던 크론토빌 연수원을 신축공사하는 데 4천8백만 달러를 투자했다고 합니다.

이에 놀란 투자가들이 "과연 이 투자금액을 얼마나 회수할 수 있습니까?"라고 질문하자, 잭 웰치는 "무한정으로 회수할 수 있다"고 대답했다고 합니다. 그만큼 잭 웰치는 회사의 운명을 인재 양성에 있다고 본 것이었습니다. 그리고 크론토빌 연수원 개원식에서 잭 웰치는 유명한 말을 했습니다. "이곳은 실력 없는 사람들을 실력 있는 사람들로 만들어 주는 곳이 아니고 능력 없는 사람들이 마지막으로 기대는 곳도 아니다. 이곳은 실력 있는 사람의 실력을 완전하게 갖춰주는 곳이며 잠재력 있는 사람의 그 잠재력을 현실로 만들어 주는 리더십 교육의 현장이 될 것이다."

저는 우리 학교가 크론토빌과 같은 학교가 되길 소망하는데요, 지금이야말로 한국교회가 교육에, 학교에 투자할 때라고 생각합니다. 이것은 낭비가 아닙니다. 이 교육을 통해 배출되는 하나님의 지도자들이 재생산할 것의 가치는 무한정입니다. 이 비밀을 교회들이 알았으면 좋겠습니다. 그리고 교회가 지원한다면 학교의 학비 면에서 훨씬 부담 없는 교육이 가능하리라 생각됩니다. 교회가 하드웨어를 갖추어 준다면 수요자 중심으로 학교를 운영하는 것이 가능합니다.

삶과 신앙의
선순환을 도모하는 학교

 **학부모** 학비 이야기가 나왔으니 말인데요, 전인기독학교의 교육비에 대해 말씀해 주실 수 있는지요?

조형래 저희 경우 고등학생이나 중학생이 80만 원 정도의 학비를 냅니다. 서울캠퍼스 초등학생이 40만 원 미만의 학비를 내고 있습니다. 여기에는 기숙사비나 예체능교육비용도 포함되어 있으니 저렴한 비용을 받고 있지요. 어떻게든 100만 원이 넘지 않는 학비를 유지하려고 해왔습니다.

아까 말씀드렸듯이 교회가 홍천캠퍼스를 지을 때 건축비를 부담해 주셨는데, 당시 저희는 지열(地熱)을 이용하는 시스템으로 건축했습니다. 건축비는 일반 건축으로 할 때보다 많이 들어갔습니다. 그러나 그 효과는 매우 큽니다. 기름보일러였다면 해마다 어마어마한 난방비를 지출해야 했을 텐데 지열 시스템을 이용하니 아무리 혹독한 강원도 추위가 와도 전혀 난방비 걱정을 하지 않습니다. 교회의 지원 덕분에 학비를 절감할 수 있었던 겁니다. 학생들 전원이 장학금 형태는 아니지만 나름대로 교회의 장학금을 받는 셈이 되었다고 할 수 있겠죠. 그래서 부모들이 사교육비 걱정 없이 기독학교에 보낼 수 있도록 하드웨어에 투자한 것은 하나님께서 분명히 무한대의 축복으로 더해 주실 것을 저는 확실히 믿어요.

저는 이렇게 교회가 교육의 문제를 경제적으로 도움을 주면 해결하는 것이 젊은 부모 세대에게 요즘 사회 문제가 되고 있는 가계 부채나 전 월세금을 해결하는 것으로 연결된다고 생각합니다. 저출산의 이유도 자녀교육비에 대한 부담인데 교회가 교회중심의 기독학교를 통해 다음 세대 자녀 교육을 함께 책임져 준다면 젊은 가정들에 희망과 축복이 될 것입니다.

학부모 가정이 안고 있는 문제를 학교와 교회가 해결해 주고 계시네요. 교회가 학교를 지원해서 사교육이 필요 없는 학교를 만들어 가셨던 거군요.

조형래 우리 학교는 시작할 때 그 당시로는 아주 획기적이고 놀라운 프로그램을 제시했어요. 원어민 영어 교육, 독서교육, 예체능 교육, 현장체험교육, 1인 1 악기 교육, 급식지원, 차량 운행 등이었어요. 차근차근 시행해 나갔지요. 이 모든 것을 포함하면 엄청난 교육비가 들어요. 하지만 학부모들에게는 개교 당시 교육비로 30만 원을 받았습니다. 10년이 훌쩍 지난 지금도 비슷하게 받아요. 당시 영어학원비가 20~30만 원이던 것과 비교하면 정말로 저렴한 비용이었어요. 양질의 교육을 받을 수 있는 환경을 제공하면서 비용을 그렇게 받았던 거죠.

하지만 학부모들이 낸 학비만으로는 학교를 운영할 수 없었어요. 교회가 다음 세대를 위한 장학금처럼 학교를 지원해 주셨기 때문에 가능했지요. 사실 교회는 한 아이가 내는 등록금보다 더 많은 돈을 지원해 주셨지요. 그뿐 아니라 학교로 사용하는 공간을 무료로 사용하고 차량이나 시설 관리에 있어서도 교회에 있는 인프라를 활용하여 적은 학비로 학교로 운영할 수 있지요. 교회 중심의 학교가 되어 저비용 고효율의 학교를 운영할 수 있지요.

학부모 전인기독학교 학비가 적다는 것은 소문난 사실이잖아요. 그래서 학비를 적게 내는 만큼 교육의 질이 떨어진다고 생각했는데 오히려 저비용 고효율 교육을 실천하는 현장이네요.

조형래 그렇습니다. 학교 초기에 거의 한 아이에게 사용되는 교육비용을 계산해 보면 실질적으론 더 많겠지만 100~150만 원 정도의 비용이 산출되더라고요. 학비 안에 모두 학용품과 책값, 간식비을 제외한 거의 모든 비용이 초등은 우유 값까지도 포함되었으니까요. 기숙사 생활을 하는 홍천캠퍼스는 아이들이 중·고등학생이라 조금 다르지만 그래도 교육비용은 많이 저렴하지요. 아마 보이지 않는 비용까지 하면 더 들지 모르겠습니다. 하지만 이 부분을 교회가 하드웨어적인 부분을 감당해 주고 재정적 지원을 해 주니까 저비용으로 양질의 교육을 받을 수 있지요.

아이를 초등학교에 보낼 때 부모는 대부분 30대인데, 그 나이에 경제적으로 넉넉한 집이 얼마나 되겠습니까? 집값 때문에 힘들어하는 가정들이 자녀교육비까지 걱정하는 것을 보면서, 이사장님은 교회가 나서서 사교육비 걱정 없이 믿음의 교육을 해서 이 부분을 해결하자고 하셨지요. 그래도 어려워하는 가정은 있지만요. 그래서 학교에서는 부모들이 걱정하지 않도록 믿음의 교육 뿐 아니라 다양한 프로그램들까지도 경험할 수 있도록 하려고 노력했어요. 교회에서 매달 재정적 후원해 주었고, 학교는 국가가 인정하는 자격 있는 분들을 교사로 모셔왔어요. 믿음만 좋은 분들이 아니리라 믿음과 실력을 겸비한 분들을 교사로 임용했지요.

학부모 그야말로 교회가 기독학교 지원을 통해서 다음 세대의 신앙과 경제생활에서의 선순환을 도모하고 있으시네요.

조형래 바로 그것입니다. 그런 면에서 볼 때 저는 교회가 세계선교도 해야 하지만 지금은 그 이상의 비중을 다음 세대에 두고 기독학교에 투자해야 한다고 말하고 싶습니다. 큰 교회니까 할 수 있다고 보지 말아주셨으면 합니다. 너무 작은 교회라면, 몇몇 교회가 연합해서 학교를 세우는 방법도 있습니다. 미국에 있는 우리 자매학교는 지역교회들이 연합하여 세운 학교입니다. 교육의 문제는 모든 나라의 가정 문제이기 때문에 이것을 교회 중심으로 해결한다면 지역교회의 일치 연합 화합을 통해 지역사회의 복음화에 큰 도움이 될 것입니다.

학부모 목사님의 말씀을 들으면 교회가 학교를 세우게 되면 유익한 일들이 많고 침체한 한국교회에 희망이 될 것 같은데요.

조형래 그렇습니다. 우리 전인기독학교가 '책임지는 교육'을 외치는 이유는 하나님의 가정들을 사랑하는 마음 때문입니다. 대한민국의 엄청난 사교육 시장의 희생양이 되는 것이 아니라 교회가 학교를 운영하여 공교육과 사교육 시장보다 더 나은 전인 교육으로 자녀를 교육하고 가정은 그 비용을 저축하여 가정 경제의 안정을 취하고 그 삶의 여유로 더욱 하나님의 나라를 위해 헌신하는 삶을 살아갑니다. 결국 이 투자의 결론은 교회, 하나님 나라의 부흥입니다. 저는 이것이 교회들이 기독학교를 세울 때 얻게 되는 결과라고 생각합니다. 이것이 기독학교를 통한 교회와 가정, 아니 나라의 선순환입니다. 이 비밀을 알기에 저는 한국교회가 기독학교를 세워 이 땅을 치유해 나가는 일에 앞장섰으면 좋겠습니다.

영국엔 킹스우드, 한국엔 전인기독학교가 있다

학부모 말씀을 듣다 보니 기독학교를 세워야 할 필요성을 더 절감하게 됩니다.

조형래 다음 세대를 하나님의 방법으로 교육하는 학교, 하나님 중심의 세계관과 인성 교육을 통해 전인적인 아이로 가르칠 학교를 세우는 일은 늦었지만, 한국교회가 지금 하지 않으면 안 되는 사역입니다.

하나님 안에서 아이를 가르치는 학교가 있다면 거기 보내면 되겠지만, 당시엔 아무리 찾아봐도 그런 학교는 없었거든요. 외국의 경우엔 교회에서 세운 학교들이 꽤 많아요. 사회현실을 보고 비슷한 고민을 했던 이들이 세운 학교들이죠. 영국 경우에는 감리교의 존 웨슬리가 세운 킹스우드 학교가 대표적이에요.

학부모 킹스우드 학교요? 어떤 학교인지 소개해 주실래요?

조형래 킹스우드 학교는 1748년 존 웨슬리가 킹스우드에 세운

학교예요. 당시 웨슬리는 학교를 네 개 정도 세웠는데, 그 기독학교들이 영국에 개혁과 변화를 주도했습니다. 지도자를 양성해서 기초를 마련했지요.

킹스우드에서는 가난한 아이들과 광산촌의 아이들을 대상으로 신본주의와 도덕적인 인격을 중심으로 가르쳤어요. 킹스우드 학교의 하루 일과를 보면, 아침 4시에 일어나 기도, 명상, 독서, 노래하고 5시에는 모두 모여서 예배를 드렸다고 해요. 하루 종일 노동과 기도, 공부하다가 오후 8시에는 잠자리에 들었대요. 이러한 교육은 당시로써는 아주 획기적인 시도였지요.

18세기 당시의 영국사회는 도덕적으로 퇴폐하고 정치와 종교가 타락한 상태였어요. 그야말로 영국 역사 중 가장 어두운 시기라고 할 수 있지요. 그런 시기에 웨슬리는 킹스우드 학교 등 학교 운동을 일으켜서 영국 사회 전반에 잔잔한 교육 개혁을 일으켰어요. 웨슬리의 학교를 필두로 수많은 주간 학교들이 생겨났고 대중적인 교육으로도 확장되었지요. 실제로 교회가 부흥하고 술집이 줄어들었어요. 영국이 부강한 나라가 되는 전환점에 킹스우드 학교의 교육이 있었던 거예요.

감리교 선교는 교육을 통한 복음전도라는 특징이 있는데, 이때부터 서서히 자리 잡아가게 되었지요. 감리교의 이런 특징은 미국으로 건너가서도 큰 영향을 미쳤어요. 감리교 교단이 세운 학교는 현재 미국에만 130여 개가 있어요. 성경 중심으로 가르치고 새벽예배와 새벽 운동을 중요하게 여기며, 고아나 과부의 자녀를 가르치는 등 웨슬리의 킹스우드 학교에서 했던 그대로 해나가는 학교들이 많이 있어요.

학부모 영국에 킹스우드 학교가 있었다면, 한국에는 전인기독학교가 있는 셈이네요?

조형래 그래요. 김국도 목사님이 학교를 구상할 때 중요한 모체가 되었어요. 홍천캠퍼스에서 새벽에 일어나 운동과 예배로 하루를 시작하는 것이 그런 거죠. 한 부분만 강조하지 않고 전인의 발달을 목표로 하는 것이나 하나님 앞에서 경건한 사람으로 자라도록 하는 것도 그렇긴 하네요.

우리 학교가 한국 사회에 영향력을 미칠 수 있는 학교가 되면 좋겠어요. 학교를 시작할 때 우리는 남다른 학교를 꿈꾸었어요. 기독교교육을 할 뿐 아니라 가정이 안고 있는 여러 가지 문제를 해결해 줄 수 있는 학교를요. 학교와 교회가 나서서 가정이 가장 어려워하는 교육의 문제를 해결해보려고 시도했던 것이죠.

전인기독학교의 경쟁력과 강점

학부모 목사님 이야기를 들으니 전인기독학교가 교회의 전폭적인 사랑과 지원 속에서 저렴한 학비를 받고도 최상의 교육을 제공하는 학교라는 매력이 느껴집니다. 목사님이 생각하는 현재 전인기독학교의 강점과 경쟁력은 무엇인가요?

조형래 교사입니다. 우리 선생님들은 정말 최고의 교사들이에요. 미인가 학교, 그나마 서울캠퍼스는 괜찮았지만, 홍천에 위치한 거기에 기숙사 학교에서 좋은 교사를 임용하기가 쉽지는 않았어요. 기도하면서 하나님께 간절히 매달렸죠. 아는 모든 인맥을 동원하여 소개를 부탁드렸지요. 교사 임용을 못한다 해도 교사 자격 없는 사람들을 쓰지 않고 개교 전날까지 기도하며 기다렸던 적도 많지요. 그래도 교사 없이 학기를 시작한 적은 없습니다. 때를 따라 하나님께서 교사를 채워주셨어요. 하지만 믿음이나 실력 중 하나만 갖춘 분들이 아니라, 믿음과 실력과 인격이 겸비된 교사들을 임용했다 생각했는데 그렇지 않아 교사를 뽑고 학교에 정착하는 과정에서 많은 분이 떠나셨어요. 그런 과정에 10여 년이 지난 지금, 실력과 인격, 영성을 겸비하나 교사 공동체로 많이 안정되어 서로 사랑하고 섬기며 헌신하고 있어요. 특별히 2014년에 홍천에 거주하는 교사 가정을 위해 교회에서 빌라를 지어 주셔서 교사들의 사기가 많이 진작되었어요. 그래서 그런지 학생과 부모들이 학교에서 최고로 만족하는 부분이 바로 교사들입니다.

학부모 또 다른 강점은요?

조형래 앞에서도 중요하게 언급했지만, 학교, 교회, 가정이 함께 간다는 것이에요. 삼위일체 교육의 현장인 거죠. 대부분의 기독학교가 추구하는 바일 것입니다. 하지만 우리 학교는 이 과정이 초등학교 1학년부터 고등학교 12학년 과정이어서 일관성 있는 교육이 가능하다는 것입니다. 부정적인 관점으로 보면 여러 가지 다른 관점이 있을 수 있겠으나 어려서부터 일관성 있게 지속해서 교육하는 것은 중요합니다. 말콤 글래드웰의 「아웃라이어」나 공병호박사의 「명품 인생을 만드는 10년 법칙」을 비롯한 많은 책들을 보면 일관성 있고 꾸준한 교육의 경쟁력을 말하고 있습니다.

이것이 우리 학교의 강점이라 이야기할 부분이 될지는 모르겠지만 다른 경쟁력은 한국의 교육과정을 준수하며 국정과 검정 교과서를 사용한다는 것입니다. 요즘은 그런 학교들이 많은 것 같은데, 전에는 기독교적으로 대안학교를 운영하면서 외국 교과서를 사용하는 학교들이 많았거든요. 한국에서 교육의 대안으로 국제학교에 다니며 외국의 교과서로 공부한다는 것은 한번 생각해 보아야 할 문제라

고 생각합니다.

　또 다른 강점은 독서 중심의 교육과 전문적인 영어교육 그리고 예체능교육을 학교 교육 안에서 하고 있습니다. 그러나 이 모든 교육과정에 있어서 우리 학교의 경쟁력은 성경적 세계관으로 가르치는 것입니다. 하나님 관점으로 보고 교육한다는 것이지요. 저는 생각 렌즈가 중요하다고 봐요. 성경적 세계관이 중요하다는 말이죠. 인본주의나 세속화된 세계관이 아닌 성경적 세계관으로 교육해야죠. 학교생활과 커리큘럼 자체에 그런 세계관이 드러나 있다는 점도 우리 학교의 강점이에요. 그 외에도 우리 학교의 강점은 많지만, 무엇보다도 5학년부터 홍천캠퍼스에서 생활한다는 것입니다.

학부모 맞아요. 홍천캠퍼스를 둘러보니, 참 좋더라고요. 기숙사 학교라는 점도 전인만의 강점이라 생각되네요.

조형래 그렇죠. 홍천캠퍼스에 와 본 사람은 "정말 좋네요. 이런 곳에서 먹고 자고 공부하는 아이들은 건강할 수밖에 없을 것 같아요"라고 말합니다. 우리 아이들은 일찍 자고 일찍 일어납니다. 새벽 운동으로 하루를 시작하죠. 몸만 맑은 공기를 마실까요? 새벽예배를 드리며 졸기도 하지만 말씀을 듣고 기도하며 하루를 시작합니다. 그런 후 먹는 아침밥은 정말 꿀맛 아니겠어요? 우리 학교의 또 하나의 자랑이 있다면 학교 급식입니다. 정말 맛있습니다. 우리는 위탁 운영하지 않고 지역에 사는 분들을 채용해서 직접 급식을 합니다. 2, 3일에 한 번씩 농수산물시장에서 직접 식자재를 공급하고 신선한 지역 농산물을 구입하여 아이들에게 맛있는 음식을 제공합니다. 쌀도 학교 지역에 있는 분들의 쌀을 수매해서 지역 분들에게도 도움을 드리고 필요할 때마다 도정을 해서 맛있는 밥을 먹지요. 그래서인지 우리 전인기독학교 아이들 모두가 건강해서 비만한 아이를 찾아보기가 쉽지 않아요. 건강할 수밖에 없는 생활패턴과 싱싱하고 좋은 재료로 만든 음식은 우리 홍천캠퍼스의 자랑이에요.

학부모 홍천캠퍼스에 가서 아이들을 봤을 때 정말 건강해 보였어요.

조형래 공기 좋고 물 맑은 홍천에서 생활해서 그런지 학기 중에 보면, 우리 아이들 대부분 피부가 구리빛이에요. 정말 건강해 보이고, 실제로도 건강해요. 대부분이 도시에서 나고 자란 아이들이라서 그런지 처음 홍천에 오면 이곳 생활을 낯설어해요. 하지만 아이들은 금세 적응하죠. 하나님이 창조하실 때, 사람이 살 수 있는 최적의 환경을 마련하신 뒤에 사람을 창조하셨잖아요? 그런 좋은 자연환경이 우리 캠퍼스에 준비되어 있답니다.

오랫동안 도시 생활에서 지친 아이들이나 선생님의 몸과 마음에 신선한 생명력을 제공해줘요. 홍천에서 생활하다 보면 누구나 자연에 맞닿아 있는 자신을 발견하게 되곤 하죠. 하나님이 만드신 세상을 직접 만나는 경험, 그 경험이 아이들을 순수하고 깨끗하게 만드는 것 같아요.

아이들은 모닥불을 피우기도 하고 몽골 텐트, 원두막에서 밤하늘의 별을 보며 생각에 잠기기도 하고 작은 농장에 있는 동물들과 함께 놀지요. 휴가 때 잠깐 즐기는 게 아니라 일상생활을 하는 공간으로 말이죠.

학부모 아이들을 위해 이런 공간을 만드시다니, 아이들이 학창시절 동안 정말로 많은 추억거리를 만들겠어요?

조형래 이사장님의 사랑이지요. 아이들을 위해 이런 시설을 계획하시고 조성하시는 분은 김국도 이사장님이세요. 아이들을 보시면서 정서가 메마르고 삭막해져가는 것을 안타까워하셨던 이사장님은 홍천캠퍼스에 이런 시설을 직접 만들어 주셨지요. 정말 대단한 사랑이지요. 그래서 그런지 아이들은 이런 장소들을 정말 좋아해요. 도시에서는 경험하지 못했던 쉼을 얻고 자연이 주는 편안함을 느끼면서 그 속에 계신 하나님을 만나기 때문일 것 같아요.

그리고 요즘 아이들이 신나게 뛰어노는 운동장은 몇 달 전까지만 해도 배추밭, 무밭이었어요. 아이들에게 건강한 먹거리를 제공하려는 의도로 한동안 직접 농사를 지어서 김치를 해서 먹였기 때문이죠. 어느 날 이사장님이 이곳을 보시더니 아이들이 맘껏 뛰어놀 수 있는 안전한 운동장을 만들어주자고 하시는 거예요. 이사장님은 늘 아이들의 필요에 민감하시거든요. 큰 공사였지만 해놓고 보니 이곳 역시 아이들이 정말 좋아해요.

학부모 자연환경과 어우러져 있고 아이들의 동심을 하나님 안에서 맘껏 펼칠 수 있도록 하는 시설이 있는 홍천캠퍼스야말로 정말 매력 덩어리 공간이네요?

조형래 대부분의 선생님들은 서울에 살다가 오신 분인데, 일 년에 한두 번, 휴가 때에나 보았던 한계령의 운무를 홍천에서는 매일 아침저녁으로 보신다며 감탄하세요. 홍천의 자연환경을 통해 자연의 아름다움을 알게 하신 하나님을 만나고 계신다면서 말이죠.

홍천캠퍼스에서 첫해를 보내시던 선생님 한 분은 책에서만 보았던 반딧불을 실제로 보시고는 아이들에게 새로운 발견을 한 듯 호들갑스럽게 얘기했는데, 아이들 반응은 너무 무덤덤했대요. 우리 학교의 아이들은 그런 게 익숙한 일상이니 당연한 반응이었을 거예요. 홍천에 와서야 달이 그렇게 밝은 줄을 처음 알았다고, 왜 하나님이 낮엔 해를, 밤엔 달을 걸어두셨는지 깨달았다고도 말하는 선생님들도 계세요.

하지만 우리 학교 기숙사 생활의 강점은 공동체 생활입니다. 기독학교로 가정교육의 책임을 이야기하며 기숙사 학교를 운영하는 부분에 많은 고민이 있었습니다. 하지만 맞벌이 부모들이 많아지고 바쁜 일상생활 속에 자녀 양육이 쉽지 않은 부모들을 보며 학교가 주중에 부모와 같은 역할을 해 준다면 도움이 될 수 있겠다는 생각을 해 보았어요. 그래서 우리 학교는 매주 초등은 금요일에, 중·고등은 토요일에 가정으로 귀가합니다. 주말에는 가족과 함께 시간을 보내고 예배를 드리는 것이지요. 헤어져 지내던 가족들이 주말에 함께 모이는 이야기할 것이 많아 대화하다 보니 부모와 자녀들이 친해진다고 합니다.

무엇보다도 저출산의 결과로 외동이들이 많은 시대에 기숙사 생활을 하면서 형제애, 사회성을 배우게 되지요. 가족보다 더 가족 같은 관계가 형성되는 것입니다. 왕따나 학교폭력은 우리 학교와는 거리가 먼 단어입니다.

우리 학교는 스마트폰 소지 자체가 금지인 학교입니다. 입학 조

걷이기도 하구요. 저는 아이들 손에 스마트폰만 없어도 정서나 관계가 좋아질 것으로 생각합니다. 이것이 우리 학교의 또 다른 경쟁력일 것입니다. 하지만 무엇보다도 홍천의 자연환경은 인위적으로 만들 수 없는 경쟁력이고 강점일 것입니다. 정말 성경에 '아침마다 새롭다'는 말씀을 날마다 경험하며 살고 있지요. 아이들이 정서적인 면에서 매우 아름답게 성장할 것으로 생각합니다.

학부모 정말 그렇겠네요. 공해, 오염으로부터 한참 떨어진 청정지역, 홍천에서 생활하는 것은 그야말로 하나님의 은혜라 생각되네요.

조형래 하나님의 위대함, 오묘함, 섬세함, 보호하심 등 하나님의 속성을 깨닫는 데 있어서 홍천의 자연경관보다 더 좋은 교과서는 없다고 생각해요. 홍천캠퍼스를 향한 하나님의 은혜는 자연환경에만 있지 않았어요. 학교가 홍천에 있다고 소개하면 멀다고 생각하는 분들이 많더라고요. 하지만 우리 학교는 잠실 임마누엘교회에서 불과 50분에서 1시간 정도의 거리에요. 잠실에서 일산가는 것보다 가까울걸요? 홍천캠퍼스가 개교할 당시에 서울 춘천 고속도로가 개통되었어요. 정말 하나님께서 우리 학교에 주신 선물과도 같은 고속도로입니다. 그 덕분에 우리 학교 앞에까지 아스팔트의 대로가 생기게 된 것이지요. 학교 오고 가며 느끼는 고속도로의 풍경은 사시사철 계절의 변화를 느끼는 또 다른 경험을 하게 됩니다.

학부모 정말 하나님의 축복이 가득한 대안학교네요?

조형래 네 정말 그렇습니다. 그런데요 한 가지 말씀드리고 싶은 부분이 생각나네요. 저희는 우리 학교를 대안학교라는 말을 쓰지 않아요. 한국에서 대안학교 하면 학교 부적응 학생이 다니는 학교나 문제아들의 학교를 의미하잖아요. 그래서 그런 것은 아니지만, 저희는 한국에 또 다른 학교의 유형을 제시하고 있는 학교입니다. 그래서 저는 우리 학교를 어디에서 소개할 때 대안학교(Alternative School)라고 말하지 않아요. 다른 나라에 있는 형태이긴 하지만 우리나라에도 있기를 소망하며 독립학교(Independent school)라 해요.

독립학교는 국가의 재정적 지원을 받지 않습니다. 그 대신 국가의 시스템을 따르지 않고 학교 자체적인 교육 제도를 제한을 받지 않고 스스로 책임지는, 독립적인 교육을 하는 기관을 말해요. 미국과 캐나다 그리고 유럽의 많은 명문 사립학교는 독립학교의 형태를 가지고 있어요. 대표적인 학교들이 미국의 필립스 앤도버 아카데미(Philips Andover Academy), 필립스 엑스터 학교(Philips Exeter Academy)입니다. 이 학교 출신 가운데 미국 대통령을 비롯한 많은 지도자들이 있지요. 너무 비싼 비용과 명문가의 자녀가 다니는 학교라 거부감이 있지만 우리 학교는 이런 독립학교의 형태를 보이고 교회와 가정이 학교의 주체가 되어 이 세상을 섬기는 영향력 있는 지도자를 양성하려고 해요.

하나님의 세계관으로 볼 때 저는 이 독립학교가 하나님의 원형학교라고 생각해요. 교육철학 면에서 성경으로, 하나님의 지혜와 지식으로 교육하는 학교를 말해요. 하나님 안에서 교육의 본질을 찾

고 다음 세대를 위해 해야 할 교육이 무엇인지를 고민하며 실현해 나가는 학교라 할 수 있지요. 하나님 편에서 독립적으로 운영하면서 하나님이 뜻하신 학교를 세상에 보여주고 싶습니다. 교육으로 병든 세상에 희망이 되어주는 학교를 하고 싶고, 지금 세워 가고 있다고 생각해요.

학부모 그렇군요. 말씀을 듣다 보니 이 학교에 아이를 보내고 싶어지네요. 어떻게 해야 전인기독학교에 들어갈 수 있나요?

조형래 우리 학교는 임마누엘교회가 세운 학교로 먼저는 임마누엘교회 자녀를 위한 학교입니다. 그리고 이사장님의 선교적 마인드 가운데 있는 군인 자녀 그리고 농어촌 목회자 자녀들이 우선권이 있습니다. 나라를 지키는 군인을 부모로 둔 자녀들이 아빠가 임지를 옮길 때마다 전학 가야 하는 불편함이 있잖아요. 이사장님은 군인들이 나라를 위해 희생하는 만큼 그 자녀를 교회가 섬겨야 한다는 애국의 마음을 가지고 계시지요. 그 외의 가정도 입학할 수 있지만 학비에 차이가 있습니다. 차별이 아니라 임마누엘교회 성도들의 헌금으로 세워진 학교이기에 그 자녀들은 조금 더 혜택을 받아야 한다는 생각인데 타교인 대부분은 이해해 주시더라고요.

아무튼 우리 학교는 예수님을 잘 믿는 믿음의 부모와 자녀라면 지원할 수 있는 학교입니다. 하지만 입학원서를 내려면 6주간의 부모교육을 받아야 합니다. 부모가 전인기독학교를 이해하지 않고 교육에 대한 세속적인 마인드가 바뀌지 않으면 학교 다니기가 쉽지 않더라고요. 그래서 우리 학교는 교육에 부모가 가장 중요한 책임을

져야 한다는 입장이기 때문에 부모교육을 강조합니다. 부모가 먼저 잘해야 하죠. 신앙이 있어야 하고, 학교교육에 동의하는 거죠. 입학하면 매달 초하루 학부모교육, 매주 월요기도회, 독서클럽 등을 하죠. 굉장히 중요한 부분이에요. 누구나 지원할 수 있지만 아무나 다 니지는 않는 것 같아요.

전인기독학교
책임지는 교육에 도전하다

학부모 쉽지 않지만, 학부모님과 학생들이 많이 오시면 좋겠네요. 혹시 전인기독학교하면, 제일 자신 있게 얘기해주실 수 있는 부분이 무엇인가요?

조형래 저는 한마디로 '지정의성체 전인 양성을 위한 책임지는 교육'이라고 말하고 싶어요. 교육을 책임진다는 것이 어려운 일이지만 그만큼 사랑과 정성으로 최선을 다하여 가르치겠다는 의지이지요. 공교육 현장에 있는 학생들을 떠올려 보세요. 아이들이 학교 와서는 자고, 공부는 학원 가서 한다고 해요. 밤늦게까지 학원에서 공부하다 오고, 잠은 얼마 자지도 못한 채 학교 가고, 그러니 학교에서는 자게 되지요. 또 교육 내용도 이미 학원에서 선행으로 배운 걸 다시 배우니 흥미가 떨어지겠지요? 그게 계속 끊임없이 달려야 하는 아이들의 현실이에요. 하지만 그건 학교가 직무유기를 하는 것으로 생각해요. 공교육이 사교육에 책임을 전가하는 거 아닐까요?

사교육은 교육이 아니라 공부만 시키죠. 수학문제 풀이를 가르칠 뿐 수학적 사고를 가르치진 않으니까요. 물건 찍어내듯 방법만 습득하게 하니 공부를 제대로 하는 거라고 생각되진 않아요.

하지만 우리 학교는 학생들을 '책임지는 교육'을 하고 싶어요. 사교육, 과외나 학원에 안 가도 되는 학교로 만들려고 노력하고 있어요. 그게 우리 학교의 핵심이에요. 이를 위해 선생님들이 책임지고 해야 할 부분이 꽤 많아지긴 해요. 사명감을 가지고 감당하고 계시는 부분이죠. 이를 위해 우리 학교가 시행하는 대표적인 것이 주초고사입니다. 지난주에 배웠던 내용을 얼마나 익히고 습득했는지를 테스트합니다. 그리고 성적이 안 좋으면 재시를 보게 되지요. 그런 과정을 통해 꼭 알아야 할 지식을 습득하게 합니다. 그리고 선생님은 이 모든 학습의 내용과 과정, 결과를 부모에게 메일로 보냅니다. 작은 학교가 가지고 있는 또 다른 경쟁력일 것입니다. 학생을 전인격적으로 성장하도록 '책임지는 교육'을 하기 위해 선생님들이 많이 애쓰고 있지요.

학부모 학교가 '책임지는 교육'을 하기 위해 정말로 애쓰시는 것이 눈에 선해요. 이런 교육을 위해 앞부분에서 강조되는 영역으로 다양하게 말씀해 주셨는데요.

조형래 네, 핵심 교육은 독서, 영어, 예체능교육입니다. 독서는 모든 교육의 시작이요, 기초라 생각하며 초등은 다독 중심으로 중·고등은 다양한 책을 정독하고 있습니다. 초등은 무지개독서인 증제를 시행하고 있고 중·고등은 RJ라 불리는 리딩저널(Reading

Journal)을 통해 글쓰기 능력 함양에 목표를 두고 읽기 교육을 하고 있습니다. 이를 위해 독서교과를 정규 교과목에 넣어 전문독서교사와 함께 전인적(성, 지, 정, 의)인 관점으로 성경적 세계관으로 책을 읽는 방법을 배우고 하나님의 관점으로 생각하는 능력을 배양시키며 글로 표현하는 능력을 키우고 있습니다.

예체능교육에도 신경을 쓰죠. 우리 학교는 1인 1 악기를 배우고 있어요. 이것 또한 학교 일과시간에 포함되어 전공강사들이 가르칩니다. 그렇게 꾸준히 배우고 익힌 악기를 매해 전인음악제 또는 주최예배 등을 통해 연주회를 갖습니다. 체육은 초등과정에서 태권도, 무용을 통해 신체발달과 균형을 이루게 하고 방학 때에는 수영과 스키캠프를 합니다. 홍천캠퍼스는 매주 화요일 오후에 'Sport Day'로 축구, 탁구, 농구, 배구를 학년마다 돌아가면서 배우는데 선수출신 전문 코치들이 와서 가르쳐 주지요. 그래서 아이들이 체력을 좋아지게 하는 것은 물론이고 구기 기술 습득을 통한 공동체훈련과 집중력 강화에 도움이 되도록 합니다. 아이들이 건강해지려면 운동을 통해 건강한 몸을 만들어 주어야 한다고 생각했죠. 서울캠퍼스 초등학교 아이들은 엘리베이터를 타지 않고 6층에서 9층에 있는 교실까지 걸어 다니는데 다 숨은 이유가 있어요. 건강에 대해 책임지는 학교를 실제 커리큘럼이나 생활 속에서 실천하는 거죠.

학부모 전인기독학교의 영어교육 프로그램도 체계적이고 다양하다고 들었습니다.

조형래 글로벌 시대이기에 영어가 중요하다고 생각했어요. 그런데 영어를 가르치려면 가정에서의 부담이 꽤 크잖아요. 그래서 이걸 학교가 해결해봐야겠다. 마음먹었지요. 사교육 없이 학교에서 영어를 파닉스부터 공부해서 영어로 의사소통이 가능하고 학문적인 부분에서 공부할 기초를 마련해 준다면 이것 역시 '책임지는 교육' 중 하나가 될 수 있다고 생각했어요.

우리 학교에서 가르치시는 원어민 선생님은 저희가 자매결연 맺은 캐나다 미국학교의 선생님들이세요. 정말 좋은 분들이 와 계시죠. 원어민 선생님은 리딩(reading) 부분의 영어수업을 하시거나 미술, 음악, 스포츠나 성경을 영어로 가르치세요. 아이들이 정말 좋아해요. 자연스럽게 영어를 배우게 되는 거죠.

초등학교 3학년 때는 한 달간 사이판에 가서 영어 수업을 하고 와요. 6학년 2학기 때는 미국이나 캐나다의 자매학교에 다니며 10개월을 지내고 오죠. 사이판에서 아이들은 영어만 배우지 않아요. 수영, 스킨 스쿠버, 별 보기, 정글 투어, 워터 월드 등 정말로 다양한 활동을 하면서 영어를 자연스럽게 익히게 되지요. 그런 후 6학년 2학기 때 미국이나 캐나다에 가니까 아이들이 더 잘 적응하게 되는 것 같아요. 아이들은 정말 적응을 잘해요. 아이들을 돌봐주시는 홈스테이 가정도 좋은 분들을 선별하고 있고 여러 해 우리 아이들을 맡아주셨던 분들이 많아요.

학부모 '책임지는 교육'이라는 키워드를 마음에 품고 아이들을 대하시는 선생님들의 모습이 눈에 훤하네요. 사실 우리 한국 교육에서 공교육은 사교육이나 가정에 책임을 떠넘기고 있는 현실을 알

기에 전인기독학교의 노력이 남다르게 다가옵니다.

조형래 그러세요? 그러고 보니 우리 학교는 하나님 안에서 하나님이 원하시는 대로 교육하는 것이 저희의 역할이라 생각하며 열심히 달려왔다는 생각이 드네요. 그동안 저희는 우리 아이들이 세상을 살아갈 때 가장 기본적인 자질을 갖추도록 애써왔어요.

예를 들어 정서적인 부분에서도 누군가를 배려하고, 누군가에게 고마움을 표현하는 아이들이 되도록 교육해요. 이를 위해 한 달에 한 번 편지 쓰는 시간이 있어요. 소방서, 경찰서, 대통령 등 우리를 안전하게 지내도록 애써주시는 분들께 편지를 쓴답니다. 요즘 아이들이 자기밖에 모르고 자신에게 주어지는 것이 너무나 당연한 것처럼 고마워할 줄 모르는 경향이 있어요. 그래서 우리 학교에서는 우리들의 현재 삶을 가능하게 해주시는 분들에 대해 설명하고 그분들을 직접 만나지 못한다 해도 감사한 마음을 편지로 표현하도록 하고 있어요. 한 달에 한 번 봉사시간을 갖는 것도 그런 철학 중 하나예요. 도움이 필요한 분들을 찾아가서 도울 수 있도록 다방면으로 알아보고 봉사하러 간답니다.

학부모 이렇게 다양한 면에서 커리큘럼을 짜고 시도하시는 이유는 뭔가요?

조형래 먼저 감성이나 정서면에서 가장 성경적인 삶을 추구할 수 있도록 하는 겁니다. 어려서부터 아이들이 음악, 미술, 체육 활동을 통해서 좋은 정서를 경험하면 커서도 각박한 세상을 살아갈 때

완충지 같은 쿠션을 가지게 된다고 봐요. 예를 들어 오케스트라를 하게 되면 악기 하나를 마스터하는 과정을 통해서 아이들이 자신감을 많이 가지게 돼요. 또 함께 연주하면서 공동체를 이루어 하모니를 이루죠. 혼자 잘하는 게 아니라 함께 만들어가는 것을 배우게 된답니다. 우리 학교 아이들은 동송동요가곡제를 통해 동요나 가곡을 부르고 연주해요 아무래도 그러다 보니 아이들 마음이 훨씬 여유 있고, 풍요로운 것 같아요.

또 다른 하나는 아이들이 국, 영, 수에 한정된 공부에만 매달릴 것이 아니라 다양한 예체능 영역의 활동을 경험하면서 이 모든 것이 하나님의 영역임을 고백하게 되지요. 우리가 살아가는 모든 영역에서 하나님이 주인이심을 고백하는 거예요. 우리의 모든 것을 다 다루시는 하나님을 인정하면서 크는 거죠. 혹시 내가 하기 싫은 영역이라 해도 그것 역시 하나님으로부터 시작된 것이기에 내가 하나님을 알아간다는 전제 아래 시도해 보게 되고요. 그러다 보면 전혀 자신이 알지 못했던 부분에서 하나님을 만나게 되기도 해요. 이런 다양한 목적이 있지만, 궁극적으로는 Whole Person 하나님이 원하시는 온전한 사람을 키우기 위한 노력이지요.

학부모 10년 전부터 독서 영어 예체능교육을 시작하시다니… 마치 전인기독학교가 하니까 공교육에서 따라 한 것 같은 느낌이 드네요?

조형래 그런가요? '우리 학교가 하면 공교육이 따라 한다.' 이런 식인 거죠? 저도 그렇게 생각하기도 했어요. 특히 이명박 정부 때의 교육정책이었던 원어민 영어수업, 방과 후 학교를 통한 예체능교육의 활성화는 우리 학교 과정을 벤치마킹 한다는 생각이 들 정도였으니까요. 저희는 아이들이 전인적으로 건강하게 자라는 데 필요한 것을 가르치고 기회를 제공했을 뿐입니다. 물론 미리 연구하고 최선의 시간, 최고의 강사진으로 구성하기 위해 무던히도 애썼지요.

학부모 10여 년간 알차게 '책임지는 교육'을 해오셨네요. 학교를 운영하실 때, 모토로 삼으신 철학이 또 있으셨나요?

조형래 '하나에 하나를 더하는 교육을 한다'는 것이었어요.

학부모 하나에 하나를 더하는 교육은 어떤 의미가 있는지 궁금합니다.

조형래 예, 99%의 노력과 1%의 영감이 있다면, 그 1%는 하나님이라고 생각해요. 우리는 99가지의 노력을 해야 합니다. 그러나 한 가지가 없으면 그 노력은 허사예요. 하나님이 계셔야 하죠. 하나님이 우리 인생 가운데 계신다는 것을 잊지 않도록 교육하고 있어요. 특별히 내가 최선을 다해서 99가지의 노력을 하면서도 하나를 더하기 위해 노력하는 모습이 중요해요. 우리 전인기독학교에는 그런 인생의 해답을 찾는 모임이 있어요.

Early Bird Club(이하 EBC)이지요. 이 모임은 소수의 선택되고, 헌신된 학생들이 전인기독학교의 모범적인 학생상을 직접 만들고 그대로 살아감으로써 학교의 리더이자, 이 시대의 리더가 되는 것을 첫 번째 목표로 해요. 궁극적으로는 EBC가 만든 모범학생상이 모든 전인학생들의 전형적인 학생상이 되도록 하는 것을 목표로 합니다.

학부모 정말로 열심히 달려오셨는데, 때로는 힘든 시간도 있으셨으리라 생각됩니다.

조형래 힘들기도 했지만 미안함이나 아쉬움이 참 많습니다. 우리 학교는 공교육 속에서 지친 학부모, 학생들을 향해 기독교 학교를 통해 진정한 교육을 구현해내겠다는 마음으로 출사표를 던졌습니다. 한국의 학교, 교회와 사회를 향한 빛과 소금의 비전을 가지고 시작했고 한 걸음씩 내딛었지요. 어찌 보면 무모하리만큼 용감하게 전진했습니다. 그러다 보니 우리 학교의 초창기 4~5년이 지나고 중·고등 과정이 생기면서 많은 진통을 겪었습니다. 처음 기대와는 달리 몇 년 지나면서 조금씩 불안해하기 시작하는 가정들이 생기더군요.

사랑하는 선배들아, 미안하다

학부모 전인에 보내면서 불안해하시는 분들이 계셨군요?

조형래 예, 아마 그분들은 본질적인 기독교교육보다는 자녀 진학을 위한 또 다른 교육기관을 찾다가 우리 학교를 선택한 분들이겠지요. 여러 가지 생각을 하셨으리라 봅니다. '아이에게 학력이 인정되는 학교 졸업장은 받도록 해야 하는 것 아니었을까?', '과연 이 학교를 졸업하고 대학에 진학할 수 있을까?', '좀 더 잘 갖춰진 학교를 찾아야겠어.' 사실 이런 생각은 학교에 아이를 보내는 부모라면 누구라도 하는 것들이었습니다.

게다가 그런 학교상황 가운데 몇몇 선생님이 부모들에게 "이 학교에 계속 보내시면 대학 가기 힘들 거예요"라고 말씀하신 선생님이 있었습니다. 특히 대학 진학에 목적을 둔 부모들에게요.

하나님 중심의 교육, 신앙을 중요하게 여겨서 우리 학교에 보내시지만, 궁극적으로 대학 진학에 대한 걱정이 없는 학부모는 없으시리라 생각됩니다. 그래서 우리 학교에 와서 뭔가 성적이 올라가고 5, 6등급 하던 친구들이 1, 2등급을 받는 아이로 달라지길 바라기도 합니다. 성적 올려주는 학교가 좋은 학교이고 그런 선생님을 좋은 선생님이라고 하잖아요. 그것을 못하니까 좋지 않은 학교가 되는 것이죠. 하지만 정말 그럴까요?

요즘 이런 질문을 종종 합니다. 성적 올려주는 선생이 있어서 좋은 학원일까요? 아니면 성적 좋은 학생들이 많은 학원이 좋은 학원일까요? 답은 이미 우리가 알고 있습니다. 특목고와 외고는 처음부터 학습 능력이 뛰어나고 자기주도학습이 가능한 아이들을 선발합니다. 대부분의 학생이 대한민국의 상위 3%라 하지만 1%가 아닐까 싶습니다. 이미 그런 아이들을 뽑았던 학교에서 좋은 입시결과를 내지 못한다면, 그게 도리어 비정상일 겁니다.

특목고나 외고, 자사고가 학생 선발권을 포기하지 않고 시험을 통해 학생을 선발하는 이유는 우수한 학생을 선발하기 위해서입니다. 그것이 그들의 학교를 유지하는 최고의 선택이기 때문이지요. 학원 강사들은 학원이 유명해지는 것은 탁월한 교사가 있어서가 아니라, 우수한 아이들이 있고 가르치는 것을 이해하는 학습 능력이 탁월한 학생이 있기 때문이라고 말합니다. 학생들 덕분에 학교와 학원이 유명해지는 것이라고요.

학부모 맞아요. 그런데 어떻게 선생님으로서 학생들의 진학에 대해 그런 말을 하실 수 있죠?

조형래 뭐, 당시 현실로서는 그렇게 될 수도 있다는 말이셨겠지요. 선생님 입장에서 보면 아이들을 위한다는 생각으로 그렇게 애기하셨을 수도 있습니다. 그렇지만 선생님의 무책임한 말로 인해 아이들은 마음이 흔들리고 동요하기 시작했어요. 이미 학교를 향한 불안감은 일파만파 퍼진 뒤였지요. 많은 아이와 부모들이 흔들렸고, 그만두기로 하고 밀물 빠져나가듯 그만두는 가정이 많았습니다.

이런 현실 속에 눈에 보이고 손에 잡히는 기존의 학교를 하는 것이 아니라 정말 믿음을 가지고 실험실에서 실험하듯 잰걸음으로 한 해 한 해를 보내는 시기에 너무나 감당하기 어려운 위기였고 아픔이었지요. 그렇게 나간 부모 중에는 교회 중직자와 학교에서도 일명 '돼지엄마'같이 큰 소리를 내는 임마누엘교회를 오래 다닌 가정들이 많았거든요. 자신들이 그만두었으니 교회 안에 학교를 향해 좋은 소리를 하시지는 않았을 것 같습니다. 그때부터 교회에서도 학교에 대한 불만과 걱정이 나오기 시작했습니다. 이런 일은 교회중심의 학교가 조심해야 할 부분이기도 합니다. 지금 돌아보면 학교를 세워가는 과정에서 하나님께서 학교를 학교 되게 하시고 알곡과 쭉정이를 구별해주시는 은혜라고 생각하지만, 저에게는 여전히 아픔으로 남아 있습니다.

학부모 그런 일이 있으셨군요. 정말 힘드셨을 것 같아요.

조형래 무엇보다도 믿고 임용한 교사들과 가정들이라 더 힘들었던 것 같습니다. 하지만 이것을 다른 누구의 책임으로 전가할 수도 없지요. 모든 것이 제 책임이니까요. 제가 뽑은 교사이고 자랑했던 교사들이었습니다. 교사를 임용할 때 면접을 하다 보면 정말 좋은 교사 같거든요. 하지만 교사도 인간이고 그들이 받은 교육 자체가 본질이 다르기에 기독학교 교사를 임용하기 정말 어렵습니다. 그래서 그 후로는 필요에 의해 교사를 수급하지만, 교회 다닌다는 것만으로, 대학에서 기독동아리 출신이라고 해서 믿지 않습니다. 1, 2년의 과정을 통해 선생님을 관찰하고 보게 되는 것이지요. 현실과 비교하고 기숙사 학교의 어려움을 토로하며 그만두는 교사들이 더 많았지만, 법에 위배되지 않는 선에서 사임을 권고한 교사들도 많았습니다.

학부모 학교 전체를 위해서 하신 일이었지만 오해를 하는 사람들도 있었을 것 같네요?

조형래 네 "교장이 자기 맘에 안 들면 자른다"고 말입니다. 틀린 말은 아니지만, 단순히 사람을 제 말을 안 듣고 마음에 안 든다고 자르겠습니까? 제가 그만두도록 한 사람들은 대부분 학교 설립목적과 뜻을 같이하지 않는 교사들이거나 가르치는 데 문제가 있는 사람들이었습니다. 우리 학교에서 정교사 자격을 갖춘 교사를 임용하는 것이 쉽지 않은 일입니다. 그럼에도 불구하고 저는 직업적 교사가 아닌 우리 학교를 위해 하나님으로부터 소명을 받고 기독학교를 세우는 사명을 가지신 선생님들을 기다리며 임용했습니다. 그래서 그럴까요? 요즘 가정이나 아이들이 우리 학교에서 제일 만족하는 부분은 교사입니다.

학부모 그랬군요. 지금이 오기까지 교사들의 이임으로 많은 아쉬움이 있으셨겠네요.

조형래 맞아요. 교사가 우리 학교의 가장 큰 경쟁력이 되기까지 많은 교사가 오고갔습니다. 이런 사정을 모르는 학생과 부모들은 불만의 표현들을 했지요. 저는 아이들이 좋아하는 교사라고 해서 다 좋은 교사라고 생각하지 않습니다. 물론 부모로서는 아이가 좋아하는 교사가 그만두고 새로운 교사가 오는 것에 대하여 불만이 많겠지요. 당연한 일입니다.

그래서 '우리 학교가 좀 더 준비되고 체계적이었다면 이런 불평과 불만이 없을 텐데…' 하는 미안한 마음이 항상 있어요. 선생님의 말씀 한마디였든 아이들과의 관계였든 간에 학교를 등진 분들을 생각하면 정말 죄송하고 마음이 아픕니다. 더 믿음을 주지 못하고 만족을 주지 못한 것에 대한 미안함이지요.

학부모 그러셨군요. 그래도 저는 전인기독학교가 교회가 주도적으로 설립한 기독교학교에 있어서 좋은 롤모델이 된다고 생각되네요.

조형래 이 땅에 기독학교가 세워지는 과정에서 우리 학교가 가는 길이 뒤에 생기는 학교들의 길이 되고 선례가 된다면 감사하네요. 사실 일반학교는 우리 기독학교의 답이 될 수는 없지 않습니까? 이 땅에 하나님의 세계관으로 세워가는 새로운 학교라는 관점에서 볼 때, 우리 학교가 겪어야 할 어려움이고 과정이라 생각합니다. 이것이 또한 전인기독학교의 사명이기도 합니다. 하지만 부모로서는 싫은 것이겠지요. 불편한 것이었겠지요. 저로서는 그런 흔들리는 분들의 마음까지도 붙잡아드렸어야 했는데 그러지 못한 것 같아 안타까울 뿐입니다. 첫 입시를 치른 뒤에는 미안한 마음이 더 커졌습니다. 왜냐하면 대학 진학 못한다는 불안감에 우리 학교에 있으면 서울 안에 있는 대학에 못 간다고 해서 그만둔 아이들이 우리 학교를 졸업한 대부분의 아이들보다 좋은 대학을 간 경우가 없었기에 더욱 그랬습니다.

학부모 1, 2기 학생들 경우에 그만둔 학생들보다 더 좋은 입시결과를 얻었군요?

조형래 예. 오히려 저희 아이들은 안 된다는 'in Seoul 대학' - 서울외대, 명지대, 성신여대, 서울여대 등 대부분의 학생이 서울과 수도권 대학에 진학했지요. 올해 입시에는 소위 SKY 대학 합격도 기대하고 있습니다. 반면, 학교를 떠난 아이들은 진학률도 낮고 더 힘든 상황에 처한 경우가 많기에 안타깝고 미안할 뿐입니다.

떠나간 아이들에 대한 미안한 마음과 함께 이 과정을 지내면서 남아있는 아이들과 가정들을 향해서도 미안한 마음이 많았습니다. 흔들리는 마음을 붙잡으면서 그 모든 과정을 견디고 감당하며 하나님의 학교를 지킨 분들이 떠난 친구들이나 선생님들을 보는 그 마음이 얼마나 답답하고 허전했겠어요. 누군가가 그만둘 때마다 남은 이들도 많이 갈등하고 고민하는 건 당연하잖아요? 저로서는 우리 학교가 처한 현실이 미안했고 교장인 저로서도 가장 견디기 힘든 현실이었지요.

몇 년 전까지만 해도 학년이 바뀔 때가 되면 '누가 또 나간다고 할까' 고민했던 것 같습니다. 특히 중학교에서 고등학교 진학할 때는 그랬습니다. '입시'라는 우상이 판치는 한국 사회에서 입시를 고려하지 않은 고등학교의 선택은 대학입시를 고려하는 모든 부모가 고민하는 과정이니까요. 입시 시스템이나 선생님, 학생들 모든 면에서 불안했지요. 그런 불안감을 가지고 있던 부모와 아이들이 주로 학교를 그만 두고 나갔습니다.

하지만 10년이 지나고 입시를 세 번 치르는 과정에서 그 수는 확연히 줄어들고 오히려 고등과정에서 편입해 오는 아이들이 늘어나고 있습니다. 외부교인이나 다른 대안기독학교를 다니던 부모들이 어떻게 우리 학교를 알았는지는 모르지만, 우리 학교를 소개받으면 이 학교의 경쟁력을 아는 것이지요. 우리학교는 10학년 고등학교 1학년까지만 편입이 가능한데 요즘은 소위 말하는 성적 좋은 학생들이 편입을 해옵니다. 일반학교에서 신앙 갈등을 겪다가 온 아이도 있고 기독교 대안학교에서 비싼 학비를 감당하지 못해 온 아이도 있습니다. 어떤 이유로 편입했든 간에 대부분은 우리 학교가 더 좋다고들 해요.

학부모 기독교학교 중에도 뛰어난 학생을 선발하는 학교가 있는 걸로 아는데요, 전인기독학교도 그렇게 학생을 선발하는 건 어떤지요?

조형래 우리 학교도 상위권의 아이들만 선발하자고 주장하는 분들도 있습니다. 하지만 기독학교는 그런 아이들만을 위해 존재하는 학교가 아니라고 생각합니다. 다양한 아이들이 입학해서 그 아이들을 책임지고 교육하는 학교가 되어야 하죠.

다양한 수준의 아이들이 입학하다 보니, 대학입시에 대해 염려하는 분들이 많은 것 같긴 합니다. 하지만 무조건 아이의 상태나 학력을 무시한 채 대치동에 있는 학원 보내고 유명한 학교에 보내면 일류대학에 들어갈까요? 그렇게 생각하는 부모들이 많은 것 같긴 합니다만, 과연 그럴까요? 대치동으로 이사하고 집을 팔아 사교육을 시키지만, 결국 그 아이들이 가는 학교는 우리 전인기독학교 아이들이 가는 학교와 별반 다르지 않습니다. 게다가 행복하지도 않습니다. 일류 대학진학을 목표로 세워진 학교가 아니고 대학 진학도 잘하는 학교를 만들어 가는 과정이기에 우리는 성적 위주로 선발하지 않습니다. 하나님이 보내주신 학생 모두가 뛰어난 학생들이니까요.

사랑과 기도로 함께 하신
모든 분들께 감사드립니다

학부모 10년이 넘는 시간을 지내면서 참으로 많은 일을 겪으셨네요.

조형래 이야기 하다 보니 그러네요. 해결할 수 없을 것 같은 일이 기적적으로 해결되고, 믿었던 사람들과 결별을 하면서 전인기독학교는 조금씩 커나갔습니다. 그 모든 것이 기독학교의 본질, 가치를 추구하면서 좀 더 자부심을 느낄 만한 학교로 거듭나기 위한 진통이었지요.

뒤돌아보니 기독교교육을 추구했던 학부모들, 묵묵히 기도하고 공부하면서 달려온 학생들 경우엔 대부분 입시 결과도 좋았어요. 꼭 대학 입학 여부만으로 평가하려는 것은 아닙니다만, 대한민국에 기독학교 교육의 경쟁력을 나타내는 가장 확실한 방법은 입시니까요. 나름대로 만족스러운 결과를 얻고 기뻐하는 아이들을 보면 제 일처럼 기쁩니다.

또한 저와 함께 걸어온 선생님들과 학부모님들을 보면 가슴이 벅찹니다. 부모교육을 할 때면 그런 마음이 고스란히 드러나지요. 학교의 방향성을 믿고 따라와 주신 분들, 그분들 덕분에 현재의 전인기독학교가 있다고 생각합니다. 항상 자녀교육에 관한 책임은 국가나 교육기관에 있는 것이 아니라 부모에게 있다고 가르치고 강조해 왔는데 그 책임감을 우리 학교와 함께 감당하면서 한결같이 기도하며 지지해준 분들께 감사드리고 싶습니다.

학부모 감사한 분 중에서 특별히 기억나는 분들이 계신가요?

조형래 제게는 모두 특별한 분들이세요. 다시 한번 말씀드리지만 우리 학교는 부모님들의 믿음과 기도, 그리고 임마누엘교회의 재정적 지원을 통해서 시작하고 여기까지 성장할 수 있었어요. 김국도 목사님의 비전으로 시작된 학교이지만 철저한 준비와 내용을 가지고 시작한 학교는 아닙니다. 그럼에도 부모님은 이사장님의 삶과 열매를 통해 역사하신 하나님의 역사를 눈으로 보며 경험했기에 교육에 서도 새로 시작하는 미인가 기독학교에 보낼 수 있었던 것 같아요. 처음 시작을 함께했던 가정들 가운데 그만두고 나간 가정들도 있지만 1기, 2기로 졸업한 21명의 가정들은 제가 아마도 평생 감사해야 할 가정들입니다. 더욱이 2015학년에 12학년으로 졸업하는 11명의 학생 중 5가정은 개교할 때부터 12년을 이 학교에 다니고 졸업하는 가정들입니다. 정말 대단한 하나님 중심의 가정들입니다. 저는 이 가정들을 생각하면 얼마나 감사한지 모릅니다. 우리 학교가 여기까지 올 수 있도록 만든 장본인들입니다.

학부모 정말 귀한 믿음의 가정들이 전인기독학교를 세우는 데 함께해주셨네요.

조형래 그렇습니다. 이미 언급했듯이 전인기독학교는 공교육의 폐해를 알고 기독학교를 통해 다음 세대를 책임지겠다는 그리고 한국교회와 나라와 민족을 위해 지도자를 배출해 내겠다는 마음으로 학교를 시작했습니다. 하지만 어찌 보면 무모하리만큼 용감하게 전진했지요. 지금도 현실의 어려움을 겪고 있지만, 대한민국에서 제도권을 벗어난 학교를 운영하고 그 학교에 다닌다는 것은 모험이지요. 하지만 우리는 이제 그 모험의 여정을 마무리하고 새로운 교육의 지평을 여는 영광스러운 자리에 서 있는 것입니다.

학부모 학생이나 학부모 외에 감사한 분들이 또 계신가요?

조형래 예, 저는 무엇보다도 우리 학교에서 근무하는 직원분들께 정말 감사한 마음입니다. 학비가 많지 않다보니 직원을 많이 고용하지 못하고 있어요. 서울캠퍼스는 교회 직원들이 수고해 주시고 홍천은 많지 않은 전임 직원들이 있는데 정말 모두가 하나님을 섬기듯 아이들을 위해 헌신적으로 일하는 분들이세요. 누가 시켜서 일하는 것이 아니라 스스로 필요한 일들을 위해 시간을 가리지 않고 일해 주시는 모습을 보면 그 섬김과 사랑에 감동을 하고 도전이고 은혜입니다.

선생님들에게도 감사한 마음이 많아요. 교육에서 중요한 것은 학교시설과 커리큘럼이 아니라 선생님입니다. 우리 학교에는 정말 실력 있고 영성 있는 믿음의 교사 선생님들이 계세요. 선생님들은 우리 학교의 교육철학을 공유하고 함께 길을 가는 동역자들입니다. 좋은 조건의 일반학교 처우가 있기에 미인가 학교가 선생님을 찾는 것은 정말 하늘의 별따기 같아요. 초창기에는 신생학교라 잘 알려지지 않은 상태였기 때문에 처우 개선이나 발전 가능성, 안정성 등 모든 면에서 불확실하다고 여겨서 그런지, 지원하는 분들이 별로 없었습니다. 홍천캠퍼스 경우엔 더 그랬지요. 아무리 헌신된 선생님이라 해도 나름대로 이것저것 고려하다 보면 선뜻 이력서를 내기가 어려우셨을 것 같아요. 하지만 학교 입장에서도 아무나 교사를 세울 생각은 없었습니다. 신앙이 좋다고 교육학을 공부하지 않은 사람을 교사로 세우지 않았습니다. 편하게 하자면 그것이 더 쉬울지 모릅니다.

학부모 그러게요. 교사 자격증이 없어도 교사로 임용하실 수 있으셨을 것 같은데요?

조형래 우리 학교는 초등교사는 모두가 교대 출신의 교원이고 중고등도 교사자격증을 갖춘 분들을 임용했습니다. 요즘은 입시학년인 11, 12학년은 자격증보다 입시의 전문성을 보고 임용하기도 합니다. 실력과 영성을 겸비한 교사를 찾고 임용하기 정말 쉽지 않은 일이지만 개학이 내일이라도 자격 없는 사람을 임용하지는 않았습니다. 이렇게 자격을 먼저 보는 관점 때문에 함께 일하면서 부적격자들이 그만두는 일이 있지만, 그래도 그것이 학교를 위한 선택이라 생각하고 교사 임용이 힘들어도 그렇게 했습니다.

학교와 교사가 서로 맞춰가며 검증하는 과정을 통해 지금은 아이들과 부모들이 학교에서 가장 만족스러워하고 좋아하는 부분이 교사에 대한 것이랍니다. 교사에 대한 만족도가 굉장히 높아요. 정말

몇몇 선생님들은 일당백을 감당하는 정예 부대와 같은 선생님들이십니다. 홍천캠퍼스 경우엔 학교 정규 교과를 가르치는 선생님과 방과 후, 기숙사 생활을 담당해주시는 선생님이 나뉘어 있어요. 하지만 모든 선생님이 밤낮을 가리지 않고 아이들과 함께 생활하며 정말 삶으로 가르치는 교육에 헌신하고 계시죠. 정말 부모의 눈으로 보면 감동 그 자체입니다. 때때로 젊은 미혼 선생님들은 데이트할 시간이 없다고 투덜거리세요. 데이트할 상대도 없으면서요.

정말 귀한 분들이세요. 가정을 이루신 선생님들은 학교에서 제공하는 빌라에서 살고 계시는데 아내가 홍천캠퍼스에서 근무하다 보니 남편이 서울 반포로 매일 출퇴근하는 분도 계세요. 이분들이 어찌 하나님께서 보내신 분들이 아니겠습니까? 그리고 학교를 위해서 주말부부로 생활하시는 분들도 계시고요. 선생님들이나 선생님의 가족분들께는 정말 감사하고 또 감사합니다.

학부모 목사님의 말씀을 듣다 보니, 전인기독학교는 어떤 학교일까 더 궁금하네요. 자유로운 분위기의 학교인가요 아니면 어떤 틀 안에서의 자유를 추구하는 곳인가요?

조형래 둘 중에서 골라야 한다면, 저희는 틀 안에서의 자유를 추구하는 쪽이라 봐요. 우리 학교는 영국을 하나님의 말씀으로 변화시킨 감리교의 창시자 존 웨슬리의 감리교회에 속한 교회가 세운 학교입니다. 그래서 우리 학교는 존 웨슬리의 교육 철학과 방법이 학교의 흐름 가운데 있습니다. 초창기 감리교회 교인들을 타락하고 병든 영국에서 볼 수 없는 삶의 모습을 보여주며 살았다고 합니다.

그래서 '규칙쟁이'라는 별명이 있었다고 합니다. 그래서 감리교를 'Methodist'라 합니다. 존 웨슬리 목사님은 체계적이고 질서정연하고 약속을 잘 지키고 하나님께 순종하는 교육을 강조하셨습니다. 결국, 그 교육의 열매로 영국의 지도자들을 배출하며 후에 미국 교육에 지대한 영향을 끼쳤습니다.

그런 차원에서 우리 학교에는 나름대로 지켜야 할 것과 하지 말아야 할 것이 있는데, 할 일을 잘해냈을 때 가장 행복함을 느끼죠. 물론 해야 할 것을 하지 않았을 때는 불편한 학교예요. 규율도 엄격한 편이고, 필요한 경우에는 체벌도 합니다. 대부분의 학부모님들은 동의하고 보내주세요.

학부모 자율이 강조되는 시대에 너무 권위주의적인 학교라는 생각이 드는데요.

조형래 저희는 권위주의는 배타하지만, 권위는 존중하는 학풍입니다. 자유롭지만 질서가 있는 것이지요. 권위 안에서 해야 할 책임을 다하면 누리게 되는 자유지요. 이 자유가 우리 모두가 행복해지는 자유 아니겠습니까? 그 권위의 기준은 항상 하나님의 말씀의 권위가 되도록 노력합니다. 선생님들이 아이들을 훈계와 책망을 할 때 개인의 감정과 기분에 따르지 않고 말씀을 근거로 잘잘못에 대하여 말씀하는 것이지요. 저는 교육을 통해 아이들이 이 세상의 질서와 그 질서 아래 순종하고 책임지는 사회인을 만드는 것이 중요한 교육이라 생각해요. 그런 차원에서 권위는 존중되어야 합니다.

하나님이
기준이 되시는 학교

 **학부모** 말씀의 권위, 세상 속에서의 질서 등을 중요하게 여기시는군요?

조형래 그럼요. 종교개혁 때 보면 기독교가 구교의 권위주의를 깨뜨리면서 진짜 권위인 말씀을 잡았고, 거저 주시는 은혜, 믿음을 기준으로 살아갔잖아요? 우리 학교도 어그러지고 비뚤어진 것을 바로잡아 제대로 틀을 만들고 그 안에서 자유로움을 만끽하는 지혜를 교육하고 있어요.

그렇다고 세상을 뒤엎기 위해 거리로 나가고 세워진 권위를 욕하고 부인하는 것을 의미하지 않습니다. 요즘 정치 이슈로 나누어진 나라를 보면 너무 가슴이 아픕니다. SNS를 보면 참 신실한 기독인이라 생각하는 분들도 있고 기독교사들도 있는데 자기의 생각과 판단이 하나님의 것인 양 판단하고 정죄하고 욕하는 교사들을 보면 답답하기보다 걱정돼요. 저들은 무엇을 가르치고 학생들은 무엇을 배울까? 요즘 국정교과서 문제로 나라가 시끄러운데 교과서가 문제가

전인기독학교는 어떤 학교인가요? | 95

아닙니다. 가르치는 사람이 문제지요. 그런 교사들을 보면 원수를 사랑하라는 말씀은커녕 내 이웃을 내 몸과 같이 사랑하라는 말씀을 가르치고 실천하는 것도 어려울 것 같은 생각이 들어요.

학부모 교사들이 자신의 정치적인 소신을 너무 편파적으로 표출하는 것에 대해 걱정하시는 것 같아 보이네요.

조형래 일부 교사 중에 자신과 정치적 신념이 다르면 무조건 부인하는 분들을 보면 걱정스러워요. 어찌 보면 이것이 우리가 받은 공교육, 현대 교육의 폐해입니다. 개혁(Reformation)은 하나님의 것으로 다시(Re) 틀을 잡고 정형화(formation)하는 것이라 봅니다. 우리가 이루어야 할 개혁이지요. 그리고 그 개혁은 나로부터 시작이고, 내 안에 하나님의 기준에서 어그러지고 벗어난 것들을 다시 정돈하고 정리하고 체계를 만드는 것입니다. 이런 관점으로 저는 종종 아이들에게 말합니다. '너나 잘해라'가 아니라 '나만 잘하자! 나라도 잘하자!' 이것이야말로 우리가 이루어야 할 제2의 종교개혁이라고 생각하고 있어요.

하나님의 권위, 하나님의 기준을 인정하고 따르는 삶을 살아갈 때 저는 타인을 존중하고 경청할 수 있는 좋은 관계가 형성되고, 질서도 잡힌다고 생각해요. 생활 속에 인정해야 할 권위를 먼저 인정하는 게 중요하죠. 하지만 지금 이 땅은 권위주의에 대한 거부감 때문에 권위 자체를 부인하는 세상이 되었어요. 그래서 부모의 권위, 교사의 권위, 목회자의 권위, 나아가 대통령의 권위마저 땅에 떨어졌어요. 결국, 인권과 복지라는 명분 아래 자기 멋대로, 자기주장대

로 살려고 합니다. 이러니 무질서한 나라, 무질서한 세상이 되는 것입니다.

저는 이런 이기적이고 자기중심적인 삶은 창조주 하나님에 대한 인식이 없어서 그렇다고 생각합니다. 하나님에 대한 인식이 있다면 피조물인 인간은 창조 질서를 따라야 하고 그 속에서 하나님이 주시는 자유와 은혜를 누리며 살아야 합니다. 여기에 인간의 행복이 있지요. 그것을 인간이 태어나서 처음 배우는 곳이 가정이고 교회이고 학교입니다. 그런데 학교에서 자유를 이야기하며 인권 복지 평등을 말하며 이 세상의 주인은 '나'라고 가르치며 성공하기 위해서는 하고 싶은 대로 하며 살라고 교육합니다. 그러니 자기 멋대로의 삶을 살며 화가 나고 마음에 들지 않으면 법도 윤리도 무시한 채 자기 맘대로 사는 것입니다.

그러나 진정한 자유와 행복, 우리의 인권은 하나님으로부터 오는 것입니다. 인간의 눈으로 보면 절대로 이 세상은 평등하게 창조되지 않았습니다. 세상이 불평등하게 느껴지는 것은 어떻게 보면 당연합니다. 어떻게 나보다 하나라도 더 가진 사람이 있는데 평등할 수 있습니까? 다른 사람과 비교하며 불평등한 것을 무상복지를 통해 어찌 똑같게 만들 수 있습니까? 그건 거짓말이지요. 이 세상은 불평등합니다. 하지만 눈을 들어 하나님을 보면 공평합니다. 성경적 가치는 공평하게 나눠주는 것이 아니라 필요한 사람이나 필요한 곳을 도와주는 것입니다. 그것이 하나님의 사랑입니다. 하나님의 공평하신 사랑의 눈으로 세상을 보면 세상은 모두가 살 만하고 평등한 세상입니다. 이 모든 것이 하나님의 권위를 인정하는 데서부터 시작됩니다.

학부모 하지만 오늘날 교육은 하나님을 인정하지 않는 교육이 아닙니까?

조형래 그렇죠. 현대교육은 하나님을 부인하고 이제 더 나아가 하나님의 존재 자체를 인식하지 못하게 만들고 있습니다. '내 삶의 주인은 나다'라는 것이지요. 존재의 목적을 상실하게 만드는 것입니다. 오스카 와일드는 '하나님 없는 교육은 현명한 악마를 키우는 것과 같다'고 했습니다.

이렇게 국가가 주도하는 공교육은 왜곡된, 잘못된 방향으로 아이들을 몰아가고 있어요. 대학 잘 보내고 좋은 직장 다니면 다 행복할까요? 아닙니다. 진짜로 우리 인생에서 추구해야 할 것이 무엇일까요? 존재의 목적, 우리가 왜 존재하는지 알아야 행복할 수 있어요. 우리의 존재 목적을 모른 채 남들이 맞는다고 말하는 것을 쫓아가니까 인생이 버겁고 힘든 겁니다.

학부모 그렇다면 목사님이 생각하시는 교육의 핵심은 뭡니까?

조형래 제가 생각하는 교육의 핵심은 우리가 왜 살고, 무엇을 위해 사는지를 가르치는 것입니다. 인간은 존재의 목적에 합당한 삶을 살 때에 존재의 가치를 인정받게 됩니다. 그런데 목적이 이끄는 삶을 살지 못해 삶의 이유와 존재의 가치를 모르면 우리 인생은 속이 허전해요. 그 허전함을 인간은 소유로 채우려고 하죠. 그래서 학벌, 직업, 직장, 재산 등 남들보다 더 가지려고 소유에 목숨을 거는 것이지요. 그것으로 자신의 존재 가치를 인정받으려고 하니까요.

명품을 가지고 있다고 명품인생이 되는 것은 아니지 않습니까? 그래서 많이 가지고 높은 자리에 있고 유명해져도 사람들은 공허함을 느끼게 돼요. 요즘 뉴스에 나오는 것을 보면 최고 권력자나 부자, 최고 학벌을 가진 사람들이 자살해요. 자기 자신의 존재 목적 없이 가진 것으로 자기 가치를 드러내려다 보니까 그런 일이 생기는 것 아닐까요?

그래서 인간은 자신의 존재 목적을 알아야 해요. 그러려면 하나님을 알아야지요. 하나님을 알려면 성경을 읽어야 합니다. 공부해야 합니다. 거기에 답이 있으니까요. 존재의 목적을 스스로 가지고 나오는 사람은 없습니다. 존재의 목적은 존재하게 하신 분께서 부여하시는 겁니다. 따라서 하나님을 알고 내 존재의 목적을 발견하도록 가르치고 발견한 목적을 지키게 하는 것이 교육입니다. 이 모든 교육은 권위를 인정하는 데에서 시작됩니다.

학부모 하지만 요즘은 권위가 땅에 떨어진 시대 아닌가요?

조형래 그래서 더욱더 권위를 세우는 일이 필요한 겁니다. 아이들이 권위를 배워야 할 기초는 가정입니다. 그런데 가정의 권위가 무너지니까 가정이 깨지고 가정이 깨지니까 사회의 나머지 부분인 학교의 교권이 무너지며 목회자의 영권(靈權)이 상실되고 국가 수장(首長)의 권위까지도 땅에 떨어진 것이 현실입니다. 가정이 살아야 교회가 살고 교회가 살아야 나라가 삽니다. 그러나 아이들이 자라면서 자신이 주인이라고 배우고 순종해야 할 권위를 모르니 하나님을 알 방법이 없습니다. 하나님을 모르니 나를 알 방법이 없는 것이지요. 교회는 다니는지 모르지만, 하나님을 위해 사는 것이 무엇인지를 알지 못합니다. 그런 것을 가르치는 곳이 없으니까요.

학부모 맞습니다. 요즘은 어디서건 권위에 순종하는 모습을 보기가 어렵네요.

조형래 요즘 교회에서 하는 교육도 그래요. 진정한 권위를 가르치고 싶어도 가르치는 교사 역시 가치관이 제대로 형성되어 있지 않아요. 배우지 못했거든요. 그러니 지금 우리 학교 아이들이야말로 삶으로 가르치고 배우는 기독학교 교육의 1세대가 아닐까 싶습니다. 아마도 이들이 자녀를 낳아 교육을 받고 나면 기독교육의 열매가 풍성히 나타내리라 생각합니다. 그 뿌리가 되기 위하여 우리 학교는 학교의 생활 전반에 걸쳐서 하나님을 인정하고 하나님의 말씀이 삶에 기준이 되는 삶을 가르칩니다. 내가 소유한 것이 아니라 나라는 존재 자체가 중요하다는 것이지요. 왜냐면 하나님이 나를 선택하셨고 존재의 목적(사명)을 주시고 그 사명을 감당하도록 능력과 재능을 주셨다는 것입니다. 제가 학교 사역을 하면서 깨달은 또 다른 진리가 있다면 '상대적 행복을 추구하지 말고 절대적 감사로 살라'는 것입니다. 절대적 감사는 하나님께서 우리에게 베푸신 구원의 은혜이지요. 남과 비교하며 불행하게 살아야 할 이유가 없다는 것을 배우는 것입니다. 이런 것을 배운, 우리 학교 아이들은 자존감이 높습니다. 그러니까 매사에 자신감이 넘치고 밝고 명랑하게 생활하게 됩니다. 학교를 방문하는 분들은 이런 아이들의 모습을 보시고는 아이들이 다르다고 칭찬하십니다.

학부모 학교 교육을 통해서 아이들은 자신의 존재 목적을 배우게 되겠군요?

조형래 그렇죠. 학교생활을 통해 그런 점을 배우는 동안 아이들은 자신의 존재 목적, 하나님의 영광을 위해서 살아야 한다는 점을 깨닫게 돼요. 자신이 지어진 목적에 맞게 사는 것이 가장 행복한 삶이라는 것을 알고 하나님께서 부르신 소명과 사명을 발견하기 위해 책을 읽고 다양한 경험을 하고 더 전문적인 지식인이 되기 위해 대학에도 가는 것입니다.

저희는 어려서부터 '마땅히 가르쳐야 할 것'을 가르치고 있어요. 나 자신이 아니라 하나님의 영광을 위해서 살도록 이요. 우리 학교는 하나님의 권위를 인정하는 데에서 시작합니다. 그러다 보면 자기 맘대로 사는 것이 죄라는 것도 알게 되고 오직 하나님의 사랑과 은혜에 감사하면서 살아야 한다는 마음을 먹죠. 상대적인 기준이 아니라 절대적인 감사가 나오고요. 하나님이 우리의 기준점이 되시는 거죠."하나님이 지으신 모든 것이 선하매 감사함으로 받으면 버릴 것이 없나니"(딤전 4:4). 저희는 하나님이 창조하신 모든 것이 선하다고 믿으면서, 만물을 선물로 받아서 잘 사용해야 한다고 가르칩니다. 사용하는 이들이 제대로 된 세계관을 가지고 있지 않다면, 하나님이 주신 것을 죄의 도구로 쓸 수 있으니 사용하는 사람들을 제대로 키워내는 것이 중요하겠지요. 예수님 안에서 자신이 할 수 있는 일을 하면서 살 때 결국 하나님께는 영광이 되고, 자신은 점점 행복해진다는 것도 깨닫게 되죠. 결국, 이런 중요한 가치를 다음세대에게 전달하는 것이 우리 학교의 사명이라고 생각합니다.

학부모 그만큼 학교의 사명이 중요하다고 생각되는데, 이를 감당하다 보면 여러 가지 방해도 많이 받으셨을 거라 생각되는데요?

조형래 학교는 어찌 보면 사탄과의 싸움이 가장 치열하게 일어나는 영적 전쟁터라 생각해요. 사탄은 국가의 법을 통해서도 싸움을 걸어 올 것이고 학교에 잘 적응하지 못하는 아이와 가정을 통해서도 또는 버팀목이 되어주는 교회를 통해서도 공격하고 훼방할지 모릅니다. 또한 학교의 가장 핵이라 할 수 있는 교사 공동체와 학생들의 문제를 통하여 기독학교 공동체를 흔들어 놓으려 혈안이 되어 있을 것입니다.

이렇게 사탄은 새로이 부상하는 강력한 하나님의 군사인 기독학교를 어떤 방법으로든 공격할 것입니다. 이를 알기에 영적으로 깨어 대비하고 오히려 사탄이 우는 사자처럼 달려왔다가 일곱 길로 도망가도록 더욱 말씀과 기도로 무장하며 하나 된 성령공동체가 되어야 합니다. 사탄을 이기는 가장 분명한 승리의 방법은 끝까지 하나님의 말씀을 따라 정직하고 진실하게 살아가면 됩니다. 그러면 승리는 우리의 것입니다. 왜냐하면 예수님께서 이미 세상을 이기셨기 때문입니다.

지금까지 우리 학교도 많은 어려움과 사탄의 방해가 있었지만 여기까지 인도하신 에벤에셀 하나님의 은혜이고 사랑이었습니다. 앞으로도 임마누엘 하셔서 모든 방해와 고난 속에서도 우리 학교를 승리케 하시리라 확신합니다.

하나님이 맺어주신
한 가족과 같은 공동체

학부모 끝으로 학연을 중요하게 여기는 대한민국에서 전인기독학교처럼 작은 학교를 졸업하면 세상 살기에 어려울 거라 생각하시는 분들이 있어요. 하지만 전인에서 맺게 되는 학연은 학연 이상일 것 같아요.

조형래 그래요. 10여 년을 함께 살아온 아이들은 서로에게 평생의 자산이 될 겁니다. 삶의 중심에 하나님이 임재하시는 아이들, 피를 나눈 형제보다 어쩌면 더 뜨겁게 함께 삶을 나눈 아이들이기에 정말 서로에게 큰 힘이 되어줄 겁니다. 어찌 보면 어른이 걱정하는 졸업장, 학연은 비겁한 자격과 조건과 같은 존재 아닐까요? 결국엔 학연으로 이익을 얻게 하려는 생각이잖아요. 비겁하고 정직하지 못하며 어떻게 보면 학연은 부당한 거래를 하며 사는 도구이기도 합니다.

우리 아이들은 하나님의 자녀라는, 함께 울고 웃으며 학창시절을 보냈다는 공통의 추억을 지니게 됩니다. 그뿐만 아니라 진정한 멘토를 만나 고민하고 기도하며 사춘기를 겪습니다. 인생에서 진정한 스승, 친구를 만나는 기회를 가진 우리 아이들이야말로 정말 행복한 아이들이 아닐까요?

학부모 앞에서 잠깐 언급하셨는데 전인기독학교 입시에 대하여 말씀해 주실 수 있나요?

조형래 저희는 한국 입시의 현실 속에서 운영해왔고, 외국 대학이 아닌 국내 대학을 진학하여 왜곡된 교육을 회복시키겠다는 사명으로 달려왔습니다. 만일 우리 학교가 대학 입시에 대해 분명한 결과물을 내지 못한다면, 또한 미인가 기독학교로서 명쾌한 해결책을 제시하지 못한다면 대한민국 교육에 희망은 없다고 봅니다. 그래서 입시에서도 많은 연구를 하고 있습니다.

이미 세 번의 입시를 치르면서 입시에 대한 많은 부분이 해결되었다고 생각합니다. 20여 명의 1회, 2회 졸업생을 배출하면서 95% 이상이 대학에 합격했어요. 서울 외국어대학을 비롯해 명지대, 인하대, 단국대, 성신여대, 서울여대 등 대부분이 In Seoul 대학과 수도권에 위치한 대학과 자신들이 원하는 전공을 선택하여 대학에 진학했습니다.

학부모 대단하네요. 1, 2기 졸업생들이 그렇게 좋은 성적을 냈군요.

조형래 그래요. 특히 1, 2기들은 앞에서도 언급했는지 모르겠지만, 우리 학교를 세워가는 과정에서 희생한 아이들입니다. 연구를 통해 체계적으로 설립한 학교가 아니고 전혀 새로운 학교를 세워가

는 과정에서 졸업한 아이들이었습니다. 1기가 가면서 길이 생기고 2기들이 그 길을 가면서 다져주었지요. 혹시나 1, 2기 선배들이 수고만 하고 열매를 얻지 못하면 어쩌나 싶어 노심초사했습니다. 기도도 많이 했고 아이들에 대한 미안함도 많았습니다. 그래서 학원 선생님을 모셔다가 공부시키기도 했었지요. 부모가 사교육을 시키는 것이 아니라 학교가 사교육을 시키는 웃지 못할 상황이 벌어지기도 했습니다. 그런 수고와 시행착오를 겪어서 그럴까요? 대학에 진학한 1, 2기 학생들은 그 누구보다 학교생활을 잘 하고 있고 장학금을 받는 학생들도 많이 있습니다. 졸업생들은 같은 학교 친구들을 보면서 일반학교에 다녔더라면 올 수 없었던 대학에 와 있음을 느낀다고 말합니다. 우리 학교에서 입시 준비를 해서 갈 수 있었던 대학이라고 말이죠. 보통 일반학교에서 1, 2등급을 받아야 갈 수 있는 학교에 합격해서 다니고 있기 때문이지요. 그리고 아마도 2015학년에 수능을 치르는 3기 학생들은 더욱 좋은 결과를 가져다줄 것이라 생각합니다.

학부모 놀랍네요. 그 비결이 뭔가요?

조형래 비결은 없어요. 열심히 가르치고 공부하는 것이지요. 공부에 왕도가 있나요? 우리 학교의 장점은 집과 학교의 이동 시간이 없어요. 공부하다가 모르면 항상 물을 수 있고 답해 주는 선생님이 계신다는 게 비결이라면 비결이겠네요. 스마트폰을 금지한 것도 비결이겠고요. 이런 환경 속에서 열심히 공부하는 아이들은 성적이 좋을 것이고 열심히 하지 않은 아이들은 그 결과를 자신이 받게 되겠지요.

저는 뿌린 대로 거두고 심은 대로 열매를 주시는 하나님의 법칙을 믿어요. 굳이 비결을 말하자면 입시담당 선생님들을 꼽고 싶네요. 우리 학교에는 학생들에게 알맞게 입시와 진학에 대해 전략을 세워주시는 선생님들이 계세요.

그러나 학습에 요행은 없습니다. 우리 학교는 학습의 능률을 키우기 위해 초등 과정부터 책을 많이 읽게 하고 생각하는 교육을 하지요. 이제 더욱 해를 거듭할수록 우리 학교는 경쟁력을 더해 갈 것입니다. 특별히 1학년부터 12학년까지 다닌 아이들의 경쟁력의 극대화를 위해 학교는 노력해 갈 것입니다. 그래서 저희는 사교육 없이도 대한민국에서 입시가 가능하다는 것을 보여 드릴 것입니다.

그러나 다시 한번 말씀 드리지만 우리 학교의 존재 목적은 입시가 아닙니다. 입시는 과정일 뿐입니다. 하나님이 기준이 되시는 교육, 그것으로도 대한민국에서 승산이 있다는 것을 보여 드릴 생각입니다. 대학이라는 헛된 우상을 쫓는 현대 교육과 부모들에게 카운터펀치를 날리고 싶습니다. 하나님이 우리의 존재 목적이고 우리 교육의 목표입니다.

학부모 하나님 안에서 끊임없이 노력하고 애쓴 결과가 아이들의 성품으로, 가정에서의 변화로, 입시 결과로 드러나고 있었군요. 12년의 세월을 통해 사람들은 사역하고 하나님은 역사하신다는 말을 새삼 떠올리게 되네요. 유년기를 마치고 청소년기에 접어드는 학생처럼 앞으로 더 성장하는 전인기독학교가 되리라 기대해봅니다. 오랜 시간 말씀해 주셔서 감사드립니다.

THEME 2
전인교육이 궁금해요

전인교육은 무엇인가?
모든 것에 하나님을 더하는 거룩한 교육 – 성(聖)
하나님을 알고 나를 알고 세상을 아는 지혜로운 교육 – 지(智)
하나님 앞에 나를 내려놓기 위한 절제와 인내의 교육 – 정(情)
하나님과 세상을 사랑하는 관계를 위하여 나를 계발하는 교육 – 의(意)
'성령의 전'인 몸을 바르고 건전하고 건강하게 단련시키는 교육 – 체(體)

전인기독학교 설립 목적
• 능력있는 그리스도인 양육
• 실천하는 지성인 육성
• 민족의 지도자 배출
• 세계적인 인물 배양

전인교육은 무엇인가?

오늘날의 학교교육은 국가가 요구하는 인간을 만들거나 성공을 위한 사다리로 인간생활의 도구에 지나지 않는다. 이러한 교육의 논리 아래 한 사람의 존재와 가치는 인정되지 아니하며 교육의 목적도 한 사람에게 있지 않다. 이러한 현대교육의 흐름에 반향하며 대안적 교육방법으로 제시하는 것이 대표적으로 전인교육일 것이다. 전인교육은 시대마다 추구하는 바에 따라 그 정의는 새롭게 재정립하는 시도를 통하여 형성되어왔다.

전인기독학교가 추구하는 전인교육은 이에 반하지 않으나 그 원리와 방법을 성경에 두었다. 성경은 하나님의 말씀으로 창조주 하나님께서 우리를 향한 존재의 목적과 마음과 생각이 담겨 있으며 인간이 이 땅에서 살아갈 모든 지혜의 보고(寶庫)이다. 그래서 성경을 인생의 나침반, 매뉴얼에 비유하기도 하고 요즘은 내비게이션이라고 한다.

성경이 요구하는 사람은 온전한 사람, 전인(Whole Person)이다. 성경은 이를 위해서 쓰인 책이다. 디모데후서 3장 16~17절 "모든 성경은 하나님의 감동으로 된 것으로 교훈과 책망과 바르게 함과 의로 교육하기에 유익하니 이는 하나님의 사람으로 온전하게 하며 모든 선한 일을 행할 능력을 갖추게 하려 함이라"의 말씀에서 알 수 있듯이 하나님의 말씀인 성경을 기준으로 온전한 사람을 양육하여 세상에 선한 영향력을 끼치며 살아가게 하는 것이다. 전인기독학교 교육의 기준은 성경이다. 그래서 성경적 세계관을 바탕으로 모든 학문을 익히며 그것이 삶 속에 배어 나와 세상을 변화시키는 리더의 삶을 살게 하는 것이다.

그렇다면 성경이 말하는 전인은 누구인가? 성경에서 전인(Whole Person)은 온전한(Perfect) 사람 또는 결백하고 흠이 없는(Blameless) 사람으로 표현되고 있다. 완성(Complete) 또는 성숙(Mature)한 사람을 일컫는다. 하지만 우리 전인기독학교의 전인은 좀 더 포괄적인 의미가 담긴 'Integrity'라는 단어의 의미가 있다. 'Integrity'를 사전에서 찾아보면 성실함, 도덕성, 진실성, 고결함, 청렴함, 온전함, 통합성으로 설명하고 있는데 이 단어만큼 복합적이고 다양한 의미를 담고 있는 단어는 없을 것이다.

이러한 복합적 의미의 'Integrity'를 JAMA(미국의 영적 대각성과 부흥을 위해 사역하는 단체) 대표이신 김춘근 교수(알래스카 주립대학)는 기독교적으로 '하나님이 보시기에 옳은 일을 하기 위해서 타협하지 않는 헌신'(Integrity is uncompromising commitment to do what is right in the eyes of God)이라 정의했다. 그리고 '헌신'은 하나님 나라의 뜻과 영광을 위해 내 마음과 생각, 영혼과 성품과 성격, 달란트와 능력, 물질과 노력과 시간, 몸을 다하여서 끝까지 추구하는 것이라 했다. 다시 말하면 헌신이란 전심으로 하나님의 뜻과 비전을 이루기 위해 타협하지 않고 최선을 다하는 모습이라 할 것이다.

이런 통합적인 의미가 전인교육 안에 담겨 있다. 'Integrity'가 가지고 있는 다양함의 의미를 갖추고 이 땅에 성경의 진리와 기준과 예수의 영으로 살고 하나님 나라와 영광을 위해 헌신하며 이 세상에 사는 사람이 전인

(Whole Person)이다. 결론적으로 전인은 전인격적으로 하나님의 사람으로 훈련된 온전한 사람으로 예수 그리스도를 닮은 제자의 삶으로 헌신하며 사는 한 사람이다.

또한, 전인은 믿는 것과 아는 것에 하나가 된 균형 있는 그리스도인으로 세상의 유혹과 속임수에 빠지거나 요동하는 사람이 아니다. 전인은 좌로나 우로나 치우치지 않고 오직 하나님(성경)을 기준으로 살아가는 균형 잡힌 (Balance) 그리스도인이다.

에베소서 4장 13~14절 "우리가 다 하나님의 아들을 믿는 것과 아는 일에 하나가 되어 온전한 사람을 이루어 그리스도의 장성한 분량이 충만한 데까지 이르리니 이는 우리가 이제부터 어린아이가 되지 아니하여 사람의 속임수와 간사한 유혹에 빠져 온갖 교훈의 풍조에 밀려 요동하지 않게 하려 함이라"

이러한 균형 있는 전인이 되기 위해 우리는 성(聖) 지(智) 정(情) 의(意) 체(體)의 교육으로 가르치고 자라가게 하고 있다. 예수님의 어린 시절 성장 과정에서도 전인의 모습을 발견할 수 있다.

누가복음 2장 52절의 "예수는 지혜와 키가 자라가며 하나님과 사람에게 더욱 사랑스러워 가시더라"에서 우리는 예수님 모습 속에 있는 전인성장의 요소를 발견할 수 있다.

첫째는 지(智) 지혜가 자라는 지적인 성장이다.
둘째는 체(體) 키가 자라는 신체적인 성장 곧 육체적 성장이다.
셋째는 정(情) 자신을 관리하여 하나님께 사랑받는 정적인 성장이다.
넷째는 의(意) 모든 관계를 나보다 더 사랑하는 관계적 성장이다.
다섯째는 성(聖) 하나님의 기준으로 세상과 다르게 살아가는 구별됨의 성장이다.

온전한 사람의 본이 되신 예수님처럼 우리 자녀가 온전한 사람으로 성장하기 위해 전인기독학교는 국가가 정한 교육과정을 기본으로 하며 일반학교와는 달리 더 나은 교육방법과 내용으로 가르치고 최고의 교육을 실현하고 있다. 전인기독학교 공동체는 한 사람을 전인으로 양성하기 위하여 하나님의 역사하시는 힘을 의지하며 정성을 다하여 수고하고 최선을 다하는 학교이다. 이를 위해 우리에게 필요한 것은 성경적 세계관이다.

사명선언문 (Mission Statement)

기독교적 세계관 중심의 최고의 가치 있는 교육과 훈련을 통하여 개개인의 소질을 계발하고 영적, 지적, 인격적 실력을 갖춘 영향력 있는 글로벌 지도자를 양성하여 세상과 문화를 변화시켜 하나님을 영화롭게 하는 삶을 살게 한다.

학교 목적

능력 있는 그리스도인 양육 (Nurturing Competent Christian)
실천하는 지성인 육성 (Developing Practical Intelligence)
민족의 지도자 배출 (Instilling Patriotism)
세계적인 인물 배양 (Cultivating Influential Global Leader)

학교 목표

온전한 신앙교육 (Biblical Christian Education)
미래 역사의 주인 의식 (Lordship of Future Generation)
재능 있는 기능인 (Talented-Skilled Person)
건강한 현재인 (Healthy Modern People)

교육 가치

성경적 관점의 온전함 (Integration of Biblical Worldview)
영향력 있는 리더십 (influential Leadership)
최고와 최선의 교육 (Academical Excellence)
일치와 조화 (Unity and Harmony)

모든 것에 하나님을
더하는 거룩한 교육 - 성(聖)

　모든 교육의 기초는 신앙교육이라는 신념하에 교육과정 전반에 걸쳐 하나님의 주권을 인정하는 것이다. 하나님의 생각을 듣고 말하고 행동하고 살아가는 성경적 세계관의 삶을 살아가도록 교육하는 것이다. '성(聖)'에 대한 사전적 의미는 거룩함이다. 삶 속에서의 거룩하다는 것은 구별됨이다. 세상과의 구별됨을 위해 하나님을 우리 삶에 더하는 것이다.
　성경은 모든 사람이 죄를 범하였다고 말한다. 소경이 소경을 인도할 수 없듯이 인간은 죄의 문제를 스스로 해결할 수 없다. 죄의 문제를 해결할 수 없는 사람은 거룩한 삶을 살아갈 수 없다. 그래서 예수 그리스도를 믿으며 구속에 은혜로 죄 사함을 받는다. 죄 사함을 받은 사람은 이제 하나님을 더하여 거룩한 삶을 살아야 한다. 세상에서 살지만, 세상과 다른 방법으로 사는 삶이 거룩한 삶이다.
　하나님이 없다 하는 세상과 다른 방법으로 하나님의 말씀을 기준으로 예수님을 닮은 삶으로 사는 것이다. 우리의 삶에 하나님을 더하는 것 이것이 거룩이다. 레위기 11장 44~45절에 "나는 여호와 너희의 하나님이라 내가 거룩하니 너희도 몸을 구별하여 거룩하게 하고 땅에 기는 길짐승으로 말미암아 스스로 더럽히지 말라 나는 너희의 하나님이 되려고 너희를 애굽 땅에서 인도하여 낸 여호와라 내가 거룩하니 너희도 거룩할지어다"라고 말씀하신다. 우리의 삶에 하나님을 더하여 거룩한 사람으로 성장하도록 교육하는 것이 '성(聖)' 영역의 교육 프로그램이다.

1. 예배 중심의 학교

구별된 거룩한 삶의 기본은 예배이다. 전인기독학교 학생들은 매일 하루를 새벽예배로, 새 학기를 영성수련회로 시작한다. 정기적으로 있는 채플과 금요기도회, 절기에 따른 예배로 하나님의 뜻을 알아간다.

● 새벽예배

"내 영광아 깰지어다 비파야, 수금아, 깰지어다 내가 새벽을 깨우리로다"(시 57:8)라는 방송 멘트와 함께 학생들은 새벽 5시에 기상을 한다. 홍천캠퍼스에서는 매일 새벽예배로 하루를 시작한다. 습관을 따라 기도하셨던 예수님을 본받아 학생들은 하루의 첫 시간을 하나님의 음성을 들으며 기도하는 시간으로 드린다. 홍천캠퍼스로 출발하는 매주 월요일 새벽은 부모님과 함께 예배를 드리며 서로 축복하는 시간을 가진다.

> 새벽예배를 통해 받은 은혜와 도전

11학년 안지희 학생

새벽예배 때 예수님의 존재를 느끼게 되었다. 예수님에 대해 잘 몰랐을 때는 1분 1초가 힘들고 견디기 힘들었는데 기도를 하면서 예수님을 느낀 후부터는 모든 예배 시간에 듣는 말씀 하나하나가 나의 삶에 적용이 되고 달라지는 걸 느낀다. 그렇게 바뀌는 모습에 감사하고, 예전에는 기도하기 힘들었는데 점점 기도의 시간과 제목이 나도 모르게 늘어나는 것을 느낀다.

예전에 내가 하는 기도들은 바라는 것들과 원하는 것들 위주의 기도였는데 이제는 나의 주위 사람들을 위한 기도, 내가 잘못했던 것들에 대한 회개의 기도로 많이 바뀌었다. 나에게 안 좋은 상황이나 견디기 힘든 상황에서 '왜 그럴까?' 생각하며 좌절하고 금방 포기했던 적이 많은데 언제부턴가 그 상황까지도 감사하게 되고 내가 마주하는 상황 모두에 하나님의 뜻이 있다고 믿고 모든 일에 최선을 다하게 되었다.

11학년 박정수 학생

새벽예배는 수업시간보다 유익한 시간이다. 하나님을 알아가는 가장 중요한 시간이다. 새벽예배는 정신을 차릴 수 있는 시간이다. 게으르고 우울했던 나를 단련시키고 동기를 부여하는 비타민 같은 시간이다.

예전부터 새벽예배 때 졸지 못했다. 처음에는 어린이 앞에서 말씀하시는데 경청하는 것은 당연하다고 생각했기 때문에 졸지 않았다. 몇 년이 지나고 설교 말씀에 집중하면서 하나님을 알아가려고 노력했기 때문에 졸지 않았다. 요즘에는 하나님께서 나에게 무엇을 말씀하시는지 현재 일어나는 어려움에 적용하면서 듣고 있어서 졸지 않고 있다.

새벽예배는 생각하는 힘을 기를 수 있게 도와주었다. 그리고 사명을 찾을 수 있게 되고 삶의 지혜를 알 수 있는 엄청난 시간이다. 아직 부족하다. 새벽예배는 멈추지 말아야 한다. 새벽예배를 멈추면 하나님과의 관계도 멈

쳐지는 것이다. 우리 학교의 자랑이자 필요조건인 새벽예배는 나에게 중요한 시간이다. 나는 새벽형 인간은 아니고 야행성인 것 같다. 하지만 새벽예배의 중요성을 알기에 세상에 나가서도 새벽예배를 드리며 매일 하나님의 생각으로 조율하여 세상과 거리를 유지하며 정신 차리는 내가 되고 싶다.

● 영성수련회

새 학기를 2일 또는 3일간의 영성수련회로 시작한다. 방학 동안의 생활을 점검하고 새 학기를 하나님께 의뢰하며 마음과 생각으로 생활하기 위한 결단의 시간이다. 영성수련회는 외부 강사 목사님을 초청하여 말씀을 듣고 기도하는 시간과 더불어 다양한 공동체 훈련을 통하여 하나 되므로 새 학기의 문을 여는 축제이다. 영성수련회 강사로 자주 오시는 임우현 목사(징검다리선교회 대표)께서는 '매일 예배를 드리는 아이들', '찬양을 할 줄 아는 아이들'이기에 전인기독학교가 소망이 있다고 말씀하신다. 영성수련회를 통하여 매 학기 아이들은 하나님의 마음으로 행복하게 성령님과 함께 출발한다.

영성수련회 사진

영성수련회 소감문

10학년 박예주 학생
2015. 8. 27~28. 영성수련회 (강사 : 장종택 전도사, 임우현 목사)

"간절하게", "치열하게", "변하자! 변하자! 변하자!"라고 집회 내내 외쳤던 구호이다. 구호만큼 이번엔 예전과 달리 성령 받고 싶은 마음이 너무 간절했다. 그리고 그 간절함이 통했는지 이번 집회는 장종택 전도사의 찬양부터 마지막 기도까지 너무나도 은혜로웠다.

첫날, 저녁에 장종택 전도사가 오셨는데 그분의 간증을 통해 '하나님께서 정말 살아계시는구나'라고 뼈저리게 느꼈다. 두 달째 의식이 없었던 온유의 입에서 "예수님, 예수님"이라는 부르짖음이 나왔을 땐 정말 놀라웠다. 살아계시고 능력 있으신 하나님께서 온유를 낫게 하셨다는 감격의 눈물이 나왔다. 그리고 찬양을 할 때는 하나님께서 날 정말 사랑하시는 구나를 깨닫고 하나님을 기쁘시게 하고 싶었다. 그래서 있는 힘껏 큰 소리로 기뻐 뛰면서 찬양을 했다. 그랬더니 내게 더 큰 은혜가 있었다. 찬양 중에도 역사하시는 하나님께 감사드렸다.

둘째 날, 임우현 목사께서 오셨다. 그분을 통해 말씀하신 하나님의 말씀이 기대되었다. 저녁집회 전 5분 동안 친구들과 모여 눈물 흘리며 기도했다. 사실 나는 친구들에 대한 여러 가지 불만들이 많았는데 이 시간을 통해 오히려 친구들에게 고마웠다. 같이 기도해줄 수 있는 친구들이 있다는 것은 너무 축복받은 일인 것 같다. 단지 즐거움만 있는 세상 친구들과는 달리 각자 마음에 있는 자기만의 하나님을 나누고 기도해 줄 수 있는 친구들이 내 곁에 있다는 것이 매우 기뻤다.

그리고 임우현 목사와 함께하는 오전, 오후, 저녁 말씀을 듣는 동안 많은 것들을 배웠다. 하나님께서 사울을 선택하신 것처럼 홍천군 서면 모곡리 전인기독학교 10학년 1반 맨 앞자리에 앉는 나, 박예주를 선택하시고 사용하실 것이라는 믿음이 더욱 커졌다. 그러기 위해 더욱 준비되어야겠다고 다짐했다.

이번 집회의 핵심이었던 근심을 버려야 한다는 말씀도 와 닿았다. 나는 요새 성적에 대한 고민이 정말 많아지고 있던 터라 근심이 많았고, 하나님께 기도하면서도 불안해했다. 그러나 이제는 모든 걱정, 근심을 다 하나님께 맡겨드리기로 했다. 물론 나의 열심과 노력도 필요하겠지만, 그와 더불어 내 앞길을 책임져 주실 하나님을 믿기 때문이다. 그리고 사울에게 먼저 다가가 손 내밀어 준 바나바처럼 나도 주변에 도움이 필요한 사람들에게 먼저 다가가는 따뜻한 사람이 되어야겠다고 다짐했다.

기도시간도 뜨거웠다. 특히 마지막에 엄마 품에 안겨 전인기독학교를 위해 기도하는데 정말 하나님께서 한 사람 한 사람을 귀하게 사용하실 것이라는 확신이 들었다. 우리가 쓰러진 대한민국을 일으켜 세울 수 있는 믿음의 사람들이라는 자신감도 생겼다. 나에게 이런 마음을 주신 하나님께 감사했다.

이번 이틀간의 집회를 통해 180도까지는 아니어도 변화된 나를 만날 수 있었고 하나님을 예배하고 찬양하는 기쁨이 생겼다. 정말 변화된 이 마음으로 2학기를 계속 보낼 수 있다면 좋겠다. 그리고 이번 학기는 다른 때와는 달리 하나님 안에서 더 알차게 보낼 수 있을 것 같아 기대된다. 내 마음에 찾아와 주신 하나님 감사해요.

● 채플 및 금요기도회

서울캠퍼스에서는 매주 월요일, 홍천캠퍼스에서는 매주 수요일에 예배가 드려진다. 꿈, 순종, 리더십, 섬김, 인격 등 학기별 중점 교육사항에 따라 말씀이 선포된다.

월요예배는 학교생활의 첫 시간을 하나님께 구별하여 드리며 학교의 주인, 삶의 주인이 하나님이심을 고백하는 시간이다. 개교부터 지속하여온 이 정신은 말씀을 삶으로 실천하게 하는 첫 단추를 의미한다. 아벨의 예배를 받으셨던 것처럼 가장 소중하고 중요한 것을 하나님께 올려드리는 것을 어릴 때부터 알게 한다.

수요예배는 학년별, 반별 주최예배로 드려진다. 담당 학급은 특송 뿐만 아니라 다양한 방법을 통해 예배를 '주최'하는 예배자로서의 모습을 배워간다. 예배를 위한 도고 기도, 헌금 준비, 예배 안내 등이다. 또한, 초등학교 3학년부터 예배를 사모하는 학생들은 훈련을 받은 후 찬양팀(예닮)으로 서게 된다.

금요일에는 교사와 학생들의 자발적 모임으로 시작한 기도회가 있다. 많은 학생이 모여 2시간가량 깊은 기도회 시간을 가진다.

수요예배

기도회

● 절기교육

기독교 절기 중에서 고난주간과 부활절, 추수감사절을 의미 있게 보내고 있다. 이는 하나님께서 우리에게 베풀어주신 은혜를 기억하기 위함이다. 고난주간에는 예수 그리스도의 고난과 죽음을 묵상하며 용서의 하나님께 감사하는 시간을 가진다. 그 기간 새벽예배 때에는 '내가 만난 예수님'이라는 주제로 학생들이 간증한다. 추수감사절에는 전교생과 학부모들이 함께 모여 전인기독학교 주최예배로 드린다. 1년 동안에 배우고 익힌 내용을 하나님께 감사의 열매로 드리는 축제의 예배이다.

2. '예수님이라면 어떻게 하실까?'를 실천하는 학급

전인기독학교 교실 앞 칠판에는 '예수님이라면 어떻게 하실까(What would Jesus do)?'라는 표어가 늘 붙어있다. 이는 교실의 주권이 하나님께 있음을 인정하며 예수님의 마음으로 가르치고 배운다는 우리의 고백이다. 이 고백 위에 수업과 모든 활동이 예배가 되고 교사와 학생들은 예배자의 마음으로 학급에서 이루어지는 모든 활동을 수행한다. 이를 통해 예수 닮은 제자로 성장해 가며 구별된 하나님의 자녀로 성장해 간다. 정기적인 예배뿐만 아니라 일상생활 속에서도 하나님을 생각하며 삶이 예배가 되고 예배가 삶이 되는 곳이 교실이 되게 한다.

● 성경 통독 및 Q.T.

"이 율법 책을 네 입에서 떠나지 말게 하며 주야로 그것을 묵상하여 그 안에 기록된 대로 다 지켜 행하라 그리하면 네 길이 평탄하게 될 것이며 네가 형통하리라" (수 1:8).

Q.T.하는 사진

학교생활의 첫 시간에 초등은 담임교사와 성경을 통독하고 중·고등학생들은 Q.T.를 한다.

부지런히 말씀을 읽어 1년에 성경을 1독 하는 가운데 하나님의 말씀을 더욱 알아가고 있다. 성경통독은 소리를 내어 읽는 것은 학과를 시작하기 전에 학생들의 뇌를 활성화 시키는 효과도 있다. 중·고등학생들은 청소년 매일성경(성서유니온선교회)으로 말씀묵상을 한다. 말씀을 함께 읽고 오늘 하루 적용해야 할 말씀을 나누는 시간을 가진다.

● 성경암송

"사람이 떡으로만 살 것이 아니요 하나님의 입으로부터 나오는 모든 말씀으로 살 것이라 하였느니라" (마 4:4).

서울캠퍼스는 한 주에 한 구절의 말씀을 암송한다. 매일 암송말씀을 5번씩 읽으며 말씀의 의미와 뜻을 기억하고 매주 금요일 금주의 암송말씀을 암송한다. 홍천캠퍼스의 학생들은 Q.T. 시간을 통해 묵상한 말씀 중 한 구절을 매일 암송한다. 초등은 우리말로 중등은 영어로 암송하는데 아침조회 시간, 수업시간을 통해 반복하여 말씀을 읽고 묵상하면서 하루에 한 절 성경 말씀을 암송하고 저녁 식사 전 확인을 하여 암송하지 못한 학생을 금식하게 된다.

● 수업

전인기독학교의 모든 수업은 기도로 시작해서 기도로 마친다. 교육의 주권이 하나님께 있음을 인정하며 모든 교실에서 이루어지는 수업을 성령님의 인도 하심에 맡기고자 하는 교육을 하고 있다. 전인기독학교 학생들은 성경을 매 학년 필수 교과목으로 이수하고 있다. 성경 지식과 기독교 교리에 대해 구체적으로 배우며 하나님의 관점으로 가치관들을 세워간다. 특히나 초등과정에서는 교과를 기독교적으로 분석하여 수업한다. 국정교과서를 가지고 수업을 하고 있기에 교과서 속에 깔린 비기독교적 배경을 분별하여 성경 속 가치를 분명하게 알려주는 참교육의 수업을 진행한다. 각 단원 또는 주제별로 성경에서 알려주시는 많은 창조의 질서들을 찾아내 지식의 근원이 무엇이며, 하나님께서 왜 우리에게 이것을 주셨고 우리는 어떻게 이 지식을 활용할 것인가를 생각하며 가르치고 배운다. 기독교 학교에서의 수업의 차별성은 바로 이것이다.

● 하·잠·멈 기도훈련 (하던 일을 잠시 멈추고 기도하는 시간)

예배시간이나 Q. T. 시간 등을 통해 필요한 도고의 기도제목을 나누며 서로 위해 기도 하고 있지만 긴급한 기도가 필요하거나 함께 기도해야 할 제목이 있을 때에는 하던 일을 잠시 멈추고 기도하는 시간을 가진다. 시간과 장소에 상관없이 하·잠·멈 기도 벨 소리가 울리고 방송반 학생들이 기도의 제목을 나누면 하던 일을 잠시 멈추고 하나님께 한마음으로 기도한다. 하·잠·멈 훈련은 초등과정부터 시작되는데 하·잠·멈을 외치는 순간 하나님께 집중하도록 하며 삶 속에서 가장 중요한 것이 하나님을 만나는 것이고 삶의 우선순위가 무엇인지를 알게 한다.

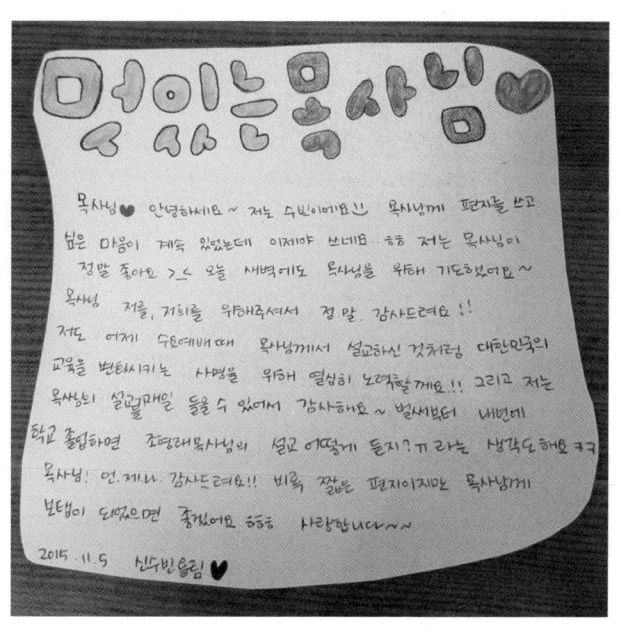

전인교육이 궁금해요

하나님을 알고 나를 알고
세상을 아는 지혜로운 교육 - 지(智)

하나님을 알고, 나를 알고, 우리가 살아갈 세상을 아는 것이 지식이다. 참된 지식은 모든 지식(Knowledge)의 근본이 하나님임을 알아(Knowing) 하나님이 주시는 지혜(Wisdom)에까지 이르는 것이다. 이를 위해 하나님의 관점으로 배우고(Learning), 이해하고(Understanding), 익히는(Training) 지식적 능력을 연마하며 하나님이 주시는 지혜를 구해야 한다.

로마서 12장 1~3절은 "그러므로 형제들아 내가 하나님의 모든 자비하심으로 너희를 권하노니 너희 몸을 하나님이 기뻐하시는 거룩한 산 제물로 드리라 이는 너희가 드릴 영적 예배니라 너희는 이 세대를 본받지 말고 오직 마음을 새롭게 함으로 변화를 받아 하나님의 선하시고 기뻐하시고 온전하신 뜻이 무엇인지 분별하도록 하라 내게 주신 은혜로 말미암아 너희 각 사람에게 말하노니 마땅히 생각할 그 이상의 생각을 품지 말고 오직 하나님께서 각 사람에게 나누어 주신 믿음의 분량대로 지혜롭게 생각하라."

세상의 유행과 지식을 쫓는 것이 아니라 하나님의 선하시고 기뻐하시고 온전하신 뜻이 무엇인지 분별하는 지혜를 소유하는 것이 교육을 통해 갖추어야 할 덕목이다. 이를 위해 마땅히 생각할 바를 생각하며 믿음의 분량대로 지혜롭게 살아가는 훈련이 필요한 것이다. 그 이상의 생각을 하는 것이 교만이고 욕심이다. 하나님의 지혜로 생각하며 살아갈 때 올바른 선택과 판단을 하는 탁월한 통찰력을 소유하게 된다. 이를 위해 하나님을 알도록 하며 지혜의 능력과 세상 안에 있는 지식을 겸비하기 위해 교육하는 것이 '지(智)' 영역의 교육 프로그램이다.

1. 전인기독학교 교육과정

교육과정 편제에 우리 학교는 매우 자유롭지만, 일반학교의 교육과정도 중요하게 여기고, 대입 검정고시와 대학 입학시험을 준비하기 때문에 국어, 영어, 수학, 과학, 사회, 예체능 교과군을 모두 개설하여 수업을 진행한다. 여기에 더하여 성경 수업과 독서교육, 전문 구기종목을 배우는 화요 스포츠수업, 오케스트라 수업, 진로 수업이 있다. 시간표는 블록 타임제로 운영하고 수준별 분반 수업을 하며 현행 교육과정의 국정·검인정교과서와 그 외 다양한 교재를 선정하고 개발하여 사용하고 있다.

전인기독학교는 사교육 없는 학교로서, 책임지는 교육을 실현하기 위해 여러 가지 방과 후 활동을 한다. 서울캠퍼스 학생들은 1~2학년은 3시까지 수업을 하고 맞벌이 부부 가정의 아이들은 5시까지 방과 후에 독서와 과제 지도를 한다. 3~4학년은 일반 학교에서 방과 후 수업으로 진행하는 영어와 예체능 교육을 5시까지 일과에 포함해 운영한다. 홍천캠퍼스 학생들은 방과 후에 독서 활동 및 보충 수업, 자기주도학습 등을 통해 사교육 없이 학교 안에서 모든 교육과정을 충실하게 수행한다. 교과별로 개인지도가 특별히 필요한 학생들은 교과목 교사와 학부모와의 상담을 통해 학교장의 허락을 받아 사교육을 진행할 수 있다.

● 삶의 질을 높이는 독서 교육

독서는 시간과 공간을 초월하여 세상과 소통하는 가장 강력한 도구이면서 모든 학습의 기초가 된다. 따라서 우리 학교는 성장 발달 단계에 따른 도서를 선정하여 학생들이 읽은 내용의 핵심 가치를 분석하고 서술할 수 있는 능력을 계발시킨다. 독서교육은 두 가지 방향으로 진행되는데 책을 가까이 두어 책을 읽는 힘을 기르게 하는 활동과 독서수업으로 나뉜다. 책을 읽게 하는 힘은 삶의 질을 높일 수 있기에 초등에서는 책을 가까이하게 하는 다독에 중심을 두고 중등은 책을 통해 논리력과 분석력 등 생각하는 힘을 기를 수 있는 Reading Journal을 실시한다.

초등과정인 1~6학년은 빨, 주, 노, 초, 파, 남, 보 색상별로 독서록에 각각 50권의 책을 읽고 자기 생각과 느낌을 기록하여 총 350권의 책을 읽는 학생에게 단계별 독서 뱃지와 무지개장학금을 수여하는 무지개 독서 인증제를 실시한다. 초등은 정독보다는 다독을 권장하여 다양한 분야의 책을 통해 아이들의 경험과 생각의 폭을 넓히고 즐거운 책 읽기가 되도록 권장하고 있다. 책을 언제나 가까이 두어 간접경험을 통해 넓은 세상을 이해하는 마음이 넓은 아이들이 될 것이다.

7~11학년은 R.J.(Reading Journal)를 실시한다. 이는 엄선된 필독서 100권의 책을 매일 정해진 분량만큼 읽고 내용 요약 및 느낀 점을 적은 후 다음 날 일과 전에 제출하면 담당선생님이 첨삭하여 일과 후에 돌려주는 프로그램이다. 이를 통해 학생들은 매일 책을 읽는 습관을 기르고, 기본 글쓰기 실력을 다지게 된다. 독서 활동지는 파일에 모아서 보관하여 자연스럽게 포트폴리오가 된다.

차별화된 독서수업은 주 1회 2시간의 수업으로 교과 과정으로 존재한다. 책을 읽는 기본부터 도서의 내용을 분석하고 논평하며 자기 생각을 기술 할 수 있는 논술의 방향으로 진행한다. 또한, 성경적 관점으로 구성된 다양한 활동을 통하여 표면적인 내용파악이 아닌 책을 더욱 풍성하게 이해할 수 있게 한다. 다양한 분야의 고전 및 시사, 개인별 전공과목별 도서들을 아동발달 상황을 고려하여 각 초, 중, 고 과정별로 필독서를 선정하여 수업을 진행한다.

● 세계를 일터로 삼는 영어 교육

글로벌 시대에 우리 학생들의 일터는 세계이다. 영어는 이제 기본 언어가 되었으며 단순히 언어로서의 영어뿐 아니라 영어의 문화를 배워야 제대로 영어를 구사하고 활용할 수 있다.

이를 위해 우리 학교는 1학년부터 원어민 선생님과 수업을 하면서 자연스럽게 영어권 이웃을 만나게 한다. 수업의 제한적 시간을 확장하기 위해 3학년 겨울 방학에는 사이판 Grace Christian Academy에서 현지 학생들과 함께 공부하며 영어 집중 강화 수업을 진행하고, 사이판 공공시설 및 유적지를 견학하는 등 문화 체험을 한다. 그리고 6학년 2학기부터 7학년 1학기까지 약 1년간 미국 워싱턴 주 소재의 Cascade Christian School 및 캐나다 브리티시 컬럼비아 주 소재의 Surrey Christian Academy에서 유학과정을 진행한다. 이때 학생들은 호스트 패밀리 생활을 하며 영어와 더불어 외국 문화를 온몸으로 체험하게 된다. 유학 과정 중 어려움이 있을 때에는 전담 가디언과 전문 유학 상담 교사가 수시로 학교와 가정생활에 도움을 주는데, 수차례 경험한 결과, 학생들이 한두 달 적응에 어려움을 겪기도 하지만 유학생활을 마칠 즈음에는 학교에서 매우 좋은 성적으로 졸업하고 호스트 가정과 원어민 친구들과 아주 친밀해진다.

이렇게 삶으로 영어를 배운 학생들은 다시 한국에 돌아와서도 외국인과 스스럼없이 대화를 나누며 실력을 발휘하고 원어민 선생님 수업에 자신감 있게 참여한다.

2. 전인기독학교 교과 영역의 경쟁력

우리 학교의 교사들은 학생들이 기독교적 세계관에 바탕을 두어 학문에 접근하고 경쟁력 있는 실력꾼들이 되도록 여러 방향으로 수업에 대해 고민한다. 교사들은 수시로 교과별 회의를 열어 수업과 지도 방향을 논의한다. 모든 교과가 돌아가며 연구수업을 발표하고 한 학기에 세 차례 이상 동료 장학을 통해 더 나은 수업 모델을 연구한다.

국어과에서는 한자를 익혀 어휘력을 쌓는 '터세움(3~11학년)', 창의적으로 문학을 감상하고 생산하는 '창의 문학수업(7~9학년)', 주제를 미리 제시하여 자료를 선정하고 논리적으로 글을 쓰는 '생각나무(논술 쓰기, 8~10학년)', 한글날을 기념하여 '바른 글씨쓰기', '순우리말 퀴즈', '글짓기' 등의 대회(1~4학년)와 '예쁜 한글엽서 만들기', '국어사전 즐기기', '한글홍보 UCC' 등의 공모전(5~11학년)을 진행하는 등 다양한 활동을 통해 국어에 대한 흥미와 실력을 증진 시킨다.

독서과에서는 1학년부터 9학년까지 수업용 도서에 대한 독후활동지를 자체 개발하여 사용한다. 여기에는 성경적 세계관이 녹아있어 책의 내용 이해와 감상뿐 아니라 학생들의 성품과 인격을 성숙시켜 전인으로 양성할 수 있는 다양한 질문이 담겨 있다. 10학년 때에는 개인의 진로와 관련된 책들을 찾아 읽으며 소 논문을 작성하는데 이 과정을 통해 자신의 진로를 구체적으로 고민해보게 되고 완성된 글쓰기를 경험하게 된다.

수학과는 교과의 특성상 다른 어떤 교과보다 교사들이 더 치열하게 고민한다. 분반 수업을 진행하는데 학급에 따라 2~3개로 분반되며, 한 수업당 학생이 6~7명을 넘지 않는다. 모든 학생이 수학을 잘할 수는 없지만, 흥미를 놓치지 않기 위해 '수학의 날'(5~11학년) 행사를 연다. 수학의 날은 '수학 탐구 대회'와 '수학 경시 대회'로 이루어지는데 탐구 대회는 모든 학생을 대상으로 퍼즐형 문제를 출제하여 창의적 사고를 계발하고 학생들의 흥미를 고취시킨다. 경시 대회는 지원자만 신청을 받아서 진행하는데 교과와 연계된 심화 문제를 출제하여 수학적 능력이 탁월한 학생들을 발굴하고 격려한다. 또 내년부터 자체 교재를 개발하여 수학연산능력인증제(5~9학년)를 도입할 예정이다.

사회과는 통합 교과적 접근 방법으로 교수 학습 활동을 연구하고 진행한다. 노래를 활용한 수업, 그림으로 표현하는 수업, 발표와 토론, 에세이 쓰기, 논술문 쓰기, 프로젝트 활동, 독서연계 프로그램, 현장학습 등을 계획하여 학생들이 사회적 개념과 다양한 상황들을 이해하고 그 안에서 진리를 분별할 수 있도록 한다. 또 학생들이 매주 신문 기사를 읽고 스크랩하면서 기도제목을 쓰고 나라와 민족을 위해 깨어 있는 통일 세대의 주역이 되도록 한다.

과학과는 무엇보다 학생들이 창조주이신 하나님을 인정하고 자연환경에 대한 청지기 의식이 삶에 스며들도록 수업을 연구한다. 간단한 실험과 WEB, UCC, 플래시 가상 실험 등을 통해 학생들이 직·간접적으로 실험 상황을 체험하게 한다.

예체능과는 다양한 활동을 통해 하나님이 주신 창조성을 경험하고 예술적 아름다움을 느끼게 한다. 음악은 저학년부터 기초 음악 이론에 중점을 두어 수업을 계획하고, 악기 연주곡 분석, 악곡 감상평 쓰기를 한다. 1학년부터 1인 1악기를 배우면서 오케스트라 경험을 하며, 점차 다른 교과와 연계하여 융합수업을 진행한다. 특히 한국사와 국악, 과학과 악기 소리, 수학과 화성학 등 통합 주제를 설정한다. 미술은 개인별, 모둠별로 여러 가지 작품을 만드는데 특히 성경의 절기에 따라 작품을 만들고 작은 전시회를 통해 예술에 대한 흥미와 자긍심을 고취한다. 체육과는 현 개정 체육과 교육과정에 따른 다섯 가지 신체활동 가치 즉, 건강의 가치, 도전의 가치, 경쟁의 가치, 표현의 가치, 여가의 가치를 성경적 관점으로 재해석하여 체육 활동뿐 아니라 일상생활 가운데 적용할 줄 아는 능력을 기른다. 무용, 재즈댄스, 뮤지컬, 사물놀이, 태권도, 마라톤, 수영, 스키 등으로 교육과정이 짜여 있고, 매주 화요 스포츠 시간을 편성하여 선수 출신의 전문 강사와 함께 구기 종목(탁구, 배구, 농구, 축구, 배드민턴 등)을 훈련한다.

3. 체계적인 검정고시 준비

우리 학교는 교육부에서 학력 인정을 받지 않아 초·중·고 모든 교육과정 단계의 검정고시를 치른다. 중입 검정고시는 유학을 다녀온 후 7학년 2학기에, 고입 검정고시는 10학년 1학기에, 대입 검정고시는 11학년 1학기에 치른다. 중입과 고입 검정고시는 편안하게 합격을 목표로 하고 있지만, 대입 검정고시는 성적이 대학 입학과 밀접한 관련이 있기 때문에 학교에서 체계적으로 준비한다. 11학년 3월에는 검정고시 대비를 위한 시간표를 따로 편성하여 모든 수업이 진행된다.

　현재 우리 학교 학생들은 4기까지 대입 검정고시를 보았는데 대부분 평균 93점 이상이며 최고 득점자가 99점이다. 대학에서 검정고시 점수를 교과 내신으로 반영해 주기 때문에 우리 학생들은 상당한 경쟁력을 가진다고 볼 수 있다.

　우리 학교는 학력이 인정되지 않기 때문에 입시에서 불리하다는 편견을 갖기 쉽다. 그러나 검정고시를 통해 국가에서 학력을 인정받기 때문에 불이익이 아니라 입시 전략이 달라질 뿐이다. 가천대학교, 숭실대학교 등의 일부 대학에서 검정고시 출신자들의 수시 지원을 차단하고 있어 약간의 제약이 있지만, 명지대를 비롯한 몇몇 학교에서는 검정고시 점수로 내신을 산출하기 때문에 교과전형 수시는 검정고시 성적이 좋은 우리 학교 학생들에게 오히려 큰 이득이 된다. 또 서울대, 연세대, 고려대 등 서울 상위권 대학들을 중심으로 검정고시 출신자들에게도 입시에 동등한 기회를 부여하고 있다.

　검정고시를 통한 학력인증에는 크게 두 가지 장점이 있다. 첫째는 일반 학교 학생들이 느끼는 불필요한 경쟁심으로부터의 탈피이다. 검정고시는 절대평가이다. 자신의 노력 여부에 따라 점수를 얻기 때문에 친구와 경쟁자가 아니라 동반자의 관계를 갖게 된다. 두 번째 장점은 좋은 내신등급을 받을 수 있다는 것이다. 통상적으로 서울에 소재하는 대학교에 입학하기 위해서는 2등급 이내의 성적을 유지해야 하는데 검정고시는 평균 98점 이상이면 2등급 이상의 내신 등급을 받을 수 있다. 따라서 우리 학교는 검정고시를 매우 중요하게 여기고 좋은 성적을 거둘 수 있도록 지도한다.

　10~12학년은 검정고시와 수능대비를 위한 교과 수업에 몰입하게 하고, 동시에 아이들이 스스로 자신들의 의견을 모아 활동할 수 있는 분위기를

만들며 그 주체적인 움직임을 존중하고 응원한다. 그리고 이러한 활동들이 모여 자연스럽게 입시가 준비된다.

우리 학교의 또 다른 장점은 11학년에서 미리 수능을 경험해 볼 수 있다는 것이다. 11학년 학생들은 4월에 대입 검정고시에 합격하고 나서 수시와 대학수학능력시험에 응시한다. 1년 전에 미리 수시와 정시에 도전하여 자신의 비전과 소명을 확고히 하고 의지를 새롭게 다지는 기회를 갖게 되는 것이다. 2015년 수시 합격자는 12학년(고 3)은 명지대학교 미디어커뮤니케이션학과에 1명, 건국대학교 국제통상문화학부에 1명이 합격하였으며, 11학년(고 2)은 명지대학교 영어영문학과 1명(예비 1번), 정보경영학과 1명(예비 3번)이 합격을 기대하고 있다.

4. 책임지는 학교 교육

결과보다는 과정을 평가하는 초등교육으로, 물고기 잡는 법을 아는가를 평가한다. 초등과정은 결과보다는 과정을 중심으로 평가하고 있다. 주요교과를 위주로 단원 끝날 때마다 학생의 이해도를 확인하여 부족한 학생들에게 재교육하고 완전학습이 되도록 한다. 그날 배운 내용을 꼭 복습할 수 있도록 하며 학습에 결손이 있는 학생들에게도 개별 단계를 설정하여 부족한 부분으로 채울 수 있도록 돕고 있다. 무엇보다도 수업에 임하는 태도 및 과제를 수행하는 노력을 중시하고 지도하고 있다. 단순한 지식을 확인하는 평가가 아닌 앞으로 나아가 학습하는 힘을 기르게 하기 위해서이다. 그리하여 평가도 노력도와 성취도를 구분하여 평가하고 있으며 학교에서의 기본적인 행동발달사항도 성, 지, 정, 의, 체 영역으로 나눠 학생의 인성이 성장할 수 있도록 돕고 있다.

● 평가는 학습의 필수 과정 – 단원 평가와 주초 고사

평가는 결과이기도 하지만 배운 것들을 정리하는 중요한 과정이기도 하다. 일반 학교에서는 보통 한 학기에 중간고사와 기말고사를 통해 학생들을 평가한다. 그러나 그 많은 교과 내용을 한 학기에 두 번의 시험으로 정리하기에는 무리가 있다. 우리 학교는 수시로 학생들을 평가하여 학습한 내용을 그때그때 정리하도록 지도한다.

1~6학년은 국어, 영어, 수학, 사회, 과학 교과의 단원이 끝날 때마다 평가를 하고 70점 이하의 학생들은 보충 지도를 하여 재시험을 보게 한다. 7~11학생들은 매주 지난주에 학습한 내용을 주초 고사를 통해 정리한다. 주초 고사는 개념 문제와 응용문제를 섞어 10문제 이하로 출제하여 학생들이 자신의 학습을 점검하게 하고, 일정 수준에 못 미치는 학생들은 재시험을 통해 완전학습이 이루어지도록 한다. 그리고 이렇게 쌓인 주초 고사를 바탕으로 중간·기말 고사를 출제하여 중요 내용을 여러 번 반복하고 정리하도록 한다. 이렇게 하여 학생들의 복습 습관과 실력이 많이 향상된다.

● 교사들의 자발적 보강 개설

우리 학교는 소수 학생을 가르치기 때문에 교사들이 학생들 한 명 한 명에 대한 파악이 빠르고 애정이 크다. 그래서 기숙사 학교의 장점을 활용하여 저녁 자기주도학습 시간에 수시로 보강을 개설한다. 특별히 수학 과목은 전 학년에 걸쳐 수시로 수준별 보강을 시행한다. 학생들이 스스로 수업을 따라가는 데 부족함을 느껴 보강을 신청하기도 하고 교사들이 필요에 따라 보강을 하기에 늦은 저녁 시간이지만 매우 진지하고 열정적인 수업이 이루어진다. 물론 이러한 보강을 듣는 비용은 따로 없다. 학생들의 실력 향상을 돕는 책임을 다하기 위해 교사 자발적으로 이러한 보강이 이루어진다.

● 여름, 겨울 계절학기

일반 학교의 방학 보충 수업을 우리 학교에서는 계절 학기의 개념으로 운영한다. 여름 방학에는 3주, 겨울방학에는 5주 정도의 계절 학기를 개설하여 3학기 학사 운영을 하며 수업을 진행한다. 또 학기 중에는 시간적 부담으로 미루었던 다양한 활동을 계획한다. 10학년의 경우 겨울 계절학기에 말레이시아 선교 여행을 가고, 음악캠프와 스키캠프, '1230'의 자기주도학습 프로그램도 진행한다.

● 자기주도학습 태도 형성

수업 시간에 배운 것을 스스로 복습하고 과제를 충실히 이행하기 위하여 자기주도학습은 필수적이다. 1~4학년은 방과 후 교실이나 집에서 선생님과 부모님의 도움을 받아 과제로 자기주도학습을 한다. 매일 제시되는 과제리스틀 통해 스스로 체계와 절차에 따라 과제를 수행하며 수업의 복습 및 스스로 학습법의 기초습관을 가지게 한다. 5~6학년은 자기주도 시간을 이용하여 과제와 시험 준비를 하고 저녁 간식을 먹은 이후에는 기숙사에서 각자 독서를 한다. 7~9학년은 저녁 7시부터 9시 30분까지, 10~12학년은 밤 11시까지 자기주도학습을 한다. 7~9학년 아이 중 11시까지 자기주도학습을 원하는 학생들은 미리 신청하여 늦게까지 공부할 수 있다. TV와 컴퓨터 등 미디어의 유혹이 없는 홍천캠퍼스에서 스스로 학습하며 자기주도학습 태도를 길러 나가는 모습은 우리 학교의 큰 자랑이다.

● 하브루타 운영

유대인들의 토론식 교육은 매우 유명하다. 우리 학교도 이를 본떠 자기주도학습 시간에 여러 명이 토론식으로 공부할 수 있는 하브루타 학습을 운영한다. 서로 질문하고 답하며 도움을 주고받는 이 학습은 일과 5시 안에 미리 신청해야 하는데, 이것은 학생들이 계획적으로 토론수업을 운영하도록 하기 위함이다. 학생들은 신청서에 공부할 과목과 함께 공부할 친구들 이름, 시간을 적어 제출하고 자기주도학습 관리 교사는 이들을 관리한다.

● 진로 교육

우리 학교는 학생들이 자신에게 맞는 진로를 탐색하고 찾을 수 있도록 전 학년에 걸쳐 수업을 조직한다. 1~6학년의 경우는 교과 수업과 연계하여 현장 학습을 하고, 다양한 직업을 체험할 수 있는 프로그램에 참여한다. 8~9학년은 일주일에 한 시간씩 진로교육 시간을 배정하여 수업을 진행하며 자신의 달란트와 흥미 분야를 찾고 삶의 목표를 설정하는 시간을 가진다. 10~12학년은 구체적인 진로와 관련하여 담임교사 및 입시팀 교사와 여러 차례 개인 상담을 하고 입시 방향을 정하게 된다.

하나님 앞에 나를 내려놓기 위한
절제와 인내의 교육 - 정(情)

정(情)은 다듬어지지 않은 나의 감정의 의지를 십자가 앞에 내려놓고 나의 나 됨을 알며, 부족한 부분을 알고 잘 갈고 닦아 변화와 성장을 이끌어 하나님의 감정으로 살아가는 것을 의미한다. 내 감정, 감성이 아닌 하나님의 감정과 감성을 의미한다. 그러하기에 내 마음을 다스리지 못하면 다른 사람을 섬기고 사랑할 수 없다. 잠언기자는 노하기를 더디 하는 자는 용사보다 낫고 자기의 마음을 다스리는 자는 성을 빼앗는 자보다 낫다고 하였다. 육신의 생각과 안목의 정욕, 이생의 자랑 욕심으로 가득 찬 내 의지를 꺾고(Will Breaking) 예수 그리스도의 성품과 성령의 열매로 성장해 나가는 것이다.

베드로후서 1장 5~7절 "그러므로 너희가 더욱 힘써 너희 믿음에 덕을, 덕에 지식을, 지식에 절제를, 절제에 인내를, 인내에 경건을, 경건에 형제 우애를, 형제 우애에 사랑을 더하라"라는 말씀처럼 날마다 내 감정을 하나님의 마음으로 더하여 가며 온전한 그리스도인의 삶을 소망하는 것이다. 이를 위해 자신의 모난 감정을 스스로 다스릴 수 있도록 절제와 인내의 훈련을 하며 매일 내 안에 사는 분이 예수 그리스도임을 알고 자기와의 싸움에서 승리하게 하는 훈련이다. 히브리서 10장 36절에 "너희에게 인내가 필요함은 너희가 하나님의 뜻을 행한 후에 약속하신 것을 받기 위함이라"라는 말씀처럼 하나님의 뜻을 이루기 위하여 나를 내려놓고 나를 다스리도록 교육하는 것이다. 이러한 '정(情)'의 영역을 고취하는 교육과정은 다음과 같다.

1. 인생에 첫 번째 자신과의 싸움 – 입시

대한민국의 입시는 무엇을 위해 존재하는가를 생각해 보면 많은 이유를 말할 수 있겠으나 결코 시험을 치르는 아이들을 위한 것은 아니라는 사실은 분명하다. 입시지옥, 입시전쟁이라는 표현을 통해 알 수 있듯이 분명 쉽고 편한 길은 아니다. 그리고 한국의 가정들은 이 대학 입시전쟁에서 성공하기 위해 초중고과정부터 준비하고 자녀 교육의 모든 관점이 입시에 맞춰 있다. 그 과정을 걸어가는 아이들은 가장 밝고 명랑하고 즐거워야 할 시간에 학원과 과외로 쫓겨 살며 지옥 같은 시간을 보내는 것이 한국교육의 현실이다.

과연 이런 입시를 기독학교는 어떻게 대응하고 해결해 나가야 할까? 아이들이 이런 입시에 휘둘리지 않고 어느 대학에 가든지 문제 삼지 않고 자기들이 만족할만한 삶을 사는 것을 입시의 목표로 삼고 있는 대안 기독학교도 있다. 그래서 학교에서 진학에 대한 생각이 일반학교보다 뒤처지고 입시에 대한 씨름이 치열하지 않다고 생각한다. 나는 그것이 기독학교가 취해야 할 태도라고 생각하지는 않는다. 물론 학교 설립 목적과 취지에 따라 다른 것을 잘못되거나 틀렸다고 생각하지는 않는다. 그리고 기독교적 입시에 대한 많은 생각이 정립된 것으로도 알고 있다. 그러나 우리 전인기독학교는 다른 관점에서 도전하고 시도하고 있다.

일단 입시는 청소년기를 지나는 학생들에게 인생에 첫 번째 자기 스스로 씨름하고 견디고 해결해야 할 시험(Test)이다. 그래서 입시를 전인교육의 '정'의 영역에서 교육하고 있다. 12년 동안 얼마나 하나님과 부모님 앞에서 자신의 미래를 위해 성실하고 진실함으로 살았는지의 평가의 시간이다. 물론 이 평가의 결론이 소위 말하는 일류대학에 간 것으로 평가할 수는 없다. 어느 대학에 가고 무엇을 하든지 학교생활에 충실하고 미래의 꿈을 발견하고 혹은 그 꿈을 발견하기 위해 노력한 열매를 거두는 기회이다. '삶은 거짓말을 하지 않는다' 것과 '뿌리고 심은 대로 거둔다'는 성경의 진리를 경험하는 인생 최초의 도전 무대이다. 입시는 청년 이전의 자신의 삶을 돌아보고 평가하고 미래를 위해 도전하는 첫 번째 인생 시험의 장이 되어야 한다.

지·정·의·성·체 전인교육을 통하여 능력과 실력과 신앙과 인격을 고루 갖춘 전인격적인 현대 사회 그리스도인을 육성하고 양성하고 배출하는 것이 전인기독학교의 목표이다. 그 교육을 받은 사람으로 얼마나 사회적, 국가적, 국제적 경쟁력을 갖추었는지 객관적 평가를 받는 기회이다. 입시는 결코 아이들에게 지옥이 아니고 전쟁에서는 안 된다. 자기 자신을 스스로 평가할 수 있는 도전의 기회로 삼고 달려나가야 한다. 이 도전에 성공한 사람은 또 다른 미래를 위해 도전할 수 있고 실패한 사람은 무엇이 문제인지를 알고 다시 도전하는 것이다. 결코, 입시의 실패가 인생의 실패는 아니다. 전인에게 있어서 입시는 하나님 앞에서 얼마나 청소년기의 삶을 잘 살았는지 세상의 방법을 통해 스스로 점검하는 도전이다.

입시에 대한 전인기독학교의 또 다른 생각은 하나님의 지혜와 방법으로 교육받고 훈련받은 사람들은 개개인의 차는 있을 수 있으나 최고의 학부와 기관에 선택받을 수 있도록 입시에 도전해야 한다는 것이다. 그리고 학교는 그것이 가능할 수 있도록 책임지는 교육을 해야 한다. 죽도록 공부만 하는 것을 말하는 것이 아니다. 모두가 서울대 갈 수 없는 것을 우리는 알고 있다. 60만 수험생 가운데 겨우 3,300명이 가는 것이다. 그리고 소위 말하는 서울 안에 있는 상위 10개 대학의 입학생이 3만 명 정도이다. 1, 2년 같은 해에 태어난 학생들이 정말 전쟁과 같은 입시를 치르는 것이다. 그래서 일류대학 진학이 또 다른 종교와 우상이 되어 청소년기의 우리 가정의 모든 것을 빼앗아 가는 것이다.

전인기독학교는 입시를 통하여 이것이 얼마나 헛된 것이고 무책임한 공교육과 가정의 경제를 파탄시키는 사교육 시장이 필요 없음을 증명하는 세상을 향한 도전입니다. 이는 마치 골리앗 앞에선 다윗과 같은 모습이지만 우리는 만군의 하나님 이름으로 도전하는 것입니다. 2016학년 수능은 우리가 도전하는 세 번째 시험이지만 남다른 의미가 있다. 2004년 초등 1학년부터 전인기독학교에 다닌 학생들이 도전하는 첫 번째 수능이다. 감사하게 이번에 도전하는 아이들 가운데 서울대, 연대, 고대, 서강대, 성균관대, 한양대를 수시에 지원하고 정시에 지원하고 있다. 우리 학교의 학생은 사교육을 받지 않는다. 12년간 하나님의 말씀을 의지하며 성실하게 공부한 아이들이다. 결과가 어떻게 될지 궁금하지만, 상위 10개의 대학에 지원할 수 있다는 것만으로도 이미 골리앗을 무너뜨린 마음이다.

전인에게 있어서 입시는 세상의 헛된 우상을 깨뜨리는 도전이고 영적 전쟁이다. 우리가 다윗처럼 입시라는 골리앗을 하나님의 이름으로 무너뜨린다면 믿음의 가정들이 대학입시라는 우상 앞에 절하고 얽매이듯 입시의 노예처럼 살아가지 않아도 된다는 희망을 품으리라 생각한다. 더 이상 학원 보내지 않아도 되기 때문에 하나님을 예배하는 일을 뒤로하지 않아도 될 것이다.

하지만 이것은 학교적인 도전이고 아이들에게 있어서 입시는 청소년기의 삶에 대한 자기 성찰의 기회이기도 하지만 궁극적으로는 나에게 주어진 소명의 길을 대학이라는 관문을 통해 가는 것으로 생각한다. 그래서 대학에 진학하는 것을 절대적인 성공으로 보거나 절대적인 실패로 생각하지 않는다. 입시는 하나님께서 주신 사명과 소명을 이루어가는 하나의 길이다. 그 길을 가는 데 있어 대학이 필요하다면 가야 하고, 대학이 필요하지 않다면 가지 않아도 된다. 다만, 실력 있는 그리스도인이 되어야 한다. 하나님의 교육을 받고 있기 때문에 더욱더 실력을 갖추어야 한다. 입시를 통해 하나님의 교육을 받은 우리가 하나님께서 주신 길을 가기 위해 최선을 다하고 있음을 보여주어야 한다. 그리고 세상 속에서 외쳐야 한다. "교육의 주권은 하나님께 있습니다."

전인에게 있어서 입시는 교육의 주권이 하나님께 있음을 선포하는 축복의 장이다. 대학 입시 전형은 크게 수시와 정시로 나눌 수 있는데, 우리 학교에서는 11학년부터 학생의 기질과 학업 스타일, 성적 등을 고려하여 개인별로 입시 전형을 고민하고 준비한다. 입시팀에서는 매년 150개 이상의 대학교를 분석한다. 학교의 간판이 아닌 교육이념과 비전, 인재상에 따라 학교를 나누고, 해당 대학의 입시 전형을 분석하여 데이터베이스화하는 작업을 한다. 이 정보를 바탕으로 학부모 및 학생들과 상담을 진행하고 개인의 사명과 소명을 이루어나갈 수 있도록 독려한다.

우리 학교는 올해까지 세 번의 입시를 치렀다. 현재 9명의 1기 졸업생 전원이 대학에 합격하고, 2기 졸업생 12명 중 10명이 대학에 합격하여 자신의 비전과 소명을 위해 학업에 전념하고 있다. 교사들과 학생들이 열심히 씨를 뿌리고 하나님이 거두게 하신 그 결과에 감사할 뿐이다. (한국외국어대학교 영어학과, 브라질어과, 인하대학교 경영학과, 단국대 간호학과,

명지대 사학과, 기계공학과, 서울여대 경제학과, 미술학과, 성신여대 IT학과, 한림대 간호학과, 경영학과, 성서대 간호학과, 수원대 연극영화과, 총신대학교 신학과, 서울신학대학교 신학과, 교회음악 오르간학과, 동남보건대학교 안경공학과, 명지전문대 보건의료과, Liberty University(버지니아) 미디어홍보과)

입시는 대학교 진학 자체가 목적이 아니라 하나님께서 주신 사명과 소명을 이루어가는 하나의 길이다. 그리스도인들은 이 땅의 모든 영역에서 소명을 이루고 선한 영향력을 끼치기 위하여 입시의 경쟁력도 가질 필요가 있다. 특히 하나님을 부정하는 현대 교육의 흐름에서 우리가 실력을 갖추어 교육의 주권이 하나님께 있음을 회복해야 한다.

2. 인내의 열매 바른 습관 형성

● 플래너 쓰기 습관화

현대 정보 사회가 요구하는 능력은 지식의 양이 얼마나 많은가가 아니라 이미 넘쳐나는 수많은 정보를 바탕으로 스스로 탐구하고 학습하고 문제를 해결할 줄 아는 자기 주도적 능력이다. 이러한 자기주도학습 능력을 계발하기 위해 우리 학교에서는 홍천캠퍼스에서 생활하는 5학년부터 12학년까지 매일 플래너 쓰기를 지도한다.

학생들은 매일 아침 암송 말씀을 적는 것을 시작으로 학교의 여러 일정과 수업에 주도적으로 참여하기 위해 플래너를 작성하고 항상 휴대하고 다니며 자기의 생활과 시간을 관리하는 것을 훈련한다. 이러한 플래너를 주중에는 담임교사가 점검하며, 주말엔 학부모가 플래너에 대한 피드백을 학부모란에 써 주며 학생들을 격려한다.

● 성품 훈련교육

스스로 해야 할 것이 많아지는 시작하는 학교 및 공동체생활에서 예수님을 닮아가는 기본 성품 훈련을 통해 경청, 책임감, 인내(절제), 감사, 긍정적인 태도 등을 배운다. 나에 대해 알고 친구들을 이해하며 공동체에 속한 내가 해야 할 것과 할 수 있는 것을 분별하는 아이들로 성장하는 데 필요한 기본적인 성품을 훈련한다. 모든 것에 감사하며 인내와 절제하는 태도를 연습하고 바르고 정확하게 마음으로 듣고 말씀을 실천하는 책임감 있는 아이들로 다듬어 진다. 또한, 긍정적이며 부드럽고 온유하게 표현하는 태도를 훈련함으로 이웃사랑을 삶으로 실천하는 전인인이 된다.

● 예의를 몸에 담은 인격체

'예(禮)가 아니면 보지 말고, 예가 아니면 듣지 말며, 예가 아니면 말하지 말고, 예가 아니면 행하지 마라'라는 말은 〈논어〉에 나오는 공자의 가르침이다. 군자가 되기 위해선 꼭 갖추어야 할 덕목이다. 전인인들은 정좌 · 정시 · 정청의 예를 갖춘다.

● '욕'의 싹을 키우지 않는 '전인인'

지하철을 타고 가거나 횡단보도를 건너기 위해 신호를 기다리는 동안 옆에 있는 청소년들의 대화를 가만 들어보면, 한 문장 속에 욕이 반 이상을 차지한다. 욕이 없이는 대화가 안 되는 모양이다. 이렇게 아름다운 우리말이 무책임하게 내뱉는 욕 때문에 사라져 가고 더럽혀져 가고 있다. 하지만 전인인들은 욕에서 자유롭다.

　편입생이 들어 와서 무의식중에 욕을 하게 되면 주변의 모든 학생의 시선이 그에게 집중된다. 어색한 말이 되어 버린 욕이기에 듣는 순간 불편한 단어가 되어 있는 것이다. 편입생은 한 학기가 지나면 순화된 언어를 사용하게 된다. 욕이 절제된 대화는 우리말을 살리는 것뿐만 아니라 조상의 얼을 살리는 중요한 교육이다.

3. 전인을 완성하는 절제의 힘

● 해병대 체험 극기 훈련

　2012년 8월 6일부터 10일까지 포항에 있는 해병대 제1사단에서 4박 5일간의 훈련에 참가했다. 기온이 연일 30℃를 웃도는 날씨 속에 기초 행군부터 바다에서의 훈련까지 무더위를 극복하고 심신을 단련할 수 있는 시간이었다. 군대 생활에 대한 경험과 어려움을 몸소 겪으며 자신의 단점을 극복하고 인내의 한계를 체험하는 현장이었다.

● 스마트폰은 NO! 산책과 운동은 YES!

전인기독학교에는 세상에서 가장 아름다운 모습을 찾아볼 수 있다. 자유시간에 삼삼오오 모여서 교정 여기저기를 거닐고 있는 학생들, 도서관에서 책을 읽는 학생들, 운동장에서 화요 스포츠데이를 통해 익힌 농구나 축구를 하는 학생들, 탁구를 하는 학생들이 보인다. 얼마 전에 한 식구로 들인 공작과 시간을 보내는 아이들도 있다. 무한한 상상력의 보고인 청소년의 뇌를 제한하며 또래 친구 간의 관계나 인격적 성장에 지장을 초래하는 핸드폰을 손에 들고 있는 학생은 단 한 명도 없다. 모두가 대화를 즐기거나 학교 내에 있는 동물 우리에 모여 토끼나 닭, 개와 함께 즐거운 자유시간을 만끽한다. 전인인들은 핸드폰을 자기 손에서 떼어내고, 주변에는 조그마한 게임 기계 하나 없는 기숙사 학교에서 자기와 씨름을 하고 있다. 이런 생활 이야말로 진정한 아름다움을 가진 학생의 모습이 아닐까?

● 폭력, 게임, 화장, 술, 담배가 없는 캠퍼스

학창시절에 넘지 말아야 하는 선을 넘는 경우가 허다하다. 건강에도 안 좋은 술과 담배, 뇌의 발달을 저지시키는 PC 게임, 더군다나 화학성분이 함유된 색조 화장품, 화를 참지 못해 부르는 폭력 등이 청소년들의 손에서 비일비재하게 일어난다면 성인이 되어서는 사회악으로 뿌리를 내리게 된다.

위의 사항에 대한 규제가 전인인들에게 요구하는 인내와 절제의 힘을 키우는 훈련이요 교육이다. 술과 담배는 전혀 허용이 안 된다. 그러기에 학생들은 시도조차 하려고도 하지 않는다. 담배를 피우는 학생이라면 손가락 사이에서 담배의 냄새가 난다. 교사의 후각을 피해 갈 수 없다. 주말에 집으로 귀가한 후 PC게임을 하는 학생이 소수 발각되기는 하나 즉각 아이디 삭제 작업을 교무실에서 하게 한다. 화장은 기초화장품으로만 제한한다.

이러한 사항들에 대해 학생들은 스스럼없이 순응한다. 유혹이 있을지라도 참을 줄 아는 학생이 된다.

● 동기간, 선후배 간에 우정이 싹트는 교정

이성 간 교제는 기숙사 학교이다 보니 매우 예민하게 관리한다. 남녀 공학이기에 더욱 철저한 지도로 힘을 쏟는다. 하나님을 알게 하며 성경적 관점에서 교육함으로 성결한 그리스도인으로 해야 할 도리를 다할 수 있도록 교육한다.

하나님과 이 세상을 사랑하는 관계를 위하여
나를 계발하는 교육 - 의(意)

하나님은 인간을 혼자 살게 하지 않으시고 더불어 살아가는 존재로 창조하셨다. 인간은 관계적 존재이다. 아름다운 관계를 형성하기 위해서는 '사랑'이 필요하다. 하나님을 사랑하고 이웃(가정, 사회, 국가, 세계)을 사랑하는 섬김과 긍휼의 마음을 통해 나 아닌 다른 사람(Not for Self)을 위한 관계적 삶을 살아야 한다. 마태복음 22장 37~39절을 통해 "예수께서 이르시되 네 마음을 다하고 목숨을 다하고 뜻을 다하여 주 너의 하나님을 사랑하라 하셨으니 이것이 크고 첫째 되는 계명이요 둘째도 그와 같으니 네 이웃을 네 자신 같이 사랑하라 하셨으니"라고 말한다.

인간은 꿈과 비전을 향한 뜻을 하나님의 비전에 두어야 한다. 왜냐하면, 하나님께서 존재의 목적과 뜻(비전)을 가지고 인간을 창조하셨기 때문이다. 그리고 각 사람에게 하나님의 비전을 이룰 수 있도록 하나님의 형상을 닮은 모습(Shape)과 각자의 재능(Talent)을 주셨다. 내 꿈, 내 비전이 아니라 하나님이 나를 통해 시작하신 착한 일을 비전으로 삼고 그 일을 위해 뜻을 정하는 것이 하나님과의 사랑의 관계 속에 사는 의로운 삶이다.

하나님의 비전을 이루고 다른 사람을 사랑하며 섬기기 위해 각자에게 주신 재능을 계발하고 수련하여 섬김의 영향력을 발휘하도록 지도하고 가꾸어 나가는 교육의 장이 '의(意)' 영역이다. 마태복음 6:33절에 "그런즉 너희는 먼저 그의 나라와 그의 의를 구하라 그리하면 이 모든 것을 너희에게 더하시리라"라고 말하고 있다. '의'는 '어떤 일의 가치'라는 사전적 의미가 있다. 그 기준을 하나님께 두고 자신의 재능을 찾고 계발하여 하나님과 이웃을 사랑하는 마음을 가지고 모든 관계를 해결하고 풀어가는 화해자의 삶을 살도록 교육하고 훈련한다. '의(意)'를 높이는 교육 프로그램은 다음과 같다.

1. 하나님의 뜻을 세워가는 프로그램

● Early Bird Club

하나님께서 주신 올바른 가치관을 세워나가는 전인기독학교 학생의 모습은 어떠해야 할까? 그 해답을 찾는 모임이 Early Bird Club이다. 하나님께서 주신 올바른 가치를 찾고 이 가치를 빛나게 만들어 가는 학교의 리더이자, 이 시대의 리더가 되는 것을 목표로 한다.

구 분	의미	활동의 예
일찍 일어나는 새	일찍 일어나 하루를 준비한다. 탁월한 시간 관리 · 자기 관리를 한다.	• 아침 시간 활용 : CNN 뉴스청취, 영어신문 읽기, 제2외국어 공부, 소그룹운동 (탁구, 축구, 농구 등) 등 주도 • 체력관리 : 기초체력 단련, 다이어트 체조, 균형적인 음식 섭취 주도
높이 나는 새	일찍 일어나 하루를 준비한다. 탁월한 시간 관리 · 자기 관리를 한다.	• 신앙의 진보 : 성경통독, 성경 필사, 깊이 있는 묵상, 도고기도, 찬양예배 주도 • 학업의 진보 : 3개 과목 이상에서 진보상 수상 (출발점이 90점 이상의 경우, 유지 및 소폭의 진보도 인정) • 성품 계발(예수 그리스도를 지향하여 성숙을 기함) : 하루에 한 사람에게 칭찬, 하루 세 가지 선행, 아름다운 언어 사용
멀리 보는 새	멀리 내다보고 준비한다. 목표를 세우고 미래를 준비한다.	• 자기진단 : 적성, 성품, 기질, 학업 등의 진단 • 목표수립 : 꿈과 비전을 위한 1년, 5년, 10년 목표 수립 • 계획실천 : 목표 달성을 위한 구체적인 계획 수립 및 실천 – 목표를 위한 각종 체험하기(대학탐방, 직업탐방, 국토탐방 등)

● 국토 탐방

하나, 하나님께서 주신 우리 국토의 소중함과 '국토사랑 의식(애국심)'을 함양하기 위해서는 우리의 오감(五感)을 통해 보고, 듣고, 느끼는 프로그램이 필요하다.

둘, '공정여행'을 한다. 공정여행은 구경하고 떠나는 '소비'가 아니라 만남과 나눔이 살아있는 '관계'의 여행을 말한다. 여행하는 이와 여행자를 맞이하는 이가 서로 존중하고 성장하는 여행, 소비가 아닌 만남과 관계의 여행, 우리가 여행에서 쓰는 돈이 그 지역과 공동체의 사람들에게 돌아가는 여행, 우리의 여행을 통해 숲이 지켜지고, 사라져가는 동물들이 살아나는 공정여행을 한다.

독도 탐방

태고의 신비와 자연의 아름다움이 살아 숨 쉬는 동해 유일의 도서군인 울릉도와 독도 탐방을 통해 하나님께서 만드신 자연의 신비를 보고 느끼며 감사의 마음을 가진다. 9학년(중학교 3학년) 학생이 함께 어울려 활동하면서 삼위일체로 공동체를 이루어 가시는 하나님의 속성을 이해하며 성령 안에서 단합·화합하는 기회를 가진다.

> 통일세대 역사 탐방(백두 – 한라)

통일세대를 준비하며 이 세상에 희망이 되는 학교가 되어야 한다. 백두산에 올라 천지를 바라보며 우리나라의 통일을 염원하고 제주도의 한라산 백록담을 바라보며 통일세대로서 가져야 할 비전을 품는 '땅 밟기'의 거대한 움직임을 가진다. 이들이 통일 세대로서 역할을 감당할 수 있도록 가치와 신념을 갖는 시간을 가진다. 통일은 어른들만의 문제가 아니라 이 시대를 살아가는 우리 모두의 가치이므로 초등학교 5학년부터 중, 고등학교 학생 모두 참여하도록 한다.

백두산 천지에서

한라산 백록담에서

2. 하나님이 주신 달란트(재능)를 계발하는 프로그램

● Club Activity

일반학교에서 이루어지는 CA는 교육적인 내용을 포함하고 있기는 하지만 학생들의 취미와 여가활동이라는 측면이 더 지배적이다. CA 활동은 학생의 달란트를 적극 계발할 수 있는 시간이 되어야 하며 개인별 진로 탐색 과정의 의미가 살아나야 한다. '쉼과 휴식, 놀이'가 아닌 'VISION'을 위한 경쟁력 있는 시간이 되어야 한다.

– 로봇 제작반, 공연예술 누림반, 역사탐구반, 예닮반, 재밌다 수학반, 수학 고찰반, 천일문반, 탁구반, 토플반, 요리 나눔반, 창작 요리반, 포토샵 & 영상편집반, 시사 뜨락반, 워십반 등

로봇제작반   방송반   예닮반

요리나눔반   역사탐구반

● 동아리

정기적으로 운영되는 학교 CA 외에 아이들 자신의 필요성에 의해 만들어진 동아리가 필요하다. 나 스스로 만들어 가는 배움의 장이 필요하다. 지식을 교육받아 습득하는 체계에서 벗어나 스스로 지식을 찾아 이해하고 이를 필요한 곳에 사용하고 융합하여 나의 것을 나누는 '나눔의 CA'가 필요하다. 우리 학교의 동아리는 나눔의 CA로서 수업 외의 시간을 이용하여 만나고 하나님의 가치 아래 공동의 관심사를 나누며 배우는 노력의 CA, 동아리가 있다.

- 한토(韓土) : 하나님께서 주신 영토의 소중함을 알고 분쟁지역에 있는 제7광구와 간도를 알리는 나라 사랑, 국토 지킴 동아리
- 사각사각 : 하나님께서 주신 생명의 소중함을 깨닫고 농촌지역의 할아버지, 할머니의 삶을 스토리 사진으로 묶는 사진 동아리
- 시작(試作) : 하나님께서 주신 세상의 것들을 발견하고 재해석하여, 세상에 새로운 가치를 알리는 창업 동아리

한토 발간물

공모전

CA와 동아리 활동을 통해 계발한 달란트를 세상 속에서 펼쳐 하나님의 교육이 세상에 필요함을 보여준다.

- 2015년 국립국어원과 동아대가 주최한 한글날 UCC 공모전에서 임지은 학생이 버금상(2등) 수상
- 2015년 이화여대 사범대학에서 주최한 청소년 예술제에서 11학년 학생들이 대상(1등) 수상

청소년 예술제

3. 섬김 프로그램

다른 학교의 학급과는 다르게 전인기독학교에서는 볼 수 없는 것이 반장과 부반장제도이다. 그 대신 전인기독학교에는 섬김이 제도가 있다. 능력을 많이 갖춘 사람이나 인기가 많은 사람이 반장이 되고 그 리더십 안에 반이 운영되는 것이 보통이다. 그러나 전인기독학교는 섬김을 통해 리더십을 배운다. 섬긴다는 것은 예수님을 닮아가는 모습 중의 하나이며 이웃을 사랑하는 모습으로 발현된다. 섬김이는 정해진 날 동안에 여러 가지 봉사를 하며 지금 우리에게 허락하신 이웃인 친구들과 교사를 사랑하는 표현을 배우게 되며 작은 제자로서 훈련을 받게 된다. 그리고 그것은 섬김의 리더십이 된다.

- 학급 섬김이, 도서관 섬김이, 방송반 섬김이, 기숙사 섬김이, 매점 섬김이, 학교급식재료 재배 봉사

4. 정서 함양 프로그램

감각은 신체의 신호이고, 정서는 마음의 신호이다. 감각이 둔화하면 신체가 병들고 정서가 둔화되면 마음이 병든다. 정서는 하나님이 주신 인간의 심리적인 기능이다. 사람에게 있어서 정서는 천부적인 자연스러운 과정이며 사람이 생존하는 데 중요한 센서와 같은 기능을 한다. 정서는 개인의 생활은 물론 대인관계 활동도 자연스럽게 조절하여 상황에 맞게 행동하고 대처하도록 한다. 정서를 잘 함양하면 충만감과 행복감을 느껴 사명과 소명의 목표에 도달할 수 있도록 동기를 부여한다. 정서는 사람이 서로 돕고 도움을 받으며 인간적 유대를 맺고 환경의 난제들을 극복하며 슬기롭게 살도록 한다.

- 동송동요 가곡제, 레프팅, 레일바이크 타기, 자전거 타기, 영화 감상, 연극 관람, 병영 체험

동송동요 가곡제

레프팅

자전거 타기

'성령의 전'인 몸을 바르고 건전하고 건강하게 단련시키는 교육- 체(體)

건강한 신체가 건강한 사고를 지향할 수 있다. 건강하다는 말은 주어진 신체 조건에서 최상의 상태를 유지 발전시키는 것을 의미한다. 고린도전서 6장 19~20절은 "너희 몸은 너희가 하나님께로부터 받은바 너희 가운데 계신 성령의 전인 줄을 알지 못하느냐 너희는 너희의 것이 아니라 값으로 산 것이 되었으니 그런즉 너희 몸으로 하나님께 영광을 돌리라"라고 말하고 있다. '체(體)'의 영역은 하나님께서 인간에게 부여하신 개인의 신체를 잘 관리하고 건강하지 못하여 하나님의 영광을 드러내지 못하는 일이 없도록 단련하고 관리해야 한다. 또한 타락한 문화 속에 육체를 다스릴 수 있는 정신적 강인함도 갖추어야 한다. 이런 육체적 수월성을 깨닫고 자신의 한계에 능동적으로 도전할 수 있도록 지도한다. 더불어 자신의 신체를 소중히 여기고, 바르고, 건전하고, 건강하게 가꾸도록 교육한다.

● 매일 새벽 운동

홍천캠퍼스에서는 오전 다섯 시에 기상하여 15분가량 하는 운동은 어렸을 적 몸이 약했던 존 웨슬리 선생이 아침에 일어나 매일 운동장을 세 바퀴를 뛰며 체력을 키워 88세까지 건강하게 사역을 감당하셨던 일을 본받은 것이다. 때로는 너무 추운 날씨와 너무 무거운 눈꺼풀을 이겨내는 것이 힘들지만 새벽 운동을 통해 강인한 정신력과 일찍 일어나는 좋은 습관을 기르게 되며 가벼운 스트레칭과 밝은 음악에 맞추어 하는 줄넘기 운동 혹은 운동장 3바퀴 조깅은 잠들어 있던 근육을 이완시키고 뇌에 산소를 공급해 건강한 하루를 시작하도록 돕는다. 특히 수직으로 상승하는 점핑 동작의 줄넘기 운동은 무릎의 위·아래, 골반을 자극해 키 성장에 도움을 주어 학기가 지날수록 부쩍 키가 크는 전인인들을 발견하게 된다.

● 전문 구기 종목 스포츠 활동

화요일 오후 진행되는 스포츠 클럽활동 시간에는 축구, 배구, 농구, 탁구 등의 스포츠에 1인 1종목을 선택하여 1년 동안 꾸준히 참여하면서 기초 기술부터 경기방식·전술까지 포괄적이고 깊이 있게 학습하며 개인의 여가 활동 및 평생 스포츠로 즐길 수 있는 기반을 마련하게 된다.

이뿐 아니라 스포츠를 통해 정해진 룰을 지키며 정정당당하게 경기에 참여하는 자세, 서로에게 좋은 경쟁자가 되어 더 나은 실력을 갖출 수 있도록 도와준 상대에게 감사하는 자세, 각자의 포지션에서 자신의 역할을 감당하며 서로가 하나 되어 경기를 이끌어 가는 자세, 결과에 승복하고 상대를 인정하는 자세를 기르며 교실 속에서는 배울 수 없는 하나님의 지혜를 직접 몸으로 체험하고 배우며 자라난다.

- **래프팅, 자전거 타기, 레일바이크, 오토바이크**

봄과 가을에는 자연의 시원한 바람을 느끼며 강촌의 물줄기를 따라 자전거, 레일바이크, 오토바이크를, 여름에는 선·후배와 교사가 함께 한 배에 올라 조타수의 구령에 맞추어 일사불란하게 팀워크를 발휘하며 계곡의 급류를 헤쳐나가며 래프팅 레포츠를 즐기며 자연과 교감하고 학교의 구성원들이 서로 의지하며 함께 하는 시간을 가지며 추억을 쌓는다.

- **마라톤 대회 참여**

10학년이 되면 체육의 도전·건강·여가활동을 모두 아우르는 과정으로 육상의 장거리 달리기 수업을 연계하여 마라톤 대회에 참여한다. 반 학기 동안 집중적으로 마라톤 대회에 참여하기 위해 자신의 신체상태와 체력에 따라 5km, 10km, half를 적절히 선택하여 준비하지만, 이미 매일의 새벽 운동으로 어느 정도의 체력적 기반을 가진 전인인들은 half 거리에도 도전할 수 있을 정도로의 훈련이 되어있다. 학생들은 이 경험을 통해 자신의 체력을 점검하고 향상시킬 수 있는 시간이 될 뿐만 아니라 끈기와 인내 도전 그리고 성취감과 자신감을 맛보게 되어 고등 학교생활을 하는 데에 큰 도움의 시간을 갖게 된다.

체육

● 태권도

초등학교 1학년 때부터 한국 고유의 무술인 태권도 수련을 통하여 선조의 지혜를 배우고 자국의 애국심과 자부심을 품는 전인인으로, 심신을 단련하며 강인한 체력과 굳은 의지 · 판단력과 자신감 · 바른 예절을 갖춘 전인인으로, 정확한 태권도 동작을 만들어 내며 하나님께서 인간에게 부여하신 개인의 신체적 수월성을 깨닫고 자신의 한계에 능동적으로 도전하는 전인인으로 자라난다.

● 무용

초등학교 과정에서는 체육 · 태권도 수업 외에 무용을 별도의 수업시수로 배정하고 있다. 자세는 사고를 반영하고 사고는 신체를 형성하기에 성장기 아이들에게 바른 자세를 갖는 것이 매우 중요한데 이를 무용 수업에서 다루고 있다. 학생들은 무용하는 동안 신체 내부에서 일어나고 있는 일을 관찰하는 능력을 기르고 내부 인지력을 높이게 된다. 또한 세계 여러 나라의 다양한 무용을 접하며 표현력과 리듬감을 기르고, 창작무용을 통하는 계절의 변화, 사물의 움직임 등을 이야기 무용으로 친구들과 함께 창의적인 신체 표현으로 자유롭게 나타낸다.

한국무용의 강강술래를 비롯하여 소고, 장구, 북, 사물악기를 매 학기 다룸으로써 우리나라 고유의 정서를 익히고, 배우고 습득한 것들을 무대에서 발표함으로써 자신감과 성취감을 기른다.

● 줄넘기 인증제

　서울캠퍼스에서는 소집단별로 좁은 공간에서도 할 수 있는 줄넘기를 생활화하여 기초체력 특히 심폐지구력과 팔과 다리의 근력, 순발력 등을 기르며 성장기에 좋은 신체활동을 일상생활에서 꾸준히 하도록 하고 있다. 특별히 급수제를 도입하여 자신의 체력 능력에 맞게 도전할 수 있도록 하여 자발적인 참여를 유도하고 있으며, 학생 개인별 체력에 맞는 운동계획을 세워주며 격려하고 있다.

● 수영 및 스키·보드 캠프

　사계절의 특색을 살린 활동으로 방학 중 여름에는 수영캠프 겨울에는 스키·보드 캠프를 진행하여 계절 스포츠를 경험하고 즐길 수 있도록 교육한다. 이를 통해 학생들은 새로운 환경(물속, 눈 위)에서의 움직임 방법들을 익히며, 평소 하지 않던 동작들에 대해 도전해보고 그 도전을 성취하여 맛보게 되는 기쁨의 내적 과정을 통해 한 층 더 성숙하게 된다.

● '온전체' 체육대회

전인의 온 가족이 함께하는 체육대회는 그야말로 축제의 장이다. 그동안 갈고닦은 스포츠 실력을 발휘하며 멋진 경기를 만들어 내는 것은 물론이거니와 각 팀 선수들에게 힘을 실어주기 위한 열정적이고 귀여운 응원전과 상대 팀을 비하하지 않고 멋진 경쟁자로 인정한다. 그리고 서로에게 아주 좋은 경쟁자가 되기 위해 정직하고 진실 되게 경기에 임하는 모습들, 부모님과 손을 잡고 껴안으며 몸을 부대끼고, 어린 후배들의 손을 잡고 가마를 태우며 하나가 되는 모습들까지 아름다운 모습들이 체육대회 곳곳에서 발견된다.

● 바른 먹거리

학교 밭에는 상추, 배추, 고추, 파, 옥수수, 고구마, 호박, 토마토 등의 각종 채소와 곡식 등의 농작물을 재배하여 급식재료와 김장재료로 사용하고 있다. 5대 영양소가 고루 포함된 균형 잡힌 식단과 갓 재배한 신선한 재료들로 전인인들은 하루 3끼 정해진 시간에 규칙적으로 식사하고 있으며, 음식을 남기지 않고 편식하지 않는 식습관을 기르며 생활하고 있다. 또 학과 시간 중간 간식 시간에 우유와 견과류를 섭취하여 칼슘을 보충하고 두뇌와 심혈관 건강에 좋은 영양소를 보충하고 있다.

전인기독학교의 초등교육과정

1. 왜 어렸을 때부터 기독교교육이 필요한가?

"마땅히 행할 길을 아이에게 가르치라 그리하면 늙어도 그것을 떠나지 아니하리라"(잠 22:6).

"그런즉 네 하나님 여호와를 사랑하여 그가 주신 책무와 법도와 규례와 명령을 항상 지키라"(신 11:1)

하나님은 우리에게 자녀에게 하나님의 법을 가르치라 말씀한다. 사회적으로 일반적인 전통과 인간 중심적으로 만들어진 사상과 세계관을 교육하는 것이 아니라 하나님 중심으로 예수님처럼 세상을 바로 살아가는 자녀를 가르치라 한다. 하나님의 완전한 뜻과 성경에서 말하는 신념을 지닌 하나님의 자녀로 교육하기에 어릴 때부터 세상과는 구별된 자리, 구별된 거룩한 교육의 자리에서 자라나야 온전하게 하나님과 사람에게 사랑스러워지고 그리스도의 장성한 분량에까지 이르는 참 크리스천으로 자라날 것이다.

교육은 어릴 때일수록 효과적이다. 앎과 삶이 분리되지 않는 진정한 교육이 이루어지기 위해 교육은 아이들이 세상에 관심을 갖고 관계를 맺는 그 순간부터 시작되어야 한다.

2. 학교교육과정의 본격적인 시작은 초등학교과정이다.

초등학교에서는 기초교육을 가르친다. 이 기초교육은 지식의 기초뿐만 아니라 생활과 인성, 사회성 등과 같은 것들의 기초까지 포함한다. 초등학교에서의 교육을 통해 학생들은 기초생활습관을 형성하고 지식의 기초를 정립한다. 그런데 이러한 시기에 기독교교육이 이뤄지지 않는다면 그 학생들의 가치관은 인본주의를 바탕으로 한 것으로 성장하게 될 가능성이 매우 높다. 일반 초등교육을 받은 학생들이 중고등학교 때부터 기독교교육을 받는 것은 기초공사가 인본주의로 되어 있는 곳에서 그것을 허물고 신본주의를 다시 세워야 하므로 훨씬 더 오랜 시간과 힘이 들 수 있다.

그러나 기독교교육을 바탕으로 초등교육이 이뤄지게 된다면 신본주의를 근거로 기초생활습관과 지식이 형성될 수 있다. 신본주의의 기초가 쌓인 학생에게 기독교교육을 하는 것은 그렇지 않은 학생을 가르치는 것보다 훨씬 쉬운 일일 것이다. 그렇기에 초등학교에서부터 기독교교육으로 학생을 가르쳐야 합니다.

3. 전인기독학교의 초등교육과정은!

임마누엘교회에 두 개의 교육기관이 있다는 것을 먼저 말해야 할 것 같다. 우리 교회에는 수정유치원과 전인기독학교, 두 개의 교육기관이 있다. 수정유치원은 좋은나무 성품학교의 12가지 성품을 다루는 기관이다. 성품이 생각에서부터 행동으로 나올 수 있도록 돕는 개념과 실천을 통한 2년

교육과정을 진행하고 있다. 이와 연계하여 전인기독학교 1학년에는 학교생활에 필요한 성품을 선별하여 심화, 발전시키고 있다. 감사, 정직, 책임감, 배려 인내, 절제 등의 성품을 학교의 실제 생활에 적용하는 것이다. 가장 필요한 성품을 선별하여 아이들의 문제 상황을 직접 해결하도록 가르치고 있다. 이는 앎과 삶이 분리되지 않고 말씀이 삶으로 녹아 들어가는 훈련이다. 이 과정을 통해 아이들은 예수님의 성품을 닮아가게 된다.

학교에서는 성품과 관련된 말씀을 기준으로 생활지도를 한다. 기독교학교라고 해서 문제가 없는 것이 아니다. 기독교학교에 온 아이들도 죄를 지은 이들, 특히 본능에 충실한 아이들이다. 따라서 문제는 늘 생기게 마련인데, 세상과는 문제를 바라보는 관점이나 해결 방법이 다르다. 오른뺨을 맞으면 왼뺨을 돌려대라고 가르친다. 오른손이 죄를 지으면 잘라낸 뒤 천국에 가는 것이 옳다고 말한다. 남을 위해 희생하고 양보했는데 손해를 입었다면 그게 기쁨이고 옳은 것이라고 가르치는 것이다. 이것이 기독교교육이며 초등과정에서 문제를 해결하는 열쇠가 된다. 이런 과정을 세상의 눈으로 본다면 합리적이 아니라고 할지 모른다. 그러나 우리 학교는 아이들이 하나님을 기준으로 삼도록 가르친다. 교과는 물론 아이들의 삶 속에 말씀이 드러나 하나님을 섬기며 지혜가 가득하여 이웃 사랑을 실천하는 아이들도 자라도록 예절, 질서, 사랑을 가르치고 있다.

4. 아이들의 생활지도는 담임교사만의 몫이 아니다.

학급, 학교에서 생기는 문제들은 교사들이 함께 공유한다. 서로의 경험을 나누며 조언하고 말씀 안에서 해결하려고 노력한다. 아이에게 문제가 생기면 학교에서 지도하되 가정과 연계하여 가르친다. 교사들은 부모님과 긴밀한 연락을 하며 아이들에 대한 정보를 공유한다. 이는 교육에 일관성을 유지하기 위해서이며 교육의 책임은 결국 부모에게 있기 때문이다. 결코 책임을 전가하기 위한 것은 아니다. 또한 대다수 아이가 임마누엘교회에 다니고 있기에 일관성 있는 영적 흐름 속에서 교회와 가정과 학교가 하나 되는 공동체의 모습을 체험하며 성장하게 된다.

성경에서 말하는 가정, 학교, 교회의 역할은 명확하게 구분되어 있다. 그러나 시대가 바뀌었고 악으로 물든 지금 하나님께서 이야기하시는 역할들을 수행하고 있지 못하다. 가정이 가정의 역할을 제대로 하고 있지 못하며 학교가 왜곡된 진리를 교육하며 가르치는 역할을 제대로 감당하지 못하고 교회가 참 진리를 선포하지 못하고 갈팡질팡하고 있다. 이런 때에 아이들의 영성을 살리며 가정을 회복하고 지식의 근원을 알리며 가르침의 권위를 세워주는 것이 우리 학교의 가장 큰 목적이다. 삶과 분리되지 않고 말씀을 매일 묵상하며 실천하도록 가르치는 일, 가정에서의 부모와 자녀의 역할, 올바른 관계를 알려주며 실천하도록 돕고 가르침의 조언을 주며 바른 가정을 세워서 하도록 협력하는 일, 그것이 초등과정에서 학교가 부모님과 긴밀한 관계를 맺고 있는 이유이기도 하다.

또한, 우리 학교에서는 창조주 하나님께 모든 주권이 있음을 선포하고 배움의 목적과 최종 목표를 알려 주며 달려갈 의지를 갖추도록 하고 있다. 이것이 지식의 역사는 다루면서도 시작점을 다루지 않는 일반 세상의 가르침과는 다른 점이다. 아이들은 하나님의 창조 질서들을 성경뿐 아니라 교과를 진행하면서 배우고 찬양하게 된다. 이것이 우리 학교 초등교육과정에서 이루어지는 일이다. 특히 이런 과정을 다양한 장소에서의 현장학습을 통해서 직접 눈으로 확인하고 만져 보면서 느끼도록 하고 있다. 현장학습 전에 반드시 교사들이 사전 답사를 통해 준비하고 아이들이 배우고 생각해야 할 것을 성경적 기준에서 선정하여 실시한다. 초등학교 수업을 통해서 우리 아이들은 30여 곳을 방문하게 되는데 현장학습을 통해 어느 곳에서나 동일하게 역사하시는 하나님을 배울 수 있다.

5. 우리 학교 초등교육의 장점은 '기초교육'이라고 생각한다.

기초교육을 장점이라고 보는 이유는 교사가 공립학교와 다른 가치관을 갖고 아이들을 가르치기 때문이다. 공립학교에서는 교사가 아이들을 위해 많은 활동을 연구하고 지속해서 훈계하여 아이의 잘못된 행동을 교정하는 것 등이 필수사항이 아니다. 그러나 전인기독학교에서는 '적당히'가 통하지 않는다. 교사들은 하나님 앞에서 행하고 있다고 생각하며 하나님의 아이들을 양육한다는 사명감이 있기에 '적당히'가 통하지 않는다. 한 명의 아이도 수업에서 열외 되는 일이 없도록 수업을 연구하고 학생을 지도한다. 학생이 잘못된 행동을 했을 때 스스로 잘못을 느끼고 고칠 수 있도록 다양한 방법을 통해 돕는다. 이는 우리 학생들을 하나님이 언제든지 쓰실 수 있는 바탕이 되게 하기 위해서이다.

우리 학교 교육의 장점 중 하나는 '기본 생활습관 교육'이다. 전인기독학교에서는 학생들의 기본 생활이 습관으로 자리 잡도록 교육한다. 먼저 공부할 때는 늘 우리들의 주인이신 하나님 앞에서 하고 있음을 강조한다. 다독의 습관을 통해서는 세상을 더 넓은 관점으로 바라보도록 도와준다. 교회와 가정과 연계된 교육을 통해 일관성 있는 교육이 어디서나 지속해서 이루어지도록 한다. 생활습관 교육을 통하여 능동적으로 자신의 할 일을 책임감 있게 하도록 격려하는 것이다.

또 하나 중요하게 생각하는 것은 태도이다. 하나님 나라는 질서가 있는 나라인데 오늘날 우리 사회는 권위가 힘을 잃고 그 자리를 자율과 인권이 차지하고 있는 것을 본다. 그것은 분명히 하나님의 말씀에 어긋난다고 본다. 하나님께 순복하는 것은 하나님이 세우신 권위자에게 순복하는 것이므로 가정에서는 부모님께, 교회에서는 목사님과 선생님께, 학교에서는 선생님께 순종하는 것의 중요성을 교육하고 하나님 앞에서 살도록 지도한다. 결국, 우리 학교 아이들은 권위에 순종할 줄 알고 예의 바른 아이들로 자라간다.

우리 학교의 초등과정에서는 다양한 경험을 통해 아이들의 달란트를 발견하도록 학교 수업을 조직화했다. 각 영역의 전문가 선생님들을 모시고 음악, 미술, 악기, 태권도, 체육, 무용 등을 수업 안으로 들여와서 모든 아이가 경험하도록 한 것이다. 이렇게 교육을 하다 보면, 아이들은 하나님이 주신 은사나 재능을 발견하고 계발할 수 있게 된다. 학교에서는 아이들이 자신을 알아가도록 교육과정을 통해 다양한 경험을 제공하는 셈이다.

THEME 3
아이들을 통해 우리가 배워요

전인기독학교 선생님들의 기독학교 교사로 부르심과 사랑과 헌신으로 가르치는 삶의 이야기입니다.

선생님들의 전인사랑 이야기

날마다 주님의
도우심을 구하며

박선화 (초등)

저는 2008년에 전인기독학교에 부임하여 8년째 근무하고 있습니다. 우리 학교에 오기 전에 저는 공립학교와 중앙기독초등학교에서 근무했습니다. 아이를 출산하고 양육하면서 7년 정도 휴직한 뒤, 다시 공립학교로 돌아가 아이들을 가르치고 있었습니다. 중앙기독학교를 시작으로 기독교사로서의 소명을 가지게 되었던 저는 다시 공립학교에서 일하다 보니, 뭔가 인생의 퍼즐 조각이 맞지 않는다는 생각을 하게 되었습니다. 그러던 중 새로운 근무지로 기독학교를 찾아보고 있었는데, 우연히 중앙기독학교의 교육철학과 너무나 비슷한 학교를 알게 되었습니다.

그것이 바로 전인기독학교였습니다. 기도했던 대로 교사가 필요한 학교에 오게 된 것이어서 마음을 정하고 2년 정도 일하겠다고 마음먹고 학생들을 가르치기 시작했습니다. 그러나 기독교사로서의 부르심을 깨달았으면서도 떠날 날을 정하고 있는 모습을 하나님께서 기뻐하시지 않는다는 것을 깨닫게 되었습니다.

저는 젊은 시절의 제 자신을 돌아보면서, 공립학교를 그만두고 중앙기독학교에 가게 된 것을 부르심으로 알면서도 항상 제가 원하는 삶을 살아왔다는 걸 깨닫게 되었습니다. 어쩌면 제 인생의 가치를 위해 하나님을 필요로 한 게 아니었을까 싶을 정도로 말입니다.

결국, 하나님을 '위하여' 산다는 생각은 사라지고, 하나님과 '함께' 날마다 주의 도움을 구하며 제가 할 수 있는 만큼의 분량을 해내며 묵묵히 걷는 삶을 인정하게 되었습니다.

교사들은 다양한 경로로 학교에 부임하게 됩니다. 하나님의 부르심(소명)에 대한 마음은 학교생활을 하면서 점점 확신으로 변하고, 비로소 사명을 갖고 임하게 되는 것 같다는 생각을 해봅니다. 제가 기독학교 교사로 서는 것을 선심 쓰듯이 여기고 있던 교만함을 가졌었다면, 이제는 하나님의 귀한 사역에 나 같은 자를 부르셨음을 감사하는 마음으로 바뀌게 되었습니다. 이제 저는 기독교사는 세상과 만물의 주관자이신 창조주 하나님을 어린 시절부터 인정하고, 교육과 학문을 하는 과정에서도 하나님의 기준과 법칙을 깨달아 가도록 돕는 사람이라고 자신 있게 말할 수 있습니다. 어린 아이 때부터 성경적 세계관을 가진 자로 키울 수 있도록 돕는 자이며 그런 비전을 위해서 매일 주님의 약속을 바라보면서 걷고 있습니다. 교육의 결과는 짧은 시간에 볼 수 있는 것이 아님을 늘 명심하면서 말입니다.

무릎으로 흘렸던 눈물이
씨앗이 되어

남수현 (독서)

저는 1998년 가을, 임마누엘교회에 출석하기 시작했습니다. 3년간 신바람 나게 신앙생활을 하던 중, 김국도 담임목사님께서 새로운 비전을 이야기해주셨습니다. 그동안 교회는 군선교, 해외선교를 주력 선교사업으로 목회 활동을 펼쳤는데, 이제는 교육 사업을 하나 더 품고 기도한다는 방대한 계획과 청사진이었습니다. 또 목사님께서는 그 당시 우리나라의 공교육은 무너지고 썩은 곳이 많아 보수할 수조차 없으니 새로운 대안으로 기독학교를 설립한다는 말씀도 하셨습니다. 그 뜻을 이루기 위해 그때부터 기도로 시작하자고 하시는데, 가슴이 뛰었습니다. 제 아이가 4살, 7살이니 조금만 기다리면 신앙교육을 우선으로 여기는 학교에서 자라게 할 수 있겠다는 생각이 들어서였습니다. 학교만 생각하면 기도가 저절로 나왔습니다.

그 후 한국기독청소년교육원의 조만제 교수님께서 학교 설립에 큰 힘이 되는 부지 매입 금액을 헌납해주셨습니다. 강원도 홍천에 입지를 정하고 매입한 땅에 천막을 쳐놓고 교회의 각 교구가 차례로 홍천 학교 부지에서 매주마다 가서 1시간씩 기도하기 시작했습니다. 기도하는 날이면 만사를

제치고 달려갔습니다. 내 아이가 다닐 학교이니 내 눈물로 먼저 씨를 뿌리는 것이 0순위였기 때문입니다. 그 후 2004년에 개교를 했습니다.

그 후 저는 두 아이를 학교에 보낸 학부모로서 학교의 각종 행사에 참여하기 시작했습니다. 잊을 수 없는 것 중의 하나는 학부모와 함께하는 1박 2일 프로그램이었습니다. 서울 근교에 있는 숙소에서 자녀와 호흡을 맞춰야 하는 즐거운 게임, 외부 강사의 질 높은 강의(현용수 교수의 유대인의 쉐마교육), 자녀를 안고 축복하는 기도회 등 알찬 프로그램이 진행되었습니다. 학기 초에 이러한 행사를 하니 교장 선생님의 교육방침과 교사들의 헌신을 직접 체감하는 등 학교를 이해하는 데 많은 도움이 되었습니다.

한국기독청소년교육원에서 연구원으로 일하면서 전인기독학교 독서 강사로서의 첫발을 내딛었습니다. 2008년부터 2년간 1학년~4학년을 가르치며 책 읽는 즐거움을 전해 주려고 무던히도 애를 썼습니다. 종이인형으로 역할극 하기, 저자의 삶을 영상으로 보여주기, 등장인물 그려보기, 상황극을 대본으로 만들고 연출하기 등 독후 활동으로 어린 학생들이 흥미롭게 참여할 수 있는 방법론을 다양하게 풀어갔습니다. 교육원에서는 문화부장으로서 책 출판과 강의, 한국지리 관련 독서수업, 국내외 탐방의 업무를 맡아하며 학생들을 가슴에 품고 교육하는 방법을 터득해 나갔습니다. '모든 교육의 기초는 신앙교육이요, 모든 학습의 기초는 독서교육이다.'라는 교육원의 철학은 저의 신조가 되었습니다. 정말로 그것은 모든 학생에게 꼭 필요한 요소이며 교육의 시작점이 되어야 함은 틀림이 없다고 생각합니다.

2012년에는 전인기독학교에 전임으로 부임하여 홍천캠퍼스 학생들과 함께 삶을 나누게 되었습니다. 그동안 우리나라의 교육 현실에 대해 수많은 강의를 듣고, 수많은 책을 읽고 토론하며 마음 깊은 울분을 소리 없이 토해내기가 여러 번이었습니다. '내 나라, 내 조국의 미래가 자라나는 어린이와 청소년들의 손에 달려 있다. 그들을 무너져 가는 폐허 속으로 계속 몰아넣고만 있을 수는 없다'면서 말입니다. 하나님께서는 제 삶에 빛으로 길을 내주셨습니다. 전인기독학교를 통해 하나님의 자녀가 온전한 인격체로 성장하도록 빛의 역할을 하게 해주신 것입니다. 이곳에 모인 교사들은 모두 교육선교사들이라 생각합니다. '사마리아와 땅끝까지 이르러 내 증인이 되라'고 하신 땅끝이 바로 '전인기독학교라는 교육의 장'이니 말입니다.

전인의 기독교사는 '직업'보다 '사명'을 우선으로 여기는 분들입니다. 밤낮을 가리지 않고 학생들에게 하나님을 알도록 전하고(성 聖), 세상의 지식뿐만 아니라 성경의 지혜를 가르치며(지 智), 인간의 소욕을 절제하여 예수 그리스도의 성품에까지 자라도록 지도하며(정 情), 내가 가진 것을 남을 위해 나눌 수 있는 섬김의 사람이 되도록 하며(의 意), 내 몸은 하나님이 주신 최고의 걸작품이라는 것을 알고 존중하도록(체 體) 가르치고 있습니다.

너무나도 다른 학생들, 그러나 그 다름은 틀린 것이 아니고 잘못도 아닙니다. 다름이 있기에 대화가 즐겁고, 조화될 때 아름답다는 것을 전인기독학교에서 하루하루 더 실감하고 있습니다. 성·지·정·의·체 전 영역에서 학생이 조화와 균형 있게 성장하도록 지도하는 것이 제가 이 학교에 서 있는 분명한 목적이며 하나님의 명령이라 여기면서 말입니다.

하나님의
부르심

장형은 (초등)

전인기독학교는 하나님께서 교사로 부르신 소명을 알게 한 곳입니다. 은행원이였던 제게 음악교육의 길을 보여주심으로 한국교원대를 알게 하셨고, 음악교육의 경험뿐 아니라 유아교육과 초등교육을 복수 전공를 하게 하셨습니다. 졸업 후 2005년 기독교사립학교를 찾아 원서를 넣고 기다리던 중 교감으로 재직 중이시던 임마누엘교회 권사님을 통해 전인기독학교를 알게 되었습니다. 교사가 필요한 학교가 있는데 한 번 가보지 않겠느냐 제안하셨고, "너희는 먼저 그의 나라와 그의 의를 구하라"는 말씀을 듣고 결단하여 2006년 전인기독학교에 첫발을 들여놓게 되었습니다. 제 인생에 허락하신 변화에 감사하며 인생의 십일조를 드리기 위해 선택한 '그의 의'가 전인기독학교이었습니다.

처음 만난 전인기독학교는 제게 광야와 같은 곳이었습니다. 온전히 하나님을 신뢰하지 않으며, 하나님께 엎드리지 않으면 한 발자국도 움직일 수 없는 곳이었습니다. 그 광야에 서서 하나님을 찾았고 하나님은 그런 저를 만나 주셨고 직접 가르쳐 주셨습니다. 부모님의 그늘 아래서 믿는 것이

아이들을 통해 우리가 배워요 | 175

아니라 직접 저를 만나 대화하기를 원하셨던 하나님을 알게 되었습니다. 저는 이런 훈련이 참으로 감사했습니다. 그 훈련 기간이 없었더라면 이 자리가 얼마나 감사하고 축복 된 자리인지 느끼지 못했을 거라 생각합니다.

또한 하나님의 훈련과 함께 저에게 주신 달란트가 특별한 계획 가운데 주신 것임을 알게 하셨습니다. 전인기독학교에서 아이들을 가르친지 2년이 지난 2008년, 새 학기 시작을 앞에 두고 자매학교인 수원 중앙기독학교와 인천 숭의학교와 함께한 교사연수에 참여하고 있었습니다. 둘째날 아침, 저는 하나님께 제가 계획했던 시간이 다 찼다며 다른 곳으로의 부르심을 구하고 있었습니다. 며칠 앞이 개학이지만 지금이라고 말씀하시면 하나님이 말씀하시는 그곳으로 가겠다고 이곳에서 제가 할 수 있는 일을 것을 다 쏟아 부었다고 생각하며 기도하고 있었습니다. 그 때 하나님은 제가 이곳에 있게 된 이유를 다시 한 번 말씀해 주셨습니다. "대다수 사람들은 교사가 꿈이었거나 자신이 원해서 이 자리에 있지만 너는 내가 교사로 만들었지 않니?"라고 하시는 거였습니다. 그랬습니다. 저는 가르치는 것도, 공부도 좋아하지 않습니다. 하지만 우연한 기회에 하나님 편에서는 선택을 통해 교원대에 입학하여 교사의 자격을 갖게 되었고, 10년 넘게 주일학교 교사를 하면서 아이들을 가르치는 일을 어렵지 않게 할 수 있었습니다. 저는 하나님이 갈 길을 가르쳐 보이고 주목하여 훈계하시는(시 32:8) 방식으로 훈련시킨 하나님의 계획가운데 만들어진 교사였던 겁니다.

그날 이후 저는 바로 교사라는 길이 이 땅에서 하나님이 저에게 하라고 하신 일, 저에게 원하시는 일이라는 것을 알고 순종하게 되었습니다. 그리고 교사로서 배울 다양한 기회를 통해 성장하며, 좋은 사람들을 통해 예수 그리스도의 장성한 분량만큼 성숙해지기 위해 노력하고 있습니다. '하나님, 이것이 맞나요?'물으면, 늘 어김없이 고개를 끄덕이며 대답해 주셨던 하나님을 믿으며 걷다 보니 10년이 훌쩍 지났습니다. 이곳에서 아이들과 함께 저 역시 지금도 자라가고 있습니다.

지금보다 더 미숙했던 교사시절, 하나님께서는 참으로 신앙이 좋은 학부모님들을 만나게 하셔서 교사로서의 제 부족함을 감사함으로 받아들이게 하셨고, 하나님 안에서 한 아이를 놓고 부모와 교사가 한마음이 되게 하셨습니다. 한 마음으로 고백하는 감사는 기독학교에서만 누릴 수 있는 축복의 시간이였습니다. 이런 일들을 통해 하나님은 저를 더 겸손하게 무릎 꿇는 교사가 되게 하셨습니다.

기독교 세계관으로 가르치는 것이 어려워서 많은 시간을 들여 교과를 연구하면서 '이것이 맞을까, 저것이 맞을까?'고민했던 때가 기억납니다. 무엇이 바른 기독교교육인지 모르겠고, 국정교과서 및 교과에 담긴 세상의 가치를 걸러내는 일들을 해본 적이 없어 참 어려웠습니다. 그러는 과정에 하나님은 제 자라온 삶을 돌아보게 하셨습니다. 4대째 믿음의 가정에서 자란 저는 어려서부터 교회의 뜰에서 놀았습니다. 주일은 당연히 온 가족이 하나님께 예배를 드리고, 교회를 우선시 하는 부모님 밑에서 자랐습니다. 가정 예배를 드리며 서로 축복하고 말씀으로 훈육 받았다는 사실을 새삼 깨닫게 되었습니다. 기독교 교육 경험이 없다고 생각했던 제가 실은 어려서부터 가정에서 기독교 교육으로 훈련 받았다는 것을 말입니다. 저는 기독교 교육에 경험이 없다고 생각했던 어리석음을 내려놓고 그 이후 기독교 사로서의 자신감을 회복하게 되었습니다. 진정한 기독교교육은 수업 때만

이 아니라 우리의 삶을 통해, 숨 쉬는 모든 순간이 가르침의 현장이고 실천하는 터전임을 고백하게 되었고 전인기독학교의 학생들이 삶의 모든 영역에서 하나님의 섭리를 깨닫고 저를 직접 가르쳐 주신 하나님의 가르침을 받길 소망합니다. 저의 삶을 계획하시고 이끄신 주님의 계획하심이 매일의 교실가운데 이루어지길 바라며, 교육의 주권을 하나님께 올려 드립니다.

본토 친척
아비 집을 떠나

심명희 (수학)

저는 대학에서는 수학을, 대학원에서는 신학과 기독교교육을 복수 전공했습니다. 교회에서 떠난 단기선교로 방글라데시를 다녀왔는데, 그때만 해도 청소년을 담당하고 있는 전도사로서의 사역을 하고 있을 때였습니다. 먹을 것이 없어 죽어가는 갓난아이들, 교육을 받을 여건이 되지 않아 어려서부터 일해야 하는 아이들의 삶을 보며 가슴이 아팠고 그들을 도울 수 있는 일이 무엇일까를 고민했습니다. 그때 하나님께서 주신 마음은 '교육'이었습니다. 지금 그들이 필요한 것을 당장 공급해 줄 수는 없지만, 교육을 통해 그들이 바르게 자라 그 나라의 지도자가 된다면 우리나라처럼 방글라데시도 바뀔 수 있겠다는 확신이었습니다. 우리나라도 선교사님들이 세우신 학교와 교육을 통해 이만큼 복음화가 이뤄지고 성장할 수 있었던 것처럼 말입니다. 그래서 다시 교사의 길을 준비했습니다. 하나님께서 기회를 주시면 다른 나라에 가서 학교를 세워 교사로 섬기고 싶었고 그것을 위해 지금부터 교사로서 준비해야겠다는 생각에서였습니다.

처음부터 기독학교 교사로 사는 삶을 생각하지는 않았습니다. 그때는 교만하게도 기독교 학교는 '자기들만의 리그'라고 생각을 했을 때니까요. 사립학교에서 강사로 근무하고 있을 때, 기독교인인 저는 학생들에게 수학을 가르치는 것 외에 주님께서 명령하신 대로 '제자 삼는 일'을 하고 싶었습니다. 학생들에 관해 이야기를 함께 나누며 고민하는 동역자도 필요했습니다. 그러나 그곳에서는 찾을 수가 없었습니다. 이 모든 것을 저 혼자 하기에는 너무 역부족이었습니다. 함께 할 공동체가 필요하다고 생각하던 중에 우연히 전인기독학교에서 교사를 모집한다는 공고를 보게 되었습니다.

나름 한국에 있는 기독학교들을 책을 통해 만나보았다고 생각했는데 처음 들어보는 학교였습니다. 김요셉 목사님께서 추천하는 학교여서 관심을 갖고 홈페이지를 통해 학교를 알아보았습니다. 가장 인상 깊었던 것은 '새벽예배를 매일 드리는 학교'라는 것이었습니다. 우리나라의 기독교 역사 속에서 한국의 초대 교회 시절에는 무식하다는 말을 들을 정도로 말씀과 기도 중심이었던 세대가 있었습니다. 그러나 요즘 시대는 '자유함' 속에서 너무나 많은 것들이 인간적으로 변해 '굳이 그렇게까지 해야 하나?'라는 생각들로 우리의 신앙이 위협을 받고 있는 세대가 아닌가 생각하고 있었습니다. 그런데 학생들이 일상적인 학교생활을 하면서 매일 5시에 일어나 새벽예배를 드리는 학교, '그런 학교는 과연 어떤 학교일까?' 궁금해졌고 교사로 지원하기 전에 학교를 방문하여 그곳에서 근무하시는 선생님과 대화를 나눴습니다. 그리고 학교에 지원하게 되었습니다.

교장 선생님과 면접을 하면서 평소 하나님께서 제게 주신 마음과 비슷한 그림을 그리며 학교를 세워 가신다는 것을 알게 되었습니다. 교육은 학교와 교회와 가정이 함께해야 한다는 것, 삶으로 가르쳐야 한다는 것, 기독

교적 세계관으로 살아야 한다는 것 등입니다. 면접을 통해 이런 비전을 가지고 세워가는 학교라면 함께 하고 싶다는 생각이 들었습니다. 잠시 고민했던 것은 학교가 홍천에 있다는 것이었습니다. 그때 '본토 친척 아비 집을 떠나 지시할 땅으로 가라'고 아브라함에게 명하신 창세기 12장 말씀을 묵상하게 되었습니다. 익숙하지 않은 것을 넘어 알지도 못하는 곳으로 하나님께서 아브라함을 부르시고 복의 근원이 되리라 축복하신 말씀이 제게 하신 말씀으로 들려 학교에서 연락이 오면 순종하는 마음으로 가기로 마음을 먹었습니다. 그리고 지금, 이렇게 근무하고 있습니다.

교회가 있는 학교에서
공부할 수 있게 해주시니 감사합니다

정성배 교사

"교회가 있는 학교에서 공부하게 해 주시니 감사합니다. 교회가 있는 학교에서 예배하며, 교육하며 살아갈 수 있는 축복을 주시니 감사합니다. 늘 주님께서 우리와 함께해 주시니 감사합니다." 수업을 시작하며 아이들과 함께하는 기도입니다. 하나님께서 주시는 축복과 은혜로 살아가지만, 그 축복과 은혜를 잊고 일상을 살아가는 것이 오늘을 사는 우리의 슬픈 모습입니다. 우리는 주님의 은혜를 다른 이들보다 더 받았다고 생각합니다. 새벽예배를 통해 매일 주님이 계신 교회에서 시작하게 하시고, 아침, 점심, 저녁 식사를 주님이 계시는 교회 1층에서 하게 하시니, 늘 주님과 동행하는 삶을 꿈꾸는 믿음의 사람들에게 이보다 더 귀한 축복이 있겠습니까? 주님 앞에 나아가 예배하며 사는 것이야말로 진정한 축복임을 가슴에 새기고 또 새기며 그 은혜를 잊지 않기 위해 늘 기도의 시작을 서두와 같이합니다. 분명 전인기독학교에서 함께하는 우리는 주님의 은혜를 더 받았습니다.

저는 전인기독학교에서 국어를 지도하고 있는 교사입니다. 전인기독학교는 제게 특별한 의미가 있습니다. 공교육에 대한 회의감으로 오로지 나 하나의 실력 쌓기에 바빠 지내던 제게 교육의 가치와 의미를 재고(再考)할

수 있도록 이끌어 준 곳이기 때문입니다. 학교 선생님으로서의 꿈을 키워 가던 제게 멘토링과 교생 실습을 통해 만난 학교는 모든 아이를 위한 열림의 공간은 사라지고, 공부 잘하는 몇몇 아이들의 꿈만을 위한 경쟁의 공간만이 남아 있는 비정상적인 공간이었습니다. 이윤창출을 위해 운영되는 학원만이 낙오된 아이들의 꿈을 향해 문을 열어 놓는 괴이한 현실 속에 '교육'이라는 이름이 있었습니다. 무엇보다 실망스러웠던 것은 현장의 소리는 닫혀 버리고, '탁상공론(卓上空論)'만이 들리는 모습이었습니다. 생각을 나누고 배움을 나누겠다는 교사로서의 꿈을 이룰 곳은 사라졌지만, 아이들이 좋아 교육의 장을 떠나지 못하고 학원가를 헤매던 제게 전인기독학교는 '즐거운 꿈'을 되찾아 준 곳입니다.

즐겁고 행복한 학생이 어느 장소보다도 많은 곳이 전인기독학교입니다. 누구보다 바삐 하루를 보내는 교사가 많은 공간도 전인기독학교입니다. 퇴근 시간이 지났음에도 대부분 교사가 학교로 돌아와 할 일을 찾아 헤매는 곳이 전인기독학교입니다. 아이의 눈물이, 아이의 웃음이 교사의 슬픔이고, 즐거움이 되는 곳입니다. 함께하는 아이들을 위해 무엇을 할까 고민하는 선생님들이 가득한 이곳에서 저 역시 잊고 살았던 것(생각을 나누고 배움을 나누는 선생이 되겠다는 꿈)을 되찾았습니다. 선생님들을 존경하고 존중할 줄 아는 전인인들을 만나면서, 저는 행복한 교사란 아이들로부터 존중받고 있음을 느끼는 교사라는 것도 깨달았습니다.

하나님께서는 참으로 놀라운 분이십니다. 같은 마음을 가지게 하시고, 같은 마음을 가진 이들을 한곳에 모일 수 있도록 하시고, 그를 위해 많은 사람의 마음을 움직이시어 세상의 것이 최고의 가치가 된 세상에서 주님을 좇으며 살아갈 수 있는 교육의 장을 마련하여 교육의 주권이 세상이 아닌 주님께 있음을 세상에 드러내시는 계획을 이루어가시니, 주님의 양으로 그 놀라운 계획에 저희를 부르심에 감사하고 또 감사할 수밖에 없습니다. 전인기독학교에서 함께하는 저희는 주님의 은혜를 더 받았습니다.

아이들과 함께
성장하는 교사

이상아 (영어)

저는 글로벌 선진학교(gvcs)와 밀알두레학교를 거쳐 현재 전인기독학교에서 가르친 지 8년이 되었습니다. 어느 학교, 어느 공동체나 아이들은 다 예쁘고 사랑스럽습니다. 그렇지만 매일 새벽예배 훈련을 받고 있어서 때때로 잠이 부족할 수 있기에 수업시간이면 저와 눈 맞추려고 애쓰며 최선을 다하는 모습은 우리 전인기독학교 학생들만의 사랑스러움이라 생각합니다. 이런 아이들을 보면서 저는 한 시간 동안 최대한의 배움과 성장이 이루어지도록 더 힘써서 연구하고 공부하면서 수업을 준비합니다.

한번은 11학년 아이들이 영어 시간에 모의고사를 치르는 모습을 보았는데, 한 명, 한 명 어찌나 진지하고 성실한 태도로 문제를 푸는지 교사인 제겐 큰 감동으로 다가왔습니다. 푼 문제들에 대해 풀이를 하기 전에 먼저 아이들과 함께 학업에 대한 성실함과 진지함을 허락하신 하나님께 감사드렸습니다. 그리고 이렇게 훈련받아서 장차 세상에 자신의 꿈을 펼치며 여러 사람을 살리는 예수님의 제자로 온전히 성장하기를 바라면서 함께 기도하였습니다.

올해 12학년을 담임하며 아이들과 저는, 우리에게 선물로 주신 달란트를 그냥 묻어두는 사람들이 되지 말고 힘과 뜻과 정성을 다하여서 개발하자고 다짐했습니다. 처음 받은 달란트가 몇 개냐가 중요한 것이 아니라 이것을 얼마나 늘려갈 수 있는가에 가장 많이 집중하여 아이들을 지도하였습니다. 하나님이 주신 달란트는 공부가 될 수도 있고, 사회성이 될 수 있습니다. 그것이 무엇이든 이 땅 가운데서 우리가 살아가도록 주신 재능입니다. 이를 위해 담임교사인 저는 아이들과 함께 독서실에 들어가 공부도 해보고, 학교에 남아 자율학습을 도우며 필요한 공부를 살피고 학습 자료를 함께 찾으며 필요한 시간을 함께하였습니다. 힘들고 지칠 때면 아이와 함께 기도하며 우리를 향하신 하나님의 꿈을 품었고, 하나님이 주시는 소망에 힘을 얻어 다시 열심을 냈습니다.

평소에 수줍음을 많이 타던 친구가 소망하던 대학에 교과 면접으로 합격하고, 어떤 친구는 지금까지 모의고사보다 더 좋은 성적을 수능에서 받게 되는 등 학생들을 통해서 하나님은 저를 위로해 주셨습니다. 우리 12학년을 향한 하나님이 놀라우시고 위대하신 일은 여전히 진행 중입니다.

하나님이 시시때때로 감동을 주실 때마다 아이들과 언제나 함께 기도할 수 있는 환경 속에 있다는 것과 저 자신이 하나님의 마음을 알고 닮아갈 수 있다는 것을 가장 큰 축복이며 자랑거리라 생각하게 됩니다. 교사로서, 학생으로서 그리스도의 온전한 분량에 이르기까지 자라가게 될 우리의 모습을 하나님께 올려드립니다.

우린 하나

이은경 (오케스트라)

저는 오케스트라 연주회를 준비하는 과정에서 늘 많은 걸 배우곤 합니다. 서로 격려하고 도와주고 의지하고 함께하는 것이 오케스트라의 목적입니다. 매년 연주회를 준비하면서 아이들이 성장하는 만큼이나 저도 성장하게 됩니다. 전교생이 하나의 목적을 가지고 함께하는 것이 우리 학교에서는 일반적이지만 일반 학교에서는 경험하기 힘든 부분이라 생각합니다.

10주년 기념행사라는 타이틀이 붙은, 2회 정기 연주회 때였습니다. 무작정 잘하고 싶다는 욕심이 앞섰고 무조건 멋있는 연주회를 해야 한다는 부담감만 가득했습니다. 제가 느낀 부담감은 고스란히 아이들에게 전달되었고, 두려움으로 바뀌었습니다. 두려움으로 안절부절못하던 저는 새벽예배 본문을 통해 위로를 받게 되었습니다. "두려워하지 말라 내가 너와 함께함이라 놀라지 말라 나는 네 하나님이 됨이라 내가 너를 굳세게 하리라 참으로 너를 도와주리라 참으로 나의 의로운 오른손으로 너를 붙들리라"(사 41:10)는 말씀이었습니다.

그날 목사님은 그리스도인이 제일 많이 범하는 죄는 아마도 두려움과 불안함일 것이라는 말씀을 해주셨습니다. 이 말씀을 들은 저는 다시 새롭게 마음을 먹고는 학생들의 생각을 들어보기로 했습니다. 예상외로 학생들은 음정, 박자 등 음악성이 아니라 자신의 노력으로 실력을 쌓고 연주하며, 큰 무대에 서는 자신의 모습을 상상하고 있었습니다.

자신이 할 수 있는 만큼 열심히 노력하고 있는 학생들을 향해서, 저는 제 기준에 미치지 못한다며 언성을 높이고 인상을 썼던 겁니다. 그런 저를 돌아보게 되는 시간이었습니다. 그 후 오케스트라는 캠프를 통해서 하나가 되었고, 선생님들의 칭찬, 미소만으로도 매우 좋은 결과를 이끌어낼 수 있었습니다. 오케스트라 연주회 당일까지 학생들의 얼굴에서는 불평, 불만이 사라지고 기대감이 부풀어 올랐습니다. 지금도 연주회 당일에 조명받아 빛나던 학생들의 눈빛이 눈에 선합니다. 이 모든 것이 하나님께서 주신 말씀대로 두려움을 내려놓고 학생들과 눈높이를 맞춘 결과라고 생각합니다. 학생들과의 소통은 언제나 감사하고 행복합니다.

이처럼 전인기독학교 학생들은 자신을 통제하고 성경 말씀을 마음에 새기며, 기도하고 서로 격려하며 응원합니다. 모든 상황에서 최선을 다하는 노력형 학생들입니다. 이들의 미래를 위해서 우리가 할 수 있는 일은 오직 믿어주고 끊임없이 기도해주는 것으로 생각합니다. 저는 학생들이 크고도 넓은 사람이 될 수 있도록 응원하는 선생이 되겠습니다.

기독교사로의 부르심

전성이 (초등)

해가 갈수록 어렵게만 느껴지는 것이 교사라는 자리입니다. 사회로부터 존경받는 스승이 되기 위해서가 아니라 미성숙한 제가 하나님을 전해야 한다고 생각하면 매일 어렵게만 느껴집니다. 그래서 선배 교사분이 날마다 말씀하셨던 '일용할 은혜'를 날마다 구하며 이 자리에 서 있습니다.

저는 어릴 때부터 교사가 되고 싶었고 장래희망대로 순탄하게 교사가 되었습니다. 교사가 된 후부터는 '잘 가르치는 교사', '인정받는 교사' '좋은 교사'가 되는 것이 제 목표였습니다. 저는 다른 교사들이 하듯 가르침과 연구에 열심을 내며 기독교인 교사의 삶을 살았습니다. 열심히 가르치는 제 모습은 다른 교사들과 그리 다르지 않았습니다.

그러던 어느 날, 묵상했던 로마서 12장 2절 말씀이 제 기독교인 교사로 사는 삶을 다시 돌아보게 하였습니다. "너희는 이 세대를 본받지 말고 오직 마음을 새롭게 함으로 변화를 받아 하나님의 선하시고 기뻐하시고 온전하신 뜻이 무엇인지 분별하도록 하라" (롬 12:2). 세상의 올바르지 않은 생각들로 가득한 교육의 현장에서 말씀으로 회복되어야 한다는 깨달음이 생겼습니다. 진지하게 고민하던 중, 2007년 전인기독학교를 만나게 되었습니다. 그동안 교사로 사는 삶을 살아 왔던 것은 저를 기독교사로 부르셨기 때문이라는 것을 알게 되었습니다. 제 삶을 돌아보니, 올바른 교육을 꿈꾸게 하셨고 고민하게 하셨으며 훈련하셔서 많은 훌륭한 교사를 만나도록 계획해 놓으셨음을 알게 된 것입니다. 하나님이 보내주셨던 선배 선생님들, 목사님, 교수님, 여러 가지 제가 처했던 상황들이 꿰어 맞춰지기 시작했습니다. "여호와의 교훈은 정직하여 마음을 기쁘게 하고 여호와의 계명은 순결하여 눈을 밝게 하시도다"(시 19:8).

저는 기독교사 훈련을 받기 위해 부산에 내려갔던 2009년의 일주일 훈련을 잊을 수 없습니다. 말씀으로 제 가르침의 내용을 돌아보는 동안 성경의 글자들이 특별한 하나님의 말씀으로 내 마음에 전해졌고, 거의 일주일을 뜬눈으로 지냈습니다. 그래도 피곤하지 않았고, 도리어 정신은 더 맑아졌습니다. 말씀의 달콤함 때문인지 얼굴에 미소가 번졌습니다. 오직 말씀, 오직 성경을 통해서 주님은 저를 만져주셨습니다. 여전히 기독교사로 살면서 늘 기독교사로서 올바른 방향으로 가고 있는지, 혹시 나만의 열심에 만족하고 있지는 않은지, 나 스스로 해주는 칭찬 때문에 주님이 원하시는 걸음을 멈추게 하고 있지는 않은지 끊임없이 돌아보곤 합니다.

이제는 부르심을 확실히 알았으니 앞으로는 행할 뿐입니다. 소명이란, 하나님이 우리를 부르셨기에 그분의 소환과 은혜에 응답하여 우리의 모든 존재, 행위를 통해 그리고 모든 소유로 그분을 섬기는 것이라고, 헌신적이고 역동적으로 투자하는 것이라고 생각합니다. 부족함이 많은 종이지만, '기독교사'로 부르신 부르심에 답하기 위해 저의 매일의 삶을 교실에서 드립니다. "오직 주의 훈계로 양육하라"(엡 6:4)와 "모든 성경은 하나님의 감

동으로 된 것으로 교훈과 책망과 바르게 함과 의로 교육하기에 유익하니 이는 하나님의 사람으로 온전하게 하며 모든 선한 일을 행할 능력을 갖추게 하려 함이라라"(딤후 3:16~17)는 말씀은 저에게 이런 소명에 확신을 더해주었습니다.

그리고 "너희 속에 착한 일을 시작하신 이가 그리스도 예수의 날까지 이루실 줄을 우리가 확신하노라"(빌 1:6)는 말씀을 마음에 품고서 기독교사로서의 모습을 날마다 더 채워가려 합니다.

아이들을 통해 우리가 배워요

학생의 내면을
만지는 교사

최예애 (체육)

올해 처음 생활지도부를 담당하게 되었습니다. 생활지도부의 주된 업무는 학교 규정을 위반하는 학생들을 지도하는 일입니다. 지각이나 복장 위반으로부터 친구들과의 다툼과 싸움까지 각양각색의 위반이 있었습니다. 일반학교에 비하면 부담이 적으나 생활지도부의 일은 선생님들이 꺼리고 어려워하는 업무인데, 그도 그럴 것이 매일 아이들과 부딪쳐야 하기 때문입니다. 작년까지만 해도 제 이름을 수시로 부르고 장난치며 말을 걸던 아이가 있었는데, 올해 들어 저에게 몇 번 지적을 받은 이후에는 저를 어려워하며 피하게 되었습니다. 규정에 대해 불만과 불평을 하는 아이들과 얼굴을 붉히며 이야기해야 하는 경우가 꽤 있었기에 제게도 이 일은 참으로 어려운 일이었습니다. 왜 이렇게 지도해야 하고, 왜 이런 관계적인 어려움을 겪어야 하는지에 대해 속상하고 힘든 마음으로 기도한 적이 참 많았습니다.

지난 학기에는 생활지도부 일을 하면서 학생들이 학교규정을 잘 지키도록, 단호하게 그리고 여러 가지 훈계의 방법으로 지도해 나갔습니다. 이러한 노력 덕분에 규정을 위반하는 학생들이 줄어들었지만 그럴수록 제 마음

에는 일종의 공허함이 자리잡게 되었습니다. 그 이유는 학생들의 겉모습과 행동은 엄격한 다스림으로 지도할 수 있지만, 학생들의 내면은 결코 이러한 방법을 통해 바르게 지도할 수 없었기 때문이었습니다. 결국, 저는 생활지도부의 진정한 업무는 학생들의 겉모습에 대한 엄격한 지도가 아니라 학생들 속에 있는 내면의 아픔과 상처, 바르지 못한 생각을 만지는 것임을 깨닫게 되었습니다.

생활지도부 일을 하는 동안 교사라는 직업에 대해 많이 생각해 볼 수 있었습니다. 교사(敎師)란 스승이 되어 가르치는 것으로 생각합니다. 어떤 스승이 되어 무엇을 가르치는 것일까? 그건 바로 제가 먼저 예수 그리스도의 제자가 되어 제 아이들에게 제자의 삶을 가르치는 것이었습니다. 생활지도의 엄격함으로는 아이들을 변화시킬 수 없었습니다. 겉모습 일부분을 변화시킬 수는 있었지만, 그 아이가 진정한 예수 그리스도의 제자로 자라나게 하기 위한 변화는 결코 가져올 수 없었던 겁니다. 저는 올 한 해를 지내면서 성경의 말씀처럼 율법이 은혜보다 앞설 수 없는 것임을 깊이 깨닫게 되었습니다.

저는 진정한 교사가 되고 싶습니다. 세상의 많은 사람이 노후가 보장된 편안함과 명예를 위해 선택하는 교사가 아닌, 제가 먼저 예수 그리스도를 닮은 제자가 되어 제가 만나는 아이들도 예수님의 제자로 만들 수 있는 그런 진정한 교사 말입니다. 우리의 영원한 스승이신 예수님은 우리가 아직 죄인 되었을 때에 그러한 우리를 위해 자신의 생명을 주시며 율법을 사랑으로 완성하셨습니다. 저 또한 그 마음과 사랑을 가진 진정한 교사가 되기를 소망합니다.

손과 발로
섬기는 교사

이은주(행정)

8년 전, 저는 매일 밤 11시까지 야근하면서 6일 내내 근무하는, Sunday Christian이었습니다. 교회에서 살다시피 하면서 하나님을 찬양하기 좋아했던 청소년, 청년 시절의 모습은 찾아볼 수 없었고 일 중독이 되어 스트레스를 받으면서도 약한 체력으로 근근이 지내고 있었습니다. 교회 친구들과는 연락도 뜸해졌고 영적으로 메말라 가면서 회사 내에서 그리스도의 향기를 발한다는 것은 꿈도 꿀 수 없는 상태였습니다.

어느 날 문득 이런 생각이 들었습니다. '많은 재물도, 세상에서 받는 인정도 결국 찰나의 기쁨에 불과하구나. 하나님과 멀어진 지금, 과연 나는 잘 살고 있는 것일까?' 예전에 느꼈던 마음의 평안함, 하나님과의 친밀함이 한없이 그리워질 무렵, 문득 청년 시절에 담당 목회자이셨던 조형래 목사님을 찾아뵙고 싶은 생각이 들었습니다.

목사님께 제 고충을 말씀드리자, 목사님은 안타까워하시며 마침 학교에 자리가 하나 있는데 맡아보지 않겠느냐며 제의해주셨습니다. 그 말씀을 듣는 순간 어찌나 감사했는지 모릅니다. 물질적인 보상이나 사회적인 성공을

따라가는 것이 아니라 기독학교에서 근무하면서 하나님께서 계획하신 제 삶의 목적을 따라 살 수 있다는 것과 제 영혼이 다시 소생할 기회를 잡게 되었다는 점이 너무나 감사했습니다.

8년이 지난 지금, 저는 하나님이 제게 부어주신 축복을 세어 보면서 제 선택이 옳았음을 확신합니다. 제 선택이 아니라 하나님의 인도하심이었음을 고백합니다.

처음 업무를 맡았을 때, 재정 관리를 비롯한 여러 분야의 일을 혼자서 도맡아야 한다는 부담감이 있었습니다. 전임 선생님이 훌륭히 수행해온 일에 누가 되지는 않을지 긴장하며 첫해를 보냈던 것 같습니다. 지금 돌아보니 혼자서 할 수 없는 일들을 해마다 세워지는 총 대표 어머니와 학년별 대표 어머니들이 도와주셔서 감사하게 진행할 수 있었다는 것을 깨닫습니다. 학교 일을 내 일같이 생각하시며 살뜰히 챙겨주시는 어머니들의 모습에서 매번 감동하곤 합니다. 눈물과 기도로 학교를 선택하시고 자녀를 맡긴 이후에는 온전히 학교와 교사를 믿어주시는 전인기독학교의 학부모님들을 생각하면 늘 감사와 존경의 마음이 생깁니다. 학교에서 근무한 8년 동안, 제가 결혼과 출산 등 많은 일을 겪었는데, 그때마다 어머니들은 살가운 조언을 많이 해주셨습니다. 제가 감사하다고 말씀드리면, "선생님은 저희 가족이나 다름없어요"라고 해주시곤 합니다. 그럴 때면 교장 선생님이 말씀하시는 '교회, 학교, 가정이 연합해서 하나를 이룬다는 것이 이런 것이구나'를 떠올리게 됩니다.

저는 하나님의 도우심이 없이는 결코 학교의 행정 일을 감당할 수 없었음을 고백합니다. 전인기독학교는 이윤을 목적으로 세워진 학교가 아닙니다. 오로지 한 영혼이 예수님 앞에서 올바르게 성장할 수 있도록 세우신 학교라는 소명을 다하기 위해 노력할 뿐입니다. 매년 초에 학교운영예산을 세울 때에도 학생들의 교육환경, 복지에 초점을 맞추고 그 이상의 이윤은 남기지 않는 범위 내에서 학비를 산정하고 있습니다. 재정적 여유가 없으므로 사람의 힘으로 운영하려면 이것저것 어려움이 많을 수밖에 없습니다. 그러나 온전히 하나님께 맡기면서 하나님의 학교이니 하나님께서 분명히 채워주시리라는 믿음을 가지고 운영하게 되면 부족함 가운데서도 마음의 평안히 찾아옴을 느낍니다.

언젠가 교장 선생님께서 학기 초 시무 예배 때 해주신 말씀이 기억납니다. "누구든지 네 연소함을 업신여기지 못하게 하고 오직 말과 행실과 사랑과 믿음과 정절에 대하여 믿는 자에게 본이 되어 내가 이를 때까지 읽는 것과 권하는 것과 가르치는 것에 착념하라 네 속에 있는 은사 곧 장로의 회에서 안수받을 때에 예언으로 말미암아 받은 것을 조심 없이 말며 이 모든 일에 전심전력하여 너의 진보를 모든 사람에게 나타나게 하라 네가 네 자신과 가르침을 삼가 이 일을 계속하라 이것을 행함으로 네 자신과 네게 듣는 자를 구원하리라"(딤전 4:12~16). 그날 이후 저는 책상 앞에 이 말씀을 붙여놓고 매일 묵상하고 있습니다. 읽을 때마다 현재에 머무르지 않는 교사, 동료교사와 학생, 학부모를 섬기는 마음이 날로 성장하는 교사가 되자고 다짐하게 됩니다. 학교의 규모가 커갈수록 더욱 체계화된 행정으로 학교의 내실을 다져야 한다는 책임감과 사명감이 느낍니다. 부족하지만 하나님께서 불러 세워주신 자리를 감사함으로 여기고 무엇보다 기도로 사명 감당하는 교사가 될 수 있기를 다짐해봅니다.

선생님들의 가르침 이야기

우리 학교만의
독특한 이야기들

변혜정

우리 학교에 대해 말해 보라면 먼저 미디어 사용에 대해 말하고 싶다. 많은 학교가 휴대폰과 미디어 사용을 자제시키고 있지만, 하교 후 집으로 돌아갔을 때에는 통제와 절제가 쉽지 않다. 그러나 우리 학교는 기숙사 학교로 주말에만 집에 가기 때문에 이러한 미디어를 제한하기가 수월한 편이다. 나는 현대인들의 사고방식과 가치관에 가장 큰 영향을 미치는 것이 인터넷과 대중매체라고 생각한다. 그것들을 접하는 사이에 자신도 모르게 스스로 생각하는 힘을 잃어버리고 상업적이고 자극적인 대중문화에 빠져들게 되기 때문이다. 특히 청소년기는 가치관이 매우 혼란스러울 때이므로 이러한 악영향을 통제해 줄 필요가 있다. 우리 학교는 휴대폰이나 미디어 사용을 엄격하게 금하고 있다. 그래서 그런지 우리 학교 학생들은 다른 학교 학생들보다 게임이나 미디어에 많이 매여 있지 않다.

둘째는 '동송 동요가곡제'를 얘기하고 싶다. 많은 기독학교가 독서 중점 교육, 영어 몰입 교육, 오케스트라와 태권도 등 프로그램을 가지고 교육하고 있다. 그런데 우리 학교처럼 동요와 가곡을 부르는 학교가 있을까 싶다.

우리 학교는 1학기 말에 '동송 동요가곡제'를 연다. 학년별로 독창, 중창팀을 선발하고, 초등학생들은 동요를, 중고생들은 가곡을 부르는 대회를 연다. 올해도 어김없이 이 대회를 준비하는데 학년마다 열기가 뜨거웠다. 대회가 열리던 날, 아이들이 멋있게 곡에 맞는 의상을 갖추고 무대에 서는 모습은 참으로 근사했다. 다른 사람들에게 맘껏 자랑하고 싶을 만큼 멋졌다.

대회를 준비하면서 가장 뜻깊은 것은 연습하는 기간 내내 아이들이 어디서나 가곡을 부른다는 것이다. 그러다 보니 출전하는 학생들이 아니더라도 모든 학생이 다른 친구가 연습하는 곡을 듣고 익혀서 함께 동요와 가곡을 부른다. 아이들은 쉬는 시간이나 점심시간, 자유 시간에 어디서건 출전곡을 흥얼거린다. 우리 아이들의 목소리로 듣는 동요와 가곡의 정제된 가사와 선율은 대중 유행 가요와는 비교할 수 없을 만큼 아름답다. 요즘 청소년 중에 가곡을 듣거나 부를 줄 아는 학생들을 만나기란 쉽지 않다. 사실 나도 우리 학교에서 근무하기 전에는 동요나 가곡을 접할 기회가 많지 않았다. 하지만 동송 동요가곡제 시즌만 되면 아이들과 함께 주옥같은 노래들을 흥얼거리게 된다. 그러면서 마음의 결이 고와지고, 하나님이 만드신 사람의 목소리가 얼마나 아름다운지 아이들과 함께 새삼 느끼며 행복한 시간을 가진다.

셋째는 탁월한 입시 경쟁력이다. 난 약 10년간 인문계 고등학교에서 국어교사로 근무했다. 모든 고등학교는 입시의 큰 부담을 지고 있다. 일단 고등학교들은 입시에서 성공적인 결과를 보여주어야 한다. 그러나 한 학급의 정원이 30명을 넘는 상황에서 담임교사 한 명이 일일이 아이들에게 입시 지도를 하기가 쉽지 않다. 그래서 자연스럽게 소수 아이에게 입시 지도가 집중되고 나머지 아이들은 학원에서 또는 가정에서 입시 전략을 짜게 된다.

우리 학교는 현재 졸업생이 두 번 나왔다. 지금 12학년 아이들이 3기이다. 물론 우리 학교가 아직 경험이 많지는 않기 때문에 서툰 점이 있다. 그러나 선생님들의 열정만은 대단하다. 10명이 조금 넘는 아이들을 위해 11학년 말부터 모의고사가 끝날 때마다 점수 분석을 하고 예상 등급을 내고, 학생들의 진로 희망에 따라 진학 가능한 학교들을 추려낸다. 또 개개인이 공략할 수 있는 가장 좋은 입시 전략을 고민한다. 그리고 이 일들을 12학년 담임교사뿐 아니라 입시팀 선생님들이 교장 선생님과 함께 모여 회의를 한다.

모든 아이가 상위권 대학에 들어가면 좋겠지만, 아이들은 모두 재능이 다르고 실력도 달라서 그것을 기대할 수는 없다. 그러나 선생님들은 아이들 한 명, 한 명에게 최선을 다하여 진학 지도를 하면서 아이들을 위해 기도한다. 난 이렇게 단 한 명의 아이도 젖혀두지 않고 각 사람에게 맞게 최선을 다하는 것이 우리 학교의 가장 큰 입시 경쟁력이 아닐까 생각한다.

소논문으로 꿈과 비전 찾기

남수현

10학년 독서 수업에서는 1년 과정으로 소논문을 쓴다. 1학기 첫 시간에는 '마인드맵' 그리기를 한다. 가장 가슴을 뛰게 하는 단어가 무엇인지를 생각하고 주된 가지를 몇 갈래 만들고 그 분야에 맞는, 떠오르는 단어들을 나열해 본다. 그러면 가장 관심이 가고 재능이 있는 분야들이 눈에 들어온다. 그것을 선택하여 논문을 쓸 제목을 선정한다. 두 번째 시간에는 논문작성 요령을 배운다. 세 번째 시간부터 본격적으로 진지한 글을 써 내려간다.

이 작업을 하며 꿈을 찾은 학생들은 글 재료를 찾고 문헌을 참고하며 어려운 과정이지만 심도 있게 참여한다. 4기생 중 한 명은 '사회복지'에 대한 막연한 관심이 있어서 논문 주제로 삼고 시작하였는데, 논문을 쓰다 보니 자기 적성과 맞지 않는 분야라는 것을 깨닫고 진로에 대한 방향 전환을 할 수 있었다. 3기생 중 한 명은 물리학에 관심이 있었는데, '물'을 좀 더 구체적으로 심도 있게 연구하여 대학 진학으로 연결되는 계기가 되었다. 올 10학년 학생이 선정한 주제를 보면, '유럽의 건축기술과 우리나라의 건축기술', '인공지능 로봇', '유익한 영양소', '의료기술의 현재', '인간의 마음과 심

리' 등 관심 분야가 다양하다.

 이런 논문 작업을 통해 학생들은 첫째, 관심 분야에 관한 조사와 연구를 하게 되고, 진로에 대해 더욱 구체적 개념을 갖게 된다. 반면 조사과정을 통해서 자신이 추구하던 분야가 생각으로만 그리던 것과 다른 것을 발견하고, 방향 전환을 할 수 있는 계기가 되기도 한다. 둘째, 1년 과정의 긴 작업을 통해 글쓰기에 대한 자신감과 가능성을 얻을 수 있다. 셋째, 논문 쓰는 방법과 작성 요령을 배운다. 넷째, 깊이 있는 글을 쓰면서 생각의 확장이 일어나고 인내의 힘을 키울 수 있다.

 소논문을 쓰는 경험은 우리 전인인들의 소중한 꿈을 담아내고 비전을 실현해나가는 데 아주 중요한 시간으로 자리하고 있다.

좌충우돌
과학 실험

최백규

    초등학교와 중, 고등학교에서의 과학수업이 어땠었는지를 생각하면, 몇 개의 과학 실험을 했던 것이 떠오른다. 고작 알코올램프에 뭔가를 가열한 뒤에는 램프 뚜껑을 이용해 불을 꺼야 한다는 간단한 기억과 로봇이 인쇄된 검은 필름을 감광지를 대고 햇빛에 잠깐 놓아두면 필름의 로봇 그림이 인화되었던 순간의 기억이 과학실험 전부였다. 대학교에서의 실험수업은 엄격한 실험과정과 실험결과에 대한 고찰 등 쉽지 않은 준비와 과정의 어려움이 기억난다. 결국, 대학교에서의 과학실험은 실험에 대한 선입견과 고정관념으로 자리하게 되었다.

    나의 이런 기억과 달리 전인기독학교에서의 과학 수업은 다른 방향으로 흘러갔다. 기본적으로 아이들은 과학자이다. 그들의 상상력과 표현은 끝이 없다. 실험활동을 대하는 그들의 태도와 호기심은 거침이 없다. 5학년 수업에서였던가? 탐구활동 주제는 다양한 곳 온도를 재어보기였다. 아이들은 온도계를 가지고 학교 주변 장소를 최대한 다양하게 조사해나갔다. 냉장고 안, 화장실, 옥상, 교실 창가와 안쪽, 지하 1층, 학교 밖 비닐하우스

등. 두 명이 온도계 하나를 가지고 온도를 재면서 실험관찰 보고서의 표를 채워가는 모습을 지켜보고 있었다. 학습 목표는 '온도계의 사용법을 정확히 사용하고 여러 곳 온도를 비교할 수 있다'였지만, 이미 그들의 활동은 시작되었고, 친구들의 머리카락 속과 겨드랑이를 파고들어 서로 온도가 차갑네, 뜨겁네, 열이 있네, 없네하고 있었다. "비닐하우스 안이 이렇게 따뜻했어요?" 하고 묻는 그들에게 "와! 식물들은 겨울에 얼마나 좋을까?"로 되묻기도 했다. 돌아오는 길에 부러진 온도계를 내밀며 "선생님 죄송해요" 하며 고개 숙인 아이들을 어찌 나무랄 수 있겠는가? 주의사항을 일러줬건만 그리되고 만 것을 말이다. "이런…, 괜찮아. 다음에는 더 주의하렴." 그 한 마디에 죄송해하던 아이 얼굴에 미소가 번졌다.

처음 과학 교과서를 받아든 3학년 아이들은 어서 빨리 과학실에서 여러 가지 실험기구를 사용하고 싶은 마음으로 한껏 들떠 있다. 아이들은 많이들 기대하는 마음으로 나를 만난다. 나는 아이들을 향해 첫 번째 질문을 던진다. "과학이 뭘까요?" 그러면 아이들은 "신기한 것이요", "실험이요", "컵에 뭔가를 넣고 끓어오르며 폭발하는 거요"라며 제법 구체적으로 설명하려 애쓴다. 그 얼굴에서 나는 호기심과 열정의 과학자를 발견한다. 우리 학교 과학 수업은 탐구활동 중심의 단원으로 편성되어 있다. 보통은 매시간 관찰과 탐구수업이 주를 이룬다. 개인이나 팀별로 이루어지는 과학수업은 조금은 와자지껄하고 많이 움직이기 때문에 활발한 분위기로 진행된다. 나는 나의 수업을 아이들이 전인기독학교의 진정한 전인인(全人人)이 되는 과정으로 생각한다. 나의 작은 도움으로 이 아이들이 좀 더 다양한 경험과 사고를 할 수 있도록 최선을 다하고 싶다.

영성수련회와 성경 읽기

심명희

　우리 학교는 학기가 시작할 때에 영성수련회를 한다. 모든 것을 하나님께 위탁하며 깊이 있게 하나님을 만나고 힘차게 학교생활을 시작하기 위해서이다. 때로는 매번 있는 영성수련회라 식상하게(?) 여겨질 수 있으나 하나님께서는 그 시간을 통해 꼭 만나주시는 학생이 있다. 그리고 영적으로 도전을 주신다.

　한 번은 몇 분 선생님들이 건의하셔서 영성수련회를 마치고도 매주 목요일 6시~7시까지 예배당에서 기도할 수 있도록 찬양을 틀어놓았다. 매일 새벽예배로 기도를 드리긴 하지만 혹시 더 기도하고 싶은 학생이 있거나 함께 도고기도를 할 학생들이 있다면 삼삼오오 모여 기도할 자리를 마련한 것이었다. 생각보다 학생들의 하루 생활이 아주 바빠서 그 시간에 시간을 내어 기도할 학생들이 있을까 싶기도 했다. 예상과는 달리 아주 많진 않았지만 기도하러 오는 학생들이 끊이지 않았다.

　그 중 한 학생이 매주 빠지지 않고 나와서 기도를 했다. 마음에 쓴 뿌리

가 있어서인지 성격이 조금 날카로운 학생이었는데, 함께 도고 하며 가족들을 용서하고 예수님의 사랑을 깨달으며 매주 눈물로 기도했다. 점점 그 학생의 마음이 온유해지기 시작했다. 기도를 통한 잔잔한 변화를 경험한 것이다.

언젠가는 영성수련회에 오신 강사 목사님께서 말씀을 읽으라는 도전을 주셨다. 나는 수업시간에 들어가 함께 말씀을 읽고 싶은 사람이 있으면 찾아오라고 했다. 매일 점심시간이나 자유시간 중에 만나 예배당에서 에베소서 말씀을 읽자고 말이다. 사실 혼자 하면 금방 포기할 것 같아 동역자를 찾고 싶은 마음도 있었다. 전혀 생각하지 못한 학생 한 명이 찾아와서 함께 읽고 싶다고 했다. 그 학생과 맞는 시간을 정해서 하루에 30분 정도 말씀을 읽고 묵상을 하기 시작했다. 한 번은 갑자기 잡힌 교사 모임으로 학생과의 약속을 지키지 못하게 되었는데 나중에 그 학생은 자기 혼자 말씀을 읽고 왔다고 했다. 그 말을 듣는 순간, 감동이 밀려왔다. 한 학기를 영성수련회로 시작하여 영적인 도전을 주시는 것과 말씀에 반응하는 학생들이 있다는 것이 전인기독학교에서 맛보는 하나님의 은혜이고 감사이다.

몸은 하나님의 성전

김종미

무용은 무게 중심, 이동, 점프, 회전, 정지, 연속 등의 방법을 통해 개인에게 잠재된 창의력을 표현하는 수업이다. 아이들은 시간과 공간 안에서 힘과 이동을 할 수 있는 표현 매체를 움직이며 몸동작으로 창작하기도 한다. 음악과 동작의 어울림을 찾아 의미를 전달하고 무용의 미학적인 이해를 통해 무용을 감상하고 예술성을 이해하며 무용의 특성도 알게 된다. 외국 무용과 한국 무용을 배우고 춤의 배경, 춤사위, 복식 등을 이해하며 기본 스텝을 비롯한 동작 연결의 테크닉도 가르친다.

무엇보다 무용은 성장기 아이들에게 바른 자세를 가지도록 해준다. 머리, 팔, 다리, 발의 방향과 위치를 바르게 익히며 몸통의 조절력과 균형감으로 척추와 척추기립근의 힘을 길러주어 올바른 자세를 유지하는 데 도움을 준다. 요즘에는 골반이 틀어져서 다리와 발바닥의 중심이 불균형을 이루는 아이들이 많이 있다. 만일 교정하지 않은 채 성장하면 양쪽 어깨가 비대칭이 되고 척추측만증, 요통이 생기게 된다. 무용 수업을 통해서 아이들은 뼈와 근육, 심혈관계의 인체 구조와 신체 부위에 대해 배우고, 동작의

해부학적 지식을 체득하며 균형 있고 올바른 자세가 얼마나 중요한지를 알게 된다.

아이들이 건강하고 균형 잡힌 몸을 가진다는 것은 어떤 의미가 있을까? 그것은 하나님의 창조와 관련이 있다. 하나님은 자신의 형상대로 사람을 창조하시고 생기를 불어넣어 주신 뒤, 세상을 다스리고 정복하라는 지상명령을 내리셨다. 이 사명을 감당하기 위해 쓰이는 도구는 결국 사람의 몸이다.

하나님은 누구에게나 206개의 뼈와 근육과 관절, 신체 구성물을 주셨다. 사람들의 모습과 체형은 모두 달라도, 건강하게 살아가는 데에 바른 자세가 필요하다는 점은 똑같다. 건강하고 바른 자세는 사고에도 영향을 미친다고 생각한다. 학생들이 하나님이 주신 몸을 사랑하고 아끼며 자신이 받은 사명을 감당할 수 있도록 건강한 몸이 되도록 무용을 통해 좋은 자세를 가르치고 싶다. 이를 위해서는 먼저 우리 몸이 하나님의 거룩한 성전임을 잊지 않는 것이 아주 중요하다. 자세를 한번 바르게 갖는 것은 곧 하나님의 성전을 잘 다루는 것과 연결되니 말이다.

"몸이 하나이요 성령이 하나이니 이와같이 너희가 부르심의 한 소망 안에서 부르심을 입었느니라 너희 몸은 너희가 하나님께로부터 받은바 너희 가운데 계신 성령의 전인 줄을 알지 못하느냐 너희는 너희 자신의 것이 아니라 값으로 산 것이 되었으니 그런즉 너희 몸으로 하나님께 영광을 돌리라 아멘"(엡 4:4~6).

공동체 생활의
위력을 아세요?

박경옥 (사감)

전인기독학교 홍천캠퍼스 뒤편에는 야산이 있다. 진달래꽃이 은은한 자태를 뽐내며 피어나는 봄이면, 산이 온통 분홍빛으로 물든다. 교육동과 기숙사동 건물 앞 화단에는 사시사철 꽃들이 피어 있다. 생동감 있는 꽃의 향연이다. 하지만 이 모든 것이 우리 아이들만은 못하다. 사람 나무들이 자라는 모습을 지켜보는 것은 정말 보람된 일이다.

구부러지고 조금은 뒤틀린 나무로 홍천 기숙사에 심어졌던 아이들이 한 학기를 지내고 1년을 지내면서 상처가 치유되고 회복된다. 표정과 행동이 달라지고 언어가 바뀐다. 나는 그런 과정을 수도 없이 경험했다.

우리 학교는 전교생이 기숙사 생활을 하는데, 세 명이나 네 명이 한 방에 배정되어 한 학기를 지낸다. 서로 다른 성격과 성장배경을 지닌 선후배들이 함께 지낸다는 것은 그리 쉬운 일이 아니다. 그러나 갈등을 해결하는 과정에서 아이들은 건강한 그리스도인으로 성장한다. 이곳에 입학하거나 편입한 아이들은 자신도 인식하지 못한 가운데, 마법처럼 창조적인 시간에 내맡겨져서 서서히 변해간다. 세상 속에서 여러 가지 스트레스로 자살 충동이나 틱장애를 앓았던 아이들이, 어느새 해맑은 표정으로 웃고 있다.

　아이들이 기숙사 생활을 하면서, 마음이나 상처가 회복되는 이유가 무엇일까? 늘 이곳을 믿음의 실험실로 여기고 "예수님이라면 어떻게 하셨을까?"를 생각해 보도록 했기 때문이라 생각된다.

　또한, 한창 잠이 쏟아질 청소년들이 새벽 일찍 기상해서 운동하고 새벽예배를 드리는 일은 쉽지 않다. 그런데도 아이들은 곧잘 순종하며 따라온다. 한 아이의 말과 표정이 잊히지 않는다. "전도사님, 제가 학교에서 생활하다가 고민이 생기면요, 신기하게도 새벽예배 시간에 목사님 말씀을 통해서 그 고민이 풀리게 돼요."

　어떤 아이는 부모님께 받은 용돈 일부를 감사헌금 봉투에 정성껏 담아서 드렸다. 봉투에는 입시를 얼마 앞둔 선배들을 위해 도고 하는 내용이 적혀 있었다.

　이기주의가 팽배해 있는 이 시대에 어찌 이런 일이 가능할 수 있을까? 나는 이런 일이 모두 공동체 생활의 위력이라고 믿는다.

　목사님을 비롯한 선생님들은 전심으로 아이들을 사랑하며 섬기신다. 학부모님들은 하나님 안에서 아이들이 잘 자라도록 간절히 기도하신다. 한발 물러서서, 그러나 쉬지 않고 기도하신다. 하나님이 다스리시는 홍천캠퍼스와 기숙사는 오늘도 선생님과 학부모님, 학생들의 뜨겁고 쉬지 않는 기도 덕분에 잘 돌아가고 있다.

　"1년을 보고 꽃을 심고, 10년을 보고 나무를 심고, 100년을 보고 사람을 심는다"는 말처럼 홍천에 심기운 아이들은 성도님들의 기도 덕분에 무럭무럭 잘 크고 있다. 이 모든 것을 지켜볼 수 있어서 감사하다.

홍천의
새벽 운동

최예애

　체육교사인 나는 홍천의 생활 속에 스며든 체육 활동 두 가지를 말하고 싶다. 우선 홍천은 아이들의 삶에 운동이 생활화가 될 수 있는 환경이 갖추어져 있다. 먼저 우리 학교는 화요 스포츠클럽을 운영하는데, 여기서 학생들은 해마다 농구, 축구, 배구, 탁구 등을 한 종목씩 돌아가면서 익힌다. 학생들은 전문 강사 선생님들로부터 각 스포츠에 대한 정확한 자세, 기술, 경기 방식, 용어 등을 학습하게 된다. 혈기가 왕성하고 움직임의 욕구가 큰 남자아이들에게는 이를 통해 발산할 수 있는 계기가 되어 삶에 활력을 줄 뿐 아니라 사회에 나가서는 어떠한 스포츠를 접하게 되더라도 누구하고든 쉽게 어울릴 수 있고 함께 즐길 수 있는 바탕이 된다.

　사춘기에 들어서면서 신체 발달에 변화를 겪게 되는 여학생들은 대부분 체육 활동을 꺼리는 경향이 있다. 하지만 우리 학교 여학생들은 스포츠 활동에 적극적으로 참여하는 편이다. 화요 스포츠클럽이 전체 학생들이 함께 참여해야 하는 프로그램이고 운동이 생활화가 되어있는 미국 유학생활에서 스포츠 활동을 자연스럽고 당연하게 받아들였던 경험이 있기 때문이다.

　또한, 홍천에서의 체육 활동을 떠올리면 빠뜨릴 수 없는 것이 새벽 운동이다. 매일 새벽에 꾸준히 일어나 15분간 운동을 한다는 것은 사실 어른들에게도 무척이나 힘든 일이다. 아이들에게 가장 힘든 학교생활이 무엇이냐고 물으면 단연 새벽 운동을 꼽는다. 정말로 아이들은 아침 운동을 힘들어한다.

　물론 지도하는 나에게도 쉽지 않은 일이다. 하지만 매일 15분의 운동시간이 일주일을 몰아 1시간을 쓰는 것보다 더 가치 있는 시간이라는 것은 믿어 의심치 않는다. 15분의 시간에 아이들은 간단한 스트레칭으로 몸을 깨우는 것을 시작으로 가볍게 뛰기, 민첩성을 요구하는 움직임, 심폐지구력을 요구하는 줄넘기, 근력과 근지구력을 요구하는 반복동작 등의 운동 등을 한다.

　새벽 운동의 효과가 톡톡히 나타난 사례가 있다. 올해 10학년 학생들 경우에 체육수업 시간에 마라톤을 했고 실제 대회에 나가 자신의 체력에 맞는 거리를 선택하여 뛰었는데, 남학생도 뛰기 어려워서 고작 3명의 학생만 선택한 하프코스를 뛰겠다고 신청한 여학생이 있었다. 얼마 후 나는 그 여학생의 부모님으로부터 "승현이가 체력이 좋지 않아서, 잘 뛸 수 있을지 매우 걱정이에요"라는 근심 어린 전화를 받게 되었다. 나도 내심 걱정했었는데, 결국 승현이는 하프코스를 2시간 40분대에 완주했다. 학기가 마무리될 때쯤 승현이는 "선생님, 새벽에 운동하는 것이 정말 큰 힘이 있는 것 같아요"라고 했다. 승현이는 새벽 운동 시간에 앞에서 최선을 다해 열심히 운동했던 학생 중의 하나였다. 승현이가 마라톤 하프코스를 완주한 것은 체육교사로서 새벽 운동을 지도한 보람을 느끼게 해준 귀중한 경험이었다.

THEME 4
하나님이 우리 아이들을 키우시네요!

4장에서는 가정들의 감사와 사랑 고백이 담긴 이야기를 모아 보았다. 생각이 다른 부모님도 계시리라 생각한다. 그럼에도 무기명으로 작성한 설문지를 바탕으로 한 내용이니 학부모 대다수의 마음이 담겨있다 해도 과언은 아닐 것이다.

대안학교가 아닌 기독학교

이선경 (안예빈, 안예준 엄마)

큰애가 7살 되던 해 가을, 아이를 위해 기도하는데 갑자기 기독학교에 보내고 싶다는 마음이 들었다. 그런 생각을 해 본 적도 없고 형편이 그럴 만하지도 않았기 때문에 그냥 지나쳤다. 하지만 그 후에도 아이를 위해 기도할 때마다 계속해서, 아주 강하게 기독학교에 보내야겠다는 마음이 들었다. 하나님의 인도하심일지도 모른다는 생각이 들어서 무작정 송파구에 있는 기독학교를 알아봤더니 두 학교가 있었다.

전인기독학교와 ○○학교였다. 먼저 ○○학교에 갔다. 교장 선생님은 이 학교가 기독학교가 아닌 대안학교라고 하셨다. 나는 그 순간 '이곳은 아니구나'라는 생각이 들었다. 그리고 전인기독학교에 가보기로 했다. 집에서 가깝긴 했으나 우리 교회 집사님으로부터 학비가 굉장히 비싸다고 들었기 때문에 머뭇거렸는데, 이왕 알아보기로 했으니 가보기라도 해야겠다고 마음먹고 원서를 접수하고 얼떨결에 면접을 보게 되었다.

면접에서 교장 선생님은 "우리 학교는 대안학교가 아니라 기독학교입니다"라고 하셨다. 순간 나는 바로 기도했다. '하나님, 우리 아이들이 이 학교에 다닐 수 있게 허락해주세요'라고 말이다. 하나님은 기도에 응답해 주셨고 큰애가 입학하게 되었다. 그리고 둘째도 입학해서 벌써 2학년이 되었다. 비싼 줄 알았던 학비는 ○○학교의 절반밖에 되지 않았다.

우리 부부는 지금도 하나님께 감사한다. 어두운 밤 학원 차에서 내려서 밤거리를 돌아다니는 아이들을 보면서, 핸드폰이 아이에게 해롭다는 것을 알면서도 안 사줄 수가 없다는 집사님들의 말을 들으면서, 시험기간이 되면 학원 때문에 예배를 빼먹는 아이들을 보면서 말이다. 막연하게 걱정하며 기도했는데, 우린 그런 걱정을 할 필요가 없는 학교에 보낼 수 있으니 얼마나 감사한지 모른다.

오늘도 우리 가정은 전인기독학교를 허락해 주신 하나님께 감사와 찬양을 드린다.

그들만의 학교가 아닌,
우리 모두의 학교

이계춘 (이예성, 이은성 아빠)

5년 전 큰 아이가 초등학교에 입학하게 되었을 때가 생각이 납니다. 당시 구로구에 살고 있었던 저희는 이사를 고민하고 있었습니다. 집에서 초등학교가 너무 멀어 걸어서 통학할 수가 없었기 때문입니다. 인생 선배들에게 들은 게 있어서 학원, 과외, 예체능 교육 등 아이를 위한 사교육도 준비하고 있었습니다.

그때 저희 부부는 잊고 있었던 '전인기독학교' 소식을 듣게 되었습니다. 사실 결혼 후 이사한 뒤로 잠시 임마누엘교회를 떠났었기에 전인기독학교에 대해서 알고는 있었지만 내 아이를 보낼 학교라고는 생각하지 않았습니다. 전인기독학교 설립 초기의 어려움과 갈등에 대해 알고 있었고 내 아이는 보통의 아이로 키우고 싶다는 생각이 있었기 때문입니다. 아내가 전인기독학교에 대해 자세히 알아보고 저에게 권면했을 때에도 저는 끝까지 받아들이고 싶지 않았습니다.

"전인기독학교에 가면 학생이 별로 없어서 사회성에 문제가 있을 거야. 운동장도 없는 학교에서 어떻게 건강하게 자랄 수 있겠어?"

하지만 경험은 많으시겠지만 50대가 넘은 선생님들의 열정 없는 눈빛,

오로지 내 아이만을 생각하는 학부모와 공교육의 틀에서 벗어날 수 없는 현실, 어차피 의미 없는 텅 빈 운동장 등, 아이가 배정된 초등학교의 현실을 보는 순간, 제 고민과 갈등은 확신과 기대로 바뀌었습니다.

그 모든 고민과 선택 가운데 하나님이 역사하고 계셨습니다. 전인기독학교에 입학하기로 한 뒤, 하나님은 새로운 보금자리를 순식간에 찾게 해주셨고 필요한 자금도 마련하도록 해주셨습니다. 모든 것이 주님의 은혜 안에 진행되었고, 큰 아이가 전인기독학교 학생이 되었습니다. 지난 4년을 돌아보면 학교에 대한 확신과 자랑스러움이 점점 더해갔습니다.

예성이는 학교에 가는 것을 정말 좋아합니다. 같은 반 친구들을 너무 사랑합니다. 물론 공부는 부모 욕심만큼 잘하지는 못하는 것 같습니다. 하지만 하나님의 말씀과 모든 부모님의 사랑, 임마누엘교회 성도님들의 관심 속에서 건강하고 자랑스럽게 자라고 있습니다. 지금은 둘째 아이도 1학년이 되어 형과 함께 전인기독학교에 다니고 있습니다.

습관이나 자라온 환경이 다른 아이들이 모인 자리라서, 전인기독학교도 항상 즐겁고 완벽하지는 않습니다. 그러나 서로 불완전하고 부족함을 느끼며 서로 인정하며 보듬어주고 함께 만들어가는 사랑이 넘치는 곳이라는 것을 확신할 수 있습니다.

나와 상관없는 그들만의 학교가 아니라 우리 아이들의 미래가 있는 곳, 전인기독학교가 있어 우리 가족은 행복합니다. 감사합니다.

우리 아이들에게 참된 행복은 무엇일까?

조민숙 (송기쁨, 송찬양 엄마)

대한민국 국민이라면 누구든 입학연령이 되면 취학통지서를 받는다. 통지서 하나를 받으면 모든 일이 일사천리로 진행되어 아이가 학교에 다니게 된다. 학교는 정말 생각할 필요도 없이 우리를 위해 존재하는 것처럼 느껴진다. 맞벌이 부모를 위해서는, 등교 전에 아이들을 돌봐주는 돌봄 시간부터 방과 후 교실까지 학교 프로그램은 완벽하다. 질 좋은 책을 무료로 주고 좋은 기자재를 사용하면서 공부할 수 있게 해준다. 게다가 이 모든 것이 무료다. 밥까지도 말이다. 그러나 이 모든 것을 포기하고 전인기독학교를 택한 데는 이유가 있다.

전인기독학교는 첫째, 영성을 가르치는 학교다. 학교는 학습을 통해 지식만 습득하도록 하는 곳이 아니라고 생각했다. 우리 가정은 교육의 가장 우선순위를 영성을 두었다. 우리 아이들이 하나님을 아는 것이 배움의 기초라고 보기 때문이다. 물론 학교에 불편한 마음이 전혀 없는 것은 아니다. 하지만 우선순위를 영성에 두기 때문에 고민은 바로 해결되었다.

둘째, 선생님이 아주 좋다. 아이에게 회초리를 들어주시고 학업적인 면에 보충할 필요가 있다면 나머지 공부를 시켜주시며 숙제 안 해 왔다면 책상을 밖에 가지고 나가서 수업을 받게 하셔도 좋다. 준비물을 가지고 오지 않아 벌서는 것마저도 좋다. 우리는 선생님을 스승이라고 믿기 때문에 선생님의 훈육을 사랑이라고 믿기 때문이다. 기독교적 세계관을 가지고 하나님의 사명으로 교육해주시는 우리 선생님이 좋다.

셋째, 부모교육이 있어서 좋다. 학교에 들어오려면 부모교육을 받는다. 처음엔 형식적일 것으로 생각하고 받았지만, 내용이 모두 알찼다. 나를 참된 부모로 거듭나게 해준 교육이었다. 부모가 무엇이며, 자녀교육이 무엇인지 세워준 교육이었다.

부모교육을 통해서 우리 부부는 가슴으로 느끼는 게 무엇인지, 앎이 삶으로 나오는 교육이 무엇인지, 성령으로 거듭나는 것이 무엇인지를 배웠다. 우리 아이들의 지성, 감성, 덕성, 영성을 키우는 전인교육이 무엇인지 알게 해 준 부모교육이었다. 매월 초에 하는 초하루 기도회, 매주 월요일에 있는 월요 부모기도회 등이 귀찮을 때도 있다. 그러나 점점 내 아이는 물론 아이가 다니는 학교, 친구들, 선생님을 위해서 기도하는 시간을 선택이 아니라 필수로 여기게 되었다.

이 세상은 완벽함이 없다는 것을 잘 알면서도 완벽을 추구한다. '완벽한 학교', '완벽한 선생님', '완벽한 내 아이'가 되어야 하기에 부모와 학교, 부모와 선생님, 부모와 아이들 간에 갈등의 소리가 들린다. 그러나 여기에 완벽함은 없지만 온전해지려고 애쓰는 학교, 선생님, 아이들, 부모가 있다. 온전해지려고 몸부림치는 학교가 바로 전인기독학교이다.

'어떻게 하면 행복한 아이로 키울까?', '어떻게 해야 복된 아이로 키울까?', '참된 교육은 무엇일까?' 등을 해결해주는 학교가 바로 전인기독학교이다.

아이와 부모가
함께 자랍니다

김은경 (이승현 엄마)

전인기독학교를 선택한 이유는 지, 정, 의, 성, 체가 조화롭게 발달할 수 있는 프로그램과 규칙적인 학사일정, 새벽 운동과 예배, 저렴한 학비 등을 고려해보니 좋은 선택일 것 같아서였다. 입학한 후에는 전교생이 1인 1악기를 연습해서 오케스트라 연주를 했던 것이나 한라에서 백두까지 국토 탐방, 소년소녀가장 돕기 마라톤 참여 등 귀한 경험을 하게 되어 정말 감사했다.

전인기독학교를 생각하면 마음속으로부터 감사한 마음이 우러나온다. 승현이뿐 아니라 엄마인 나에게도 하나님의 은혜를 체험하게 한 학교이기 때문이다. 영·유아기에 아기들이 충분한 사랑을 느껴야 하듯, 신앙의 영. 유아기를 가는 승현이나 우리 가정에 사랑이라는 수영장에서 수영하는 것처럼 느껴진 하루하루를 지내고 있다.

공부할 땐 열심히 하고 시험을 마친 뒤에는 이사장님이 비용을 부담해 주셔서 강촌에 가서 자전거를 타고 근사한 저녁을 함께했던 것도 좋은 추억으로 남을 것 같다. 늘 도움을 요청하면 도와주시는 선생님이나 전문 입시담당 선생님, 강원도와 서울, 아시아와 아메리카 대륙을 오가며 열정적으로 학생들을 뒷바라지 하시는 교장 선생님을 보면 정말 너무 감사하다.

전인이라는 신앙공동체를 가지게 된 것 자체가 정말 감사하다. 소통이 되는 것 같아 너무나 좋다. 또한 늘 기도로, 물질로 지원해주시는 교회 성도님들 덕분에 힘이 난다.

우리 아이는 전인기독학교에 다니면서 감사가 더 깊어졌고 규칙적인 생활을 통해서 건강해졌다. 학업에도 열정이 생겼고 경청하는 좋은 습관도 생겼다. 무엇이든 잘하려고 애쓰다 보니 가족모임이나 기도에도 적극적이 되었다. 친구들과 선생님에 대한 신뢰도 높아졌다.

언젠가 전인기독학교 부모교육에서 좋은 부모는 기도하는 부모, 책 읽는 부모, 신앙의 유산을 물려주는 부모라고 배웠던 기억이 난다. 이 땅에 사는 한 사람의 부모로서 책임을 다하고자 애쓰며 학교가 등불이 되어주는 대로 그 길을 따라가려 한다. 그저 하나님께 감사와 찬양을 올려드린다.

God's Academy!

김정수 (김준하 아빠)

    일반중학교를 마치고 고등학교 진학을 준비해야 하는 시기에, "준하의 앞길을 하나님께서 어떻게 인도하실까?"를 놓고 아내와 기도하던 중에 전인기독학교를 알게 되었다. 이 학교는 아이를 말씀 안에서 잘 키우고 올바른 인성과 바람직한 비전을 찾아 나갈 수 있도록 '전인적 교육'을 추구하는 학교였다. 더욱이 신앙의 역사와 뜨거운 영성으로 잘 알려진 임마누엘교회가 설립하고 후원하는 학교였기에 더욱 신뢰할 수 있었다.

    직장인인 우리 부부는, 자녀를 잘 돌보는 것이 늘 부담이자 숙제였다. 특별히 하나님의 말씀에 기반을 둔 양육이 필요하다고 여기면서도 현실에서는 늘 짜증 내고 아이와 티격태격하는 부끄러운 모습이었다. 그런데 고교과정을 전인기독학교에서 시작하면서부터 어려움이 하나씩 해소되기 시작했다. 선생님들의 헌신적인 돌봄과 학교의 체계적인 학업 및 신앙의 커리큘럼 아래서, 자기 의지와 친구와 협력하며 자기 주도적인 훈련을 해나가는 과정들을 통해 정서적으로 안정되었다. 핸드폰과 게임으로부터 자유로워지고 공기 좋고 쾌적한 환경 속에서 건강하게 운동하며 행복하게 생활하니 정말 감사하다. 이런 환경 속에서 공부해서 그럴까? 준하는 11학년인데도 대학에 합격하여 내년에 대학에 다닐지 행복한 고민 중이다. 이는 실로 기적적인 하나님의 은혜이며 전인기독학교에서만 가능한 일이라 너무도 감사할 뿐이다.

　전인기독학교에 진학한 후, 준하는 믿음생활을 더 잘해가고 있다. 학교 내 영성수련회 시간에 후배들을 위해 눈물 흘리며 기도하고 아침 일찍 일어나는 학교의 일정에 맞춰 부지런해지려고 노력하며 체육 활동을 통해 체력도 좋아졌다. 좋은 습관을 배양해주는 학교의 커리큘럼 덕분에 자기주도 학습 능력과 학습의 성취도 향상되었다. 특히 전인기독학교에서의 생활을 통해 자존감이 높아졌으며 신실한 친구와 선후배의 우정이 끈끈해졌다.

　전인기독학교는 전인적인 돌봄이 있는 학교, 영, 혼, 육의 성장을 돕는 하나님이 세우신 멋진 하나님의 학교다. 전인교육을 통해 배출된 전인인들이 앞으로 세상에 나가 구별된 삶으로 큰 영향력을 미칠 것을 확신한다. 전인기독학교는 세상 대학을 위해 준비하는 학교가 아니라, 하나님의 나라를 위한 미래의 일꾼들을 준비하는 학교, God's Academy이다. 입시의 목표에 눌려 우울한 청소년기를 보내는 이 시대의 학원형 학교를 벗어나, 하나님이 이끄시는 비전을 위해 다양한 자양분을 공급받으며 씩씩하게 훈련되는 하나님의 학교다. 더불어 검정고시 고득점을 취득하고 선생님들의 발 빠르고 정확한 입시전략을 통해 다양한 수시전형으로 각 개인에게 적합한, 본인이 희망하는 대학의 학과에 지원하여 대학입시에서도 우수한 성적을 거두고 있다.

　이런 학교에 아이를 보내는 학부모라는 것이 자랑스럽다.

학교를 향한
학부모님들의 목소리

2015년 가을, 재학생 학부모님들과의 만남이 있었습니다. 간담회에서 각 학년 대표 학부모님들의 이야기를 들어보았고, 50여 분의 학부모님들은 질문지에 정성껏 회신해 주셨습니다. 간담회와 질문지를 통해 말씀해 주신 내용을 가감 없이 그대로 전달하거나 비슷한 내용에 대해서는 정리해 보았습니다. 전인기독학교 학부모님들의 진솔한 목소리를 들어 보시죠.

Q 자녀를 전인기독학교에 보내시는 이유는 무엇인지요?

- 저는 아이가 초등학교 다닐 때부터 남편과 대안학교에 대해 알아보며 기도로 준비했습니다. 공교육에 대한 실망이 컸고 공부만 강요하는 교육을 시키고 싶지 않았습니다. 예배와 말씀, 기도가 있고, 자기 꿈을 찾는, 하나님이 쓰시고자 하는 그런 아이로 키우고 싶어서 전인기독학교에 보냈습니다. 제 계획이 아니라 하나님이 그렇게 인도하셨습니다.

- 철저한 신앙교육을 통해 평생 하나님의 말씀이 삶의 기준이 되길 소망하고 연약한 부모가 교육하기보다는 하나님의 방법으로 기르는 편이 낫다고 생각했기 때문입니다.

- 오랫동안 기독교 교육에 대한 사명을 가지고 기도로 준비한 학교이고 기독교 세계관을 가진 교육기관이라는 믿음이 생겨서 보냈습니다.

- 일반 중학교에서 학원수업이나 시험에 대한 스트레스가 심했습니다. 친구들과의 기 싸움, 콤플렉스, 그리고 누군가를 이겨야 하는 현실로 아이가 힘들어했고 인터넷과 핸드폰 등 잠들기 전까지 게임을 했습니다. 사춘기에 접어들자 부모와의 소통도 어려워졌습니다. 적극적으로 기독교 대안학교 편입을 알아보고 입학하게 되었습니다.

- 아이 셋을 공립학교에 보내면서 많이 갈등했습니다. 아이들이 배우는 가치관이 분명하지 않았고 어디를 향해 가는지 방향도 막연했어요. 누군가를 따라 분주하게 가는 모습이었지만, 아이들이 성장기에 해야 할 경험이나 인성교육은 받을 여유 없이 맹목적으로 대입을 향해 돌진하는 반복된 상황이 늘 불안하고 불만족스러웠습니다. 아이가 패배의식에 사로잡혀 자존감이 낮아지고 자신감도 없어질까 불안했습니다. 그래서 저도 다른 부모들처럼 학원 보내고 공부하는 것만 강조하게 되었고 학교 성적에 따라서 화내고 아이를 못마땅하게 여기게 되었습니다. 아이의 미래를 부정적으로 규정짓게 되면서 현재의 있는 모습 그대로를 받아줄 수 없게 되자 서로 간에 불신만 쌓여갔습니다. 결국, 아이와 제 얼굴에 웃음이 사라지고 불만만 가득해져 갔습니다.

새 술은 새 부대에 넣어야 함을 느낀 저는 하나님께서 주신 가치관대로, 아이들을 있는 그대로 사랑하고 성장하도록 기다려 주고 자신의 미래에 대해 불안해하지 않고 오늘을 살아가도록 해주고 싶었습니다. 그러던 중 전인기독학교를 알게 되었고 새로운 희망을 안고 보내게 되었습니다.

- 저희는 군인가족인데, 2003년쯤 군인교회에 오셔서 이사장님이 학교를 세울 거라고 하셔서 그때부터 기도했습니다. 그 말씀만 믿으면서 7년 정도 기도하고 이 학교에 오게 되었습니다. 남편의 임지에 따라 이동이 잦았는데 아이들에게 자기 학교가 생겨서 좋았습니다. 아이들이 안정적으로 자리 잡게 되어 정말 좋습니다.

- 수정유치원을 거쳐 일반초등학교에 다니고 있던 아이가 1년 동안 기도를 했더군요. 결국, 아이가 원했던 대로 전학을 오게 되었습니다. 큰 아이를 따라서 둘째도 입학하게 되었고요. 교회 안 다녔던 엄마, 아빠를 전도한 셈입니다. 아이가 가정을 하나님께로 인도하게 된 거죠.

- 딸이라서 품 안에서 키우고 싶었습니다. 하지만 학원만 알아보고 다니다가 사람의 한계를 느꼈습니다. 하나님이 책임져주시면 아이의 미래가 확실하겠다 싶어서 보내게 되었습니다.

- 임마누엘교회를 다니다가 결혼 후 서울에서 학구열이 높다는 지역으로 이사해서 지내고 있었습니다. 그곳 엄마들과 함께하면서 모든 것이 아이들 중심이라는 것을 깨달았습니다. 엄마들은 시험기간이면 모

임을 조정해야 했고, 학원 투어 날(보통 25일)이 있어서 학원에 다니면서 결제를 하곤 했습니다. 이런 식으로 아이를 키워야 할까 고민을 했고, 결국 아이가 5살 되었을 때 전인기독학교가 있는 곳으로 다시 이사하게 되었습니다.

이 외의 대답으로는, 일반학교에 다니면서는 성경 중심의 교육이나 인성교육을 하기 어렵기에 전인기독학교 같은 곳의 도움이 절실했다, 목회자, 성도들의 끊임없는 기도에 감동하여서 보내게 되었다는 답이 있었습니다. 또 하나님을 섬기는 가정으로 거듭나기 위해서 믿음의 교사들의 가르침을 받고 싶어서, 신앙, 영어, 악기, 유학 등 일반 학교에서는 누릴 수 없는 많은 혜택이 있었기 때문에, 사교육을 하지 않는 것이 좋아서, 주입식 공교육의 학습방법에서 탈피해서 자기 주도적인 삶을 살도록 전인기독학교에 보내셨다고 말해 주셨습니다.

Q 자녀를 학교에 보내시면서 어떤 점이 만족스러우셨는지요?

– 학교에 보내고 시간이 흐르면 흐를수록 아이의 모습 속에서 세상 아이들과는 다른 모습을 발견합니다. 전인인으로 성장하기 위해 학교와 아이가 몸부림치며 달려가는 과정에서 자녀의 마음이 주님의 것으로 채워질 때의 기쁨과 은혜를 맛보았습니다. 저희 자녀뿐 아니라 선후배를 바라보면서 소망과 비전이 넘치는 학교라는 것을 확신하며 기쁨과 감사함으로 기도하고 있습니다.

- 교장 선생님과 선생님들이 기도하며 헌신하는 모습에 감동받습니다. 경수업, 독서수업, 섬김이 제도, 다양한 현장학습, 악기교육 등 전인 교육의 프로그램에 만족합니다. 아이들의 개성을 존중하며 하나하나에 대해 애정을 가지고 기도하시는 모습, 잘하고 있는 점은 격려하고, 모자란 점을 채워주고자 노력하시며 수업뿐만 아니라 생활태도까지 고르게 관찰하고 지도하시는 등 공교육에서는 보기 드문 참스승의 모습을 뵙는 듯합니다.

- 한 학기를 영성수련회로 시작한다는 점, 오케스트라 연주, 주최예배, EBC 리더십 훈련, 한탄강 래프팅, 자전거 타기, 공정무역 활동, 독거노인 봉사, 연탄 나눔 봉사, 배추, 무, 고구마 수확, 기숙사 청소, 미국 영어연수, 독서활동, 국외아동 후원, 온 가족 체육대회, 동송동요가곡제 등으로 영, 혼, 육이 건강한 아이로 자랄 수 있어서 만족합니다.

- 맑은 공기와 유해환경이 없는 곳에 학교가 있다는 것에 만족합니다. 소수 인원으로 인해 많은 사람과 부딪히면서 발생하는 스트레스 요인을 줄이고, 하나님 나라 공동체로 서로 세워줄 수 있는 분위기라서 만족합니다. 무엇보다 청소년기에 올바른 신앙 가치관을 정립할 수 있어서 감사합니다.

- 홍천의 환경이 정말 좋고, 미디어에 노출되지 않아서 좋습니다. 미디어로부터 단절되어 있다 보니 몸으로 놀고 다양한 체육 활동을 하면서 여러 학년이 어우러지는 모습이 좋습니다. 동송동요가곡제에서 서로 안아주고 격려하는 모습을 봤습니다. 외동이들, 기숙학교라서 격

정했는데, 함께하며 형들이 놀아주는 모습이 좋았습니다. 방학 때도 학교 가고 싶다고 하고 밥도 엄마가 해주는 밥보다 더 맛있다고 합니다. 방학 때 가면 안 되는지 학교에 물어봐 달라고 할 정도입니다.

- 저희 아이는 집에서 가요가 아닌 동요와 찬송가를 부릅니다. 아이가 집에서 부르는 찬송가 소리는 정말 감동을 줍니다. 좋은 환경과 믿음 안에서 잘 성장하는 아이를 볼 때 기쁘고 행복합니다.

- 담임선생님들은 존경하는 마음이 생길 만큼 좋은 분들이셨습니다. 기독학교의 교사로서 사명감에 저절로 고개가 숙여지는 분들입니다. 현재 담임선생님은 신앙이나 교사로서의 인성뿐 아니라 학생 개개인에게 맞는 학습적인 측면까지 꼼꼼하게 짚어주시는 분이라 더할 나위 없이 만족스러운 선생님입니다.

- 선생님에 대해서 100% 만족합니다. 공교육 담임선생님들을 직업인이라고 한다면 전인기독학교 선생님들은 참 스승이십니다. 아이마다 공부만이 아니라 전인적으로 다듬어주시려고 굉장히 노력하십니다. 수업에서도 아이들 한 명, 한 명을 배려하십니다. 하지만 늦게까지 격무에 시달리실 것 같아 죄송하고, 감사합니다.

- 교사들이 초기에 자주 바뀌었습니다. 홍천이라는 특성 때문인 듯합니다. 새벽부터 밤까지 일하는 학교이니, 사명감 없이는 교사로 계실 수 없는 학교라고 생각합니다.

- 졸업한 뒤 저희 아이는 다른 학교 선생님들과 우리 학교 선생님이 정말 다르다고 말합니다. 친구들도 해를 거듭할수록 친형제, 자매처럼 스스럼없이 잘 어울립니다.

- 소수이다 보니 끈끈한 분위기입니다. 싸워도 금방 화해하고 잘 지냅니다. 간혹 그러지 못한 친구들도 있지만, 철이 철을 날카롭게 하는 시간이라고 생각합니다. 부모로서는 아이들과의 관계에 문제가 생겼을 때 기도하면서 기다리게 되었습니다.

- 인원이 적어서 아쉽지만, 다르게 생각하면 소수 친구를 아주 깊이 이해하고 진한 공동체 사랑을 느낄 수 있다는 것은 장점이라 생각합니다.

- 서울캠퍼스 아이들은 집에 와도 놀 수가 없습니다. 숙제가 너무 많기 때문입니다. 하지만 그렇게 훈련되어서 5학년에 홍천으로 가면 자기주도학습이 됩니다. 스스로 계획표 만들어서 잘합니다. 그동안 했던 것이 쌓여서 자기 주도적이 된 것으로 생각합니다.

- 학부모 기도회를 통해 학교를 위해 무엇을 기도해야 할지 알고 지속해서 기도제목을 가지고 하나님께 집중하는 시스템이 참 좋습니다.

- 학교 개교 초기의 학생으로, 1년 기다려서 전인기독학교 개교할 때 들어왔습니다. 초등학교를 재수한 셈입니다. 현재 저희 아이는 졸업했고 대학생입니다. 잘 성장해서 대학생활도 잘하고 있습니다. 큰 아이는 동생 운동회나 자기 주도 감독하러 갈 때 따라가겠다고 합니다. 동생

도 만나고 선생님도 만나고 홍천 공기를 느끼고 오면 너무 행복하다고 말합니다.

이 외에도 전인기독학교를 만족스럽게 느끼시는 이유가 여러 가지 있었습니다. 새벽에 일어나가기가 쉽지는 않으나 예배를 통해 하나님을 깊이 있게 만나게 되어 좋았고 선생님에 대한 만족도도 높았습니다. 부모님은 아이가 학교에 대한 자부심을 느끼고 잘 지내며 주 안에서 성장하고 친구나 선생님과 친밀한 관계를 유지하며 행복해하고 즐거워하는 것을 보면서 만족스러워하셨습니다. 핸드폰 금지, 인터넷 차단, 건강한 자연환경, 운동, 악기 레슨, 규칙적이고 사회생활을 배울 수 있는 기숙사생활과 유학생활 등 이루 말할 수 없이 좋은 점을 많이 적어 주셨습니다.

반면 학부모님들이 전인기독학교를 바라보며 부족하다고 여기시는 부분도 있었습니다. 기숙사 생활로 가족들과 함께하지 못하는 것, 이른 시간에 새벽기도를 해서 잠이 부족한 점, 늦은 하교 시간으로 인해 쉬거나 친구랑 놀 시간이 없는 점, 엄격한 학교 규율, 유학 프로그램에 참여하지 못하는 학생들 경우에는 다른 프로그램을 한국에서 마련해 주셨으면 하는 것 등이었습니다. 학생이나 가정의 성향, 관점에 따라서 똑같은 주제에 대해서 다르게 느끼고 있었습니다.

Q 학교에 보내면서 생긴 변화를 말씀해 주실래요?

– 아이가 표정이 밝아졌고 마음에 여유가 생겼다는 것입니다. 무엇보다 주변 환경을 탓하고 비판하며 불평, 불만투성이였는데 친구와 경쟁하지 않아도 되고, 미래를 위해 현재를 희생하지 않게 되었습니다. 비록 작은 학교 공간이지만 아이가 안정감을 가지고 다양한 활동을 할 수 있고 자기계발을 할 기회가 주어지며 친구들과 함께할 수 있어서 심리적으로 안정된 것 같습니다. 부모는 아이를 믿어주고 주말에 사랑하는 마음으로 대하니까 서로 향해 마음의 여유가 많이 생겼습니다.

– 저희 부부가 아직 성숙하지 못해서 아이에게 많은 걸 강요하고 원했던 것 같아요. 하나님이 그런 부분을 생각나게 하셨고 떨어져 있는 동안 상처 준 것, 소중한 것을 더 알게 하셔서 가족이 용서하고 사랑하는 계기가 되었어요.

– 자기밖에 모르던 아이가 '공부해서 남 주자', '도와주자', '같이 해보자'는 마음을 가진 아이로 바뀌었습니다. 자부심, 자긍심, 자아존중감이 뛰어난 아이가 된 겁니다. 저 역시 가치관이 바뀌었습니다. 학원이나 과외 같은 세상의 방법이 아닌 기도와 말씀이라는 하나님의 방법으로 자녀를 양육하게 되었습니다. 요즘 저는 독서클럽을 통해 평생 학습자의 마음으로 꾸준히 책을 읽게 되었습니다. 또한 제 자녀만 아니라 다른 아이도 품고 기도하는 부모, 학교와 교회를 위해 기도하는 부모로 바뀌고 있습니다. 저희 가정은 초하루 기도회를 통해 교육받은 것

을 바탕으로 감사하며 사는 법을 배웠고 하나님이 기뻐하시는 것이 무엇일까 고민하게 되었습니다. 이 땅에서의 삶에 대한 만족을 넘어 성전, 학교건축과 믿음의 명문가에 대한 비전을 품게 되었고 거침없이 도전하고 최선을 다하는 가정으로 변하고 있습니다.

- 학교 편입면접에서 교장 선생님이 "우리 학교는 사춘기를 모르고 지나갑니다"라고 하셨을 때 저는 속으로 웃었습니다. 막 저희 아이가 사춘기를 시작하고 있었기 때문입니다. 말을 해도 안 듣고 약간 반항도 하고 학교에서도 친구들과 대립하고 핸드폰과의 전쟁 중이었으니까요. 하지만 편입하고 시간이 지날수록 집에 오자마자 쉴 새 없이 학교 자랑과 형들 얘기를 합니다. 2주가 지나자 집보다는 홍천 학교를 무척 좋아하면서 학교에 빨리 가고 싶어 했습니다. 사춘기를 겪는 보통 아이들처럼 말이 없어지고 혼자 있고 싶어 하고 학원 수업 후 집에 와서 부터는 핸드폰을 내려놓지 않으며 제가 얘기하면 잔소리로 들린다고 하거나 짜증을 내던 아이가 완전히 바뀌었습니다. 부모와 대화하기를 원하고 자기 얘기를 많이 들어주길 원하는 자녀로 바뀌었고 함께하는 시간이 짧지만, 너무나 행복하게 바뀌었습니다.

- 책을 읽지 않던 아이가 책을 읽게 되었습니다. 수업 전후에 기도하고 1주일에 한 구절씩 성경 구절을 암송하며 섬김이가 되면 기도문을 적어가서 기도하는 것이 생활화되어서 그런지 믿음이 부쩍 자란 것 같습니다. 크리스천이라면 기독교학교를 보내서 교육해야 한다고 생각하게 되었습니다.

- 아이는 부모에게 순종하고 자기 주도적으로 학습하게 되었고 인사성과 예의가 바른 아이가 되었습니다. 부모도 자녀가 새벽기도 하는데 가만히 있을 수 없었습니다. 저희도 새벽기도를 시작했고 더 기도하게 되었으며 주말에는 온전히 아이와 함께하게 되었습니다.

- 아이의 변화에 놀랄 때가 있습니다. 가장 감사한 부분은 기독교적 세계관이 거의 세뇌에 가까울 정도로 교육되어 있다는 겁니다. 일반 학교에 다니면서 제가 감당했다면 할 수 없었을 부분입니다. 매일 성경을 읽는 아이로 저보다 더 성경적인 사고를 하는 아이로 부모가 도전 받을 때가 있습니다.

- 아이에게 말씀이 심겨졌고 이기고 지는 것보다 친구의 마음을 알게 되고 진짜로 중요한 것이 무엇인지 알아가는 것 같습니다. 부모는 기도와 예배에 더 힘쓰게 되었습니다.

- 학교 다니는 것에 안정감이 있고 즐거워합니다. 학부모로서도 사춘기 아이들과 집에 있으면 잔소리하고 사소한 일로 부딪힐 수 있을 것 같은데 기숙사 생활로 서로에게 관대해지는 것 같아 가정적으로도 안정된 모습입니다.

- 일반 학교 부모님은 아이와 대화가 안 된다고 말합니다. 함께하지도 않고 게임만 한다고 해요. 우리 아이들은 부모와 대화도 잘하고 다른 사람을 존중하는 모습이 생겼습니다. 부모도 아이를 인정하고 학교에서의 활동을 함께하는 등 저학년부터 잘 성장해왔음을 느낍니다.

- 일주일에 한 번 집에 오니 서로가 잘하려고 노력하게 되었습니다. 아이 입에서는 험한 말이 완전히 사라졌고 시간 관리를 잘하려고 애쓰는 모습이 보입니다.

- 주말에 아이가 오면 주제를 정해서 대화하려고 노력하게 되었습니다. 아이는 수줍어하던 성격에서 자신 있고 도전하는 아이로 바뀌고 있습니다.

- 자녀 때문에 남편이 믿음생활을 하게 되어 감사합니다. 하나님 중심으로 생활하려는 자녀가 있다는 것에 감사합니다.

- 기도하고 예배하는 것이 자연스러워졌습니다. 저희 아이는 하지 말아야 할 것을 분별할 줄 알게 되었고 부모는 본이 되는 믿음 생활을 하고 있습니다. 아이들이 1년에 성경 1독을 하기에 부모도 열심히 성경을 읽게 되었습니다.

- 아이 스스로 할 수 있는 일들이 늘어났고 엄마인 저는 옆집 아이를 위해 기도하는 마음이 생겼습니다. 아무리 문제아라 해도 인원이 적어서 한 명, 한 명이 소중하다고 여겨지기 때문입니다.

- 아이는 주님의 자녀라는 자존감이 높아졌고 세상을 바라볼 때 하나님의 눈과 마음으로 바라보게 되었습니다. 그런 아이를 보면서 부모들도 더욱 주님을 인정하게 되고 하나님만 붙들고 아이와 함께 믿음이 자라고 있습니다. 가정에서는 자녀의 학교생활을 공유하면서 찬양하

게 되었고 믿음으로 든든하게 세워져 가고 있습니다.

- 가족관계에 신뢰가 생겨서 부모인 저희는 하나님의 언어로 소통하고 품어주려는 마음이 생겼습니다. 부모에게 순종하는 마음이 생겼고 세상과 구분해서 판단할 지혜가 생겼습니다. 자기 목표를 향해 나가는 힘과 용기도 생겼습니다.

- 성경 말씀을 친숙하게 여기고 말씀으로 자신에게 일어나는 일을 비춰보기 시작했습니다. 저희 부부는 아이를 주말마다 봐서 그런지 아이에 대해 너그러워졌습니다.

자녀를 전인기독학교에 보내면서부터 자녀는 물론 부모님에게도 놀라운 변화가 일어났습니다. 학교를 중심으로 가족들이 대화하고 기도하면서부터 생긴 변화입니다. 부모들은 학교폭력이나 왕따 등을 걱정하는 대신 이웃을 위해 기도하게 되었고 자녀가 변하는 모습과 학교에서 받는 신앙교육을 통해 도전받고 있습니다. 가정과 학교가 소통하며 기도할 때, 전인의 아이들은 주님의 귀한 도구로 성장해나갑니다.

Q 아이는 학교에 대해 뭐라고 하나요?

- 학교에 대한 자부심이 큽니다. 일반 중학교에 다니다가 와서 그런지 기독학교가 꼭 필요하다고 말합니다. '예배가 살아있다', '선생님들이 열정이 있으시다'고 해요.

- 새벽예배에 대해 힘들다고 해요.

- 자연을 벗 삼은 아늑한 공간이 좋다고 합니다.

- 늦게까지 공부하는 선배들을 보면서 벌써 '나도 저렇게 해야 하나?'를 걱정하고 있습니다.

- 이번 2학기 중간고사 시험을 치르고 선생님들과 강촌 가서 자전거를 타고 닭갈비를 먹는 등 학교 행사에 참여한 뒤, 이런 학교는 처음 봤다면서 "대따 좋은 학교"라고 합니다.

- 학교 밥이 맛있어서 늘 다이어트에 실패한다고 합니다. 친절한 선생님 덕분에 학교 공부가 즐겁다고 합니다. 선배들은 기도 많이 하는 착한 언니들이라고 하는데, 선배들의 격려와 칭찬이 아이에게 큰 힘이 되는 것 같습니다.

- 친구들, 선생님들과 생활하는 것이 재미있고 홍천의 맑은 공기와 모든 것이 감사하다고 합니다.

- 기숙사 생활을 하다 보니 선생님, 친구들과 친밀감이 생겨서 그런지 '가족 같은 분위기'의 학교라고 말합니다.

- 저희 아이는 선생님의 전폭적인 사랑으로 교육받을 수 있고 자연 속에서 마음의 평화를 누리며 예배 속에서 진실한 믿음의 길을 찾을 수 있어서 학교를 믿고 따릅니다.

- 집보다 학교를 더 좋아합니다. 규칙적인 생활과 어려운 부분을 공감해주시는 선생님들과 쾌적한 환경을 좋아합니다. 공부 외에 창의적으로 주님을 경배하는 시간, 역사탐방, 체력과 협동 능력을 기를 수 있는 구기 종목, 오케스트라 활동, 다양한 봉사활동을 할 수 있어서 좋아합니다. 방학 때의 계절학기는 부족한 공부를 보충할 수 있는 시간이라며 좋아합니다.

- 기숙사 생활이나 새벽 운동을 힘들어하지만 여러 학년과 두루두루 친하고 좋아합니다.

- 사소한 트러블 이야기를 합니다. 일반 학교랑 비슷하다고도 말합니다. 이런저런 투정 속에서도 선생님들이 애써주시는 부분에는 감사한 마음을 가지고 있습니다.

- 아무나 다닐 수 없는 학교라는 자부심, 신앙훈련과 학습, 환경이 좋은 학교라고 합니다.

- 재미있어하고 여러 가지 수업을 많이 해서 좋다고 하며 높은 계단은 힘들어합니다.

- 전인기독학교가 최고인 줄 압니다. 학교에 대한 자부심이 대단하며 아주 좋은 학교라고 말합니다. 하지만 규율이 너무 많고 자유가 없는 학교라고도 합니다.

- 즐겁고 행복한 곳, 재미있는 곳이라고 합니다. 체험학습이 다채롭고 활동성이 있어서 좋아합니다.

- 한 번도 학교 안 가겠다고 한 적이 없습니다.

- 선행학습이 없어서 좋고 성경 읽고 예배드리는 것이 좋다고 합니다. 친구가 몇 명 안 되어서 다투어도 금방 화해한다고 합니다.

Q 10년 후의 전인기독학교를 향해 한 말씀 해주세요.

- 공교육이 무너진 것은 이미 오래 전이고 올바른 스승을 만나기도 정말 어렵습니다. 이런 시대에 전인기독학교에 다닌 것은 축복이라 생각합니다.

- 반드시 세상에서 경쟁력 있는 학교로 자리매김할 것이라 확신합니다. 학교의 설립이념이 계속 이어지길 바랍니다.

- 자녀가 스스로 하나님을 찾고 만나고 자율적으로 공부하고 배려하고 섬기는 창의적인 자녀가 되었으면 합니다. 다양하고 많은 학생이 지원해서 좀 더 활기찬 학교가 되길 원합니다.

- 전인기독학교의 커리큘럼은 아이들이 전인격적으로 건강한 인재로 양성할 수 있는 훌륭한 프로그램입니다. 일반 중·고등학교를 졸업한 다른 아이들과 비교할 때, 영성이 뒷받침된 우리 아이들은 달라도 많이 다를 것입니다. 학교가 더 체계적으로 자리 잡고 학생과 교사가 더 갖춰지면 믿음의 명문학교, 믿음의 사관학교로 충분히 성장할 것입니다.

- 하나님의 뜻을 이루고자 하는 소망을 가진 아이들이 세상의 빛과 소금의 역할을 충분히 해나가는 모습으로 학교의 위상을 드높일 것으로 생각합니다. 좋은 크리스천 청년을 키워내는 좋은 플랫폼, 기독학교의 모범답안이 될 것으로 생각합니다. 구속사적인 세계관과 역사관으로 쓰임 받는 귀하고 정결한 학교가 되길 바랍니다.

- 경쟁력 있고 가능성이 있다고 생각합니다. 인가를 받아 정식학교가 되면 더 좋을 것 같습니다. 많은 학생이 입학해서 성장, 발전하고 명문학교, 특성화 학교로 변화를 주어 자녀의 달란트를 길러주는 학교이길 바랍니다.

- 세상 교육을 바라보면 우울한 현실이 많습니다. 하지만 세상과 겨루어도 끄떡없는 실력과 내면을 채운 영성이 있는 우리 학교 아이들이 되었으면 합니다.

- 이 시대가 인정하고 기대하는 인물들을 배출하고 사회를 변화시키고 각자의 길을 스스로 개척할 수 있는 아이들로 키워내며, 신앙과 실력으로 인정받는 학교가 되길 원합니다.

- 졸업생도 많아지고 연륜이 쌓이면서 탄탄한 학교가 될 것을 기대합니다. 인생의 가장 소중한 시기인 청소년기에 전인 공동체를 통해 배우고 경험한 것이 이후에 사회에 나가서 살아가는 데 좋은 영양분이 되어 예수님의 제자로서 자신의 소명을 다할 수 있으리라 생각합니다.

- 학교 갈 때마다 참 좋은 환경이라고 느끼고 옵니다. 아이들이 밝고 착해서 좋습니다. 공부만 잘하는 아이가 아니라 생각이 바르고 정직한, 비전 있는 아이들로 성장하리라 믿습니다.

- 이사장님과 목사님이 꿈꾸고 바라보며 기대하는 것들이 하나하나 이루어지는 것을 바라보며 기대하는 마음이 큽니다. 학교의 방침에 따르며 같은 곳을 바라보며 기도하며 나갑니다.

- 전인기독학교를 현재 알고 있으면서도 보내지 않고 있는 학부모가 10년 후에 땅을 치며 후회할 만큼 전인기독학교의 입지가 분명해지리라 믿습니다.

- 많은 성도와 부모들의 기도로 세워진 학교에 뿌려진 기도의 씨앗이 아이들의 열매로 맺어질 것이라 믿으며 하나님을 영광되게 하는 전인기독학교가 되리라 믿습니다.

- 아이들을 하나님 안에서 함께 키우고 경쟁이 아닌 상생을 배우는 학교, 공감 능력이 뛰어난 아이들로 세우는 학교가 되길 원합니다.

- 주님이 계획하신 대로 이 시대에 선한 영향력을 행사하는 많은 인재가 배출될 것이며 명문 크리스천 학교가 될 것이라 믿습니다.

- 더욱 신앙교육에 박차를 가하여 진정한 크리스천 인재 양성 학교로서의 면모를 갖추기를 소망하며 수업 부분에서 거꾸로 교실, 질문이나 발표, 토론이 살아있는 학교가 되면 금상첨화가 될 것으로 생각합니다. 학교 인원 부흥에도 큰 역할을 할 것이라 예상합니다.

- 전인의 선생님들은 아이들에게 진정한 스승이라는 생각이 듭니다. 무엇이든지 믿고 따를 수 있는 선생님들이 계셔서 든든하고 행복합니다.

- 꿈과 비전이 있는 학교입니다. 전인기독학교가 통일 한국의 각계 각층의 지도자를 많이 배출하는 명문학교가 되길 소망하고 기도합니다.

THEME 5
교육 개혁, 교회가 해야 합니다

기독학교를 이끌면서 한국교회와 교육의 문제를 고민하며 현안의 문제를 파악하고 하나님의 관점으로 해결하기 위한 생각들을 모아 보았습니다. 다소 다듬어지지 않은 생각과 논리가 있을 수 있으나 알아야 할 시대의 영적 흐름이고 가정과 교회가 해야 할 사명이라 생각합니다. 한국을 살리고 교회를 살리고 가정을 회복시키는 일, 교육의 문제를 해결하지 않으면 방법이 없습니다. 한국교회에 하나님께서 주신 마지막 회복과 부흥의 열쇠는 교회가 기독학교를 세워 책임지는 교육을 하는 것입니다.

회복과 부흥을 위해
교회가 해야 할 일

지금은 남의 땅 – 빼앗긴 들에도 봄은 오는가?
가르마 같은 논길을 따라 꿈속을 가듯 걸어만 간다.
입술을 다문 하늘아, 들아,
내 맘에는 나 혼자 온 것 같지를 않구나!
네가 끌었느냐, 누가 부르더냐, 답답워라, 말을 해다오.

민족시인 이상화의 '빼앗긴 들에도 봄은 오는가?'의 한 소절이다. 이 시는 국권 상실한 민족의 비통한 현실에 대한 비애와 슬픔 그리고 허탈감이 담겨 있는 시이다.

오늘 사랑하는 조국 대한민국을 특히 한국교회를 바라보는 나의 심정을 표현한 글과 같다. 하나님께서 창조하신 이 세상은 대한민국이 일본에 나라를 빼앗기고 주권을 빼앗기듯 사탄에게 빼앗겨 내 나라 내 조국 아닌 남의 땅, 사탄의 것이 되어버린 듯하다.

과연 빼앗긴 하나님의 나라의 들에 과연 회복의 봄이 찾아올 수 있을까? 하나님은 이 세상 모든 만물을 창조하셨다. 창조의 손길은 아름답고 기이하며 완전했다. 그러나 사탄의 유혹에 넘어간 아담과 하와는 하나님처럼 되려는 욕심이 잉태하여 죄를 낳았다. 그 죄의 바이러스는 온 세상에 퍼졌고 세상은 욕심으로 가득하여졌다. 그 욕심에 인간으로 하나님보다 자기 자신을 더 사랑하며, 사랑의 대상인 하나님과 이웃 안에 자신의 욕심을 채웠고, 자신을 사랑하는 도구와 수단으로 전락시켰다. 인간은 더 많이 가지고 더 높은 곳에 올라가기 위해 자연을 파괴하고 환경을 오염시켰다. 이웃의 것을 탐내고 전쟁과 테러를 일삼아 폭력과 살인이 난무한 세상을 만들고 말았다. 인간은 여전히 자신들의 욕심에 이끌려 하고 싶은 대로 하며 하나님에게서 멀어지고 하나님을 믿는 것이 아니라 내 안에 있는 우상을 하나님으로 둔갑시켜 자신을 사랑하고 있다.

하나님은 이렇게 빼앗긴 하나님의 자녀를 보며 안타까워하시며 탄식하셨다.

"나는 여호와이니 이는 내 이름이라 나는 내 영광을 다른 자에게, 내 찬송을 우상에게 주지 아니하리라" (사 42:8).

혹시 자신이 가장 사랑하고 귀하게 생각하는 것을 빼앗기고 잃어버리고 배신당한 적이 있는가? 그 상실의 아픔을 아는가? 우리 하나님 아버지는 그런 아픔을 느끼셨고 탄식하셨다. 나는 이 시대를 볼 때마다 하나님의 마음을 느낀다. 하지만 하나님은 우리처럼 탄식과 아픔 속에 머물지 않으시고 결단을 내리셨다. "나는 나의 영광을, 나의 찬송을 결단코 우상에게 다른 이에게 주지 않을 것이다"라고 말이다. 그래서 하나님은 가장 큰 희생이자 사랑을 우리에게 주셨다. 타락한 인간을 구원하시려고 독생자 아들을 이 땅에 보내셔서 어둠의 권세를 이기시고 부활하시고 승천하셔서 사탄에게 빼앗긴 모든 영역에 회복의 능력을 주셨다.

그런데 문제는 우리가 보장된 승리가 있음에도 그 능력을 상실하고 무능력한 삶을 살아가고 있다는 것이다. 예수 그리스도의 사랑으로 우리의 영원한 생명을 빼앗아 가지 못한 사탄은 이제 우리의 영혼을 병들게 하며 또다시 이 땅의 영역을 침범하고 빼앗아 가고 있다. 이 일의 가장 강력한 전략이 교육의 황폐화이며 강력한 무기는 공교육이다.

사탄은 국가와 종교를 통한 우상숭배로 인간을 하나님으로부터 멀어지도록 이 땅에 국가가 주도하는 학교를 만들어서 하나님을 부인하고 믿지 못하도록 만들었다. 사탄이 대중문화와 함께 정복했던 것이 공립학교 제도이었다. 그 이유는 교육이 인간의 삶에 있어서 너무나도 중요하기 때문이다.

교육은 누구에게서 무엇을 어떻게 받았는가 하는 것이 중요하다. 받은 교육으로 관점이 바뀌고 생각이 좌우되고 삶이 달라지기 때문이다. 요시아 왕 시대에 하나님의 교육을 받은 다니엘은 정권과 나라가 네 번이나 바뀌는 가운데 계속해서 총리가 되어 성공한 인생이 되었다. 한 나라와 사람의 운명을 바꾸어 놓을 수 있는 것이 교육이다. 우리는 그 증거를 북한을 통해 분명히 확인하고 있다. 북한과 같은 정권 아래서 교육받은 사람들은 자기의 의지와 상관없이 불행한 삶을 살게 된다.

북한 주민의 삶은 참으로 안타깝다. 한편으론 21세기에 어떻게 저런 나라가 존재할 수 있을까 놀랍다. 북한 정권이 아직도 이러한 체제를 유지할 수 있는 이유는 태어나면서부터 먹는 것을 주관하며 주체사상으로 세뇌교육 하기 때문이다.

내가 아는 목사님의 누님이 일본에 사는 조총련이신데, 아들은 일본에서 태어나 조총련의 도움으로 공부하고 동경대학교를 나온 수재였다. 그런데 졸업 후에 좋은 직장에 취업할 수 있는데 조총련에서 약간의 보수를 받으면서 일을 했다. 목사님이 왜 더 좋은 직장이 있는데도 불구하고 그곳에서 일하느냐고 물으니 자신은 북한 체제가 잘못되고 한국이 민주주의 사회이고 잘 산다는 것을 알지만, 북한의 도움으로 교육받았기 때문에 자신을 교육 시켜준 북한을 배신할 수 없다는 것이었다. 나는 이 이야기를 듣고 놀라지 않을 수가 없었다. 결국 한 사람의 진로와 인생을 교육이 결정지은 것을 보면서 교육문제는 정말 중요하게 다루어야겠구나 싶었다. 현재 우리나라가 역사교과서의 국정화로 혼란스러운 상황이다. 개인적으로 국정 교과서를 반대하지만, 지금과 같이 정치세력화되고 교권의 기득권자들인 전교조에 의해 교과서가 만들어진다면 국정 교과서도 고려해 보아야 한다고 생각한다. 왜냐하면, 우리가 알아야 할 관점은 국정교과서냐 검정교과서냐가 아니다.

누가 그것을 가르치고 그렇게 기술한 의도가 무엇이냐가 중요한 것이다. 그 의도는 교사 지침서를 보면 알 수 있다. 교과서에 대해 논쟁하는 것은 무익한 일이다. 교사 지침서에 교과서에 나타나지 않은 의도와 방향이 나와 있다. 그것을 인정하는 전교조 교사들이 가르치면 국정 교과서라 할지라도 좌편향 되게 가르치면 세뇌당할 수밖에 없는 것이 학교 교육의 현실이다.

30여 년 전 대학 캠퍼스에서 주체사상에 심취해 좌경화되었던 지식인들이 세월이 흘러 이제는 정치와 경제, 문화와 교육, 종교 등 다양한 분야의 지도자층이 되어 이 나라를 뒤흔들고 있다. 전교조에 속한 교사들이 학교에서 한국의 지도자들을 비난하고 북한을 칭송하는 교육을 하기도 한다. 그러나 전교조의 사상교육은 사회표면으로 드러나지도 않고 있다. 왜 전교조와 좌편향된 사람들은 평준화 교육과 무상교육, 무상급식을 비롯한 학생 인권을 부르짖으며 교육의 주도권을 잡으려고 하는 것일까? 공교육을 통해 북한처럼 자신들이 원하는 나라를 만들 수 있다고 착각하고 있지 않나 생각해 보게 된다.

나는 영적으로 이 모든 일의 배후에 사탄의 생각과 역사가 있다고 생각한다. 사탄은 하나님의 사랑과 은혜가 가득한 축복된 대한민국뿐 아니라 온 세상을 인본주의 사고로 변화시켜 하나님을 부인하는 나라와 세상으로 만들기 원한다. 아니 이미 그렇게 만들었다. 여기엔 교회성장을 추구하며 학교 교육에 대하여 무관심했던 한국교회에도 책임이 크다고 할 것이다.

사탄은 오늘도 우리와 하나님과의 관계를 단절시키고 멀어지게 하려고 혈안이 되어있다. 사탄이 사용한 가장 강력한 방법은 공교육제도이다. 오늘날 일반학교에서는 종교에 대해 "신앙은 개인적이고 주관적이며 구별되는 것이며, 진리는 상대적이고 상황적이며 개인화된 것이다. 가장 위대한 덕목이란 개방성, 관용, 다양성이다"라고 가르친다. 이것이 공립학교의 기본적인 철학이다. 개방성, 관용성, 다양성의 교육을 통해 생각의 틀이 형성되면, 절대성에 대해 깊이 거부하게 된다. 그래서 예수 그리스도를 통한 구원만을 주장하는 기독교를 엄격하게 배제하고 거부하게 되는 것이다. 다시 말하면 하나님은 존재하지 않으며, 존재한다 해도 인간 세상에는 관여하지 않으신다고 본다. 이런 교육을 통한 하나님과의 단절은 일반학교들이 가르치고 있는 근본적인 철학이고 교리이다.

그런 차원에서 볼 때, 공교육은 거대한 이신론과 다신론의 종교와 같다. 이런 교육의 틀 속에서 우리의 자녀를 향한 하나님의 생각, 하나님의 비전은 뒤틀려지고 어그러지게 된다. 결국 우리 세대는 하나님의 것을 사탄에게 빼앗긴 세대가 되고 말았다. 이미 교육을 통해 사탄의 생각 틀을 가지게 되었기에, 기독교는 세속화되었고 예수님을 나의 주인으로 인정하고 사는 것이 불가능한 세대가 되고 말았다. 나는 죽고 예수가 산다는 것이 이해되지 않는 세상, 그저 예수가 죽고 죽으심으로 나는 살아 행복하기를 기대하는 종교가 된 것이다.

그러니 희생하고 헌신하며 세상과는 다른 방법으로 사는 것이 부담스러울 수밖에 없다. 나는 그렇게 살아도 아이들이 그렇게 살지 않기를 바라는 부모의 마음이다. 그래서 대학입시를 위해서는 예배 안 드려도 되고 수련회 안 가도 된다고 말한다. 이런 이중적인 신앙의 모습이 오히려 우리의 자녀를 병들게 하는 것이다. 부모가 변하지 않는 한 자녀 역시 변하기 어렵다.

그렇다면 이제 우리가 빼앗긴 하나님의 나라 회복을 위해 해야 할 일은 무엇인가? 그것은 교회와 가정이 중심이 된 학교를 세우고 그 학교를 통해 하나님의 문화와 하나님의 자녀, 하나님의 교육으로 회복시켜야 한다.

일본에 의해 조선 왕조 500년의 역사가 무너져 갈 때, 나라를 빼앗기지 않으려고 뜻있는 한국인들이 무던히 노력했다. 그러나 민족을 사랑하는 열정만으로는 나라를 되찾을 수는 없었다. 나라를 찾을 능력과 실력이 부족했기 때문에 열정과 순수한 노력이 다 허사가 되었던 것이다. 곳곳에서 들고 일어난 의병들은 신식무기와 군사훈련으로 무장한 일본군에게 무릎을 꿇을 수밖에 없었다. 헤이그에서 자신의 배를 갈라 열방에 나라 잃은 설움을 호소했던 이준 열사의 기개마저 이미 수십 년 동안 준비해온 일본의 치밀한 외교의 벽을 뚫을 수는 없었다.

이런 한계를 깨달아서일까? 도산 안창호 선생은 전국을 돌아다니며 외쳤다.

"2천만 동포여, 나라가 망한 것은 이완용이나 일본 때문이 아닙니다. 우리가 무지해서 나라를 망하게 했습니다. 그러니 너와 내가 함께 지금부터 나라 살릴 공부를 해야 합니다. 그리고 힘을 합쳐 전국에 학교를 세워 우리의 아이들을 공부시키켜야 합니다. 바로 그것이 진정으로 애국 애족하는 길입니다."

도산 안창호의 말처럼 우리나라를 망하게 한 것은 일본이나 이완용이라는 외부적인 요인들이 아니었고 지금 우리가 경험하고 있는 한국과 교회의 아픈 현실 역시 몇몇 정치, 경제, 교육, 종교지도자들 때문이 아니다. 그런데 한국 사회와 교회를 보면 하나 같이 남탓만 하고 있다. 아니다. 우리가 사탄의 궤계에 대하여 무지했고 하나님 없는 교육을 통해 나라와 교회와 가정을 빼앗겼기 때문이다. 우리는 이 사실을 명심해야 한다.

3·1 운동 이후 조선 총독부는 총칼만 가지고 한국인들을 다스리기가 힘들다고 판단해서 엄청난 양의 술과 담배, 매춘과 마약을 조선으로 가지고 들어오기 시작했다. 그리고 학교에서 조선의 역사와 글을 가르치는 것을 체계적으로 폐지해 나갔다. 조선인들의 삶을 저속하게 만들고 정신문화를 말살해서 조선의 정신을 무너뜨리려 한 것이다. 오늘날 사탄은 그보다 더 극악하고 치밀한 방법으로 우리의 믿음과 정신을 빼앗고 있다. 술, 담배, 마약, 성매매는 물론이고 인터넷을 통하여 우리의 가정과 교회, 아이들을 파괴하고 빼앗아 노예로 만들고 있다.

그렇게 일본이 우리나라를 빼앗고 정신을 말살하려고 할 때 정면으로 맞서서 민족의 얼을 지킨 것이 바로 한국의 교회였다. 전체 인구 2천만 명에 기독교인은 50만 명밖에 안 되었지만, 기독교인들이 똘똘 뭉쳐서 전국적으로 금주운동을 했다. 술 안 먹고 모은 돈으로 기독학교를 세우며 한국의 정신을 지키는 데 결정적인 역할을 했던 것이다. 이렇게 해서 세워진 교회와 성서구락부 기독학교들을 통해서 훗날 한국 현대사를 주도하는 민족 지도자들이 나오게 되었다. 일제가 36년 동안 총, 칼로 조선을 꺾지 못한 것은 바로 한국 기독교의 깨달음과 회개 때문이었다고 믿는다.

이제 우리가 할 일은 우리의 영적 무지를 깨닫고 하나님 앞에 회개하는 것이다. 그리고 교회와 가정이 함께 학교를 세워 일본에 빼앗긴 나라를 믿음의 선각자들이 앞장서서 독립과 광복운동을 하셨듯이 사탄에게 빼앗긴 교육을 회복하고 다시 찾아와야 한다. 분명히 하나님은 "나는 여호와이니 이는 내 이름이라 나는 내 영광을 다른 자에게, 내 찬송을 우상에게 주지 아니하리라"(사 42:8)고 말씀하셨다.

이젠 우리가 한국교회가 결단하고 일어나야 한다.

입술을 다문 하늘아, 들아,
내 맘에는 나 혼자 온 것 같지를 않구나!
네가 끌었느냐, 누가 부르더냐, 답답워라, 말을 해다오.

빼앗긴 조국의 현실에 대해 침묵하고 있는 것에 답답함과 한탄이 담겨있다. 오늘 우리 한국교회는 이 탄식과 안타까움이 있어야 한다. 빼앗긴 우리의 사랑스러운 다음 세대를 회복하고 믿음 안에서 성장하도록 민족을 구원하는 마음으로 기독학교를 세워야 한다. 그래서 '지금은 남의 땅'처럼 되어버린 공교육 속에 빼앗긴 교육을 회복하고 봄기운이 가득한 나라로 만들어야 한다. 사탄에게 빼앗긴 교육의 주권을 회복하여 우리 자녀에게 하나님을 교육할 수 있는 학교로 회복시켜야 한다.

이것이 다음 세대에게 믿음의 유산을 물려주고 대한민국을 살리기 위해 지금 우리가 해야 할 일이다.

교회가 기독학교를 준비하고 시작해야 한다

얼마 전 이사로 속해 있는 ACSI(Association of Christian Schools International) 한국이사회 모임이 있어 참석하였다. 이사장 김요셉 목사님을 비롯해 이화여대 김정효 교수님, 장신대 박상진 교수님, 염광학원 김혜선 상임이사, 숭덕여자고등학교 홍배식 교장 선생님, 피승호 박사님, 백인숙 이사님, 그리고 이상수 사무총장님과 함께 회의를 하고 대화를 나누었다. 모든 분들이 한국교육을 걱정하고 고민하며 대안 없는 현실 속에 안타까움을 토로하셨다.

한국 교회가 당면한 가장 큰 문제는 인구수의 감소이다. 현재 중3이 63만 명인데 앞으로 2, 3년간 매년 10만 명씩 학생 수가 줄어든다고 한다. 정말 앞으로 대학뿐 아니라 중·고등학교의 존폐여부도 심각한 수준이 되었다. 더 충격적인 통계는 줄어드는 학생 수보다도 교회 다니는 청소년의 숫자가 급감하고 있다는 사실이다. 그 수치가 거의 미전도종족 수준이라고 하니 놀라울 수밖에 없었다.

이미 한국교회의 위기는 체감하고 있었고 최윤식 박사의「한국교회 미래지도」를 통해 무엇이 문제인지도 직감하고 있었지만, 현장에 계신 분들의 이야기를 들으니 정말 걱정스러웠다.

한국 사회와 한국 교회가 맞이하게 될 미래의 문제에 대해서 대안은 무엇이고, 무엇이 해결방법일까? 「한국교회 미래지도」에서는 '교회 교육부서가 해답'이라며 주일학교 생태계 회복과 교사를 양성해야 한다고 했는데, 아마도 기독학교라는 영역을 경험하지 않아서 그런 것 같다. 한국사회와 교회의 위기 속에서 일주일에 한 번 모이는 교회학교는 결코 대안이 될 수 없다. 입시지옥의 현실 속에 주일학교 생태계 회복은 불가능한 일이다. 더욱이 자녀 교육비의 부담으로 자녀 낳기를 거부하는 젊은 세대에게 그 생태계의 자원을 대안 없이 출산하라는 것은 불가능한 일이다.

한국교회의 회복과 미래의 소망을 위해서 한국교회는 주일에만 나오는 주일학교의 개념을 일반학교와 같이 매일 다니는 학교로 바꾸어야 한다. 다시 말하면 교회가 기독학교를 세워 학교중심의 주일학교가 아닌 하나님 중심의 일반학교를 만들어야 한다. 하나님의 세계관으로 학교에서 가르치는 모든 부분을 배우고 익히며 실력과 영성을 겸비한 전인격적인 하나님의 사람을 교육하는 일을 교회가 책임지고 해야 한다는 것이다. 이것이 미래 한국을 살리고 한국교회를 살리는 유일한 대안이라 생각한다. 이 일을 위해서는 개교회의 헌신과 결단이 필요하다.

우리 기독교인들이 자녀를 공교육에게 내어주고 교육 주권도 양도해 버렸다. 대다수 국민은 공교육이 해답이라고 여기며 그것을 국민의 의무요, 도리라고 생각했다. 그러나 교육계의 기득권자들과 정치화된 교육의 희생양이 되고 만 것은 아닌지 의심스럽다. 우리 학교 학부모 한 명은 전교조라는 말만 들어도 치를 떠는 사람이 있다. 전교조가 생겼던 1990년에 고등학교를 다녔던 엄마인데, 전교조에 속했던 담임 선생님이 아이들에게 참교육을 한다면서 거리에 나가 데모해야 한다고 해서 학급 반장으로 안할 수 없었다고 한다. 그 당시엔 그것이 옳은일이라 생각해서 열심히 했는데 만일 지금 그 선생님을 만난다면 따지고 싶다고 했다.

이미 교육계의 원로들과 의식 있는 학자들은 공교육은 죽었다고 선언했다. 전성은 거창고 전 교장 선생님 같은 분은 교육개혁을 부르짖으며 국가권력으로부터 '교육부 독립'을 주장하였다.

세상이 부르짖는 '참교육'은 존재하지 않는다. 참교육은 교육의 주권이 창조주 하나님께 있음을 인정할 때 비로소 가능한 것이다. 참교육을 해야 하고 할 수 있는 공동체는 교회밖에 없다. 다른 나라에 선교사를 파송하는 것도 중요하지만, 이제는 미전도 종족과 같은 우리의 다음 세대를 향해 선교해야 할 때라 본다. 선교지에 교회를 건축하고 학교를 세우듯, 3.4%밖에 안 되는 우리나라의 기독 청소년들을 위해 학교를 세워야 한다. 학교 하나 세우는 것이 쉬운 일은 아니다. 비용 면에서도 선교지에 비하면 더 많은 돈이 필요할 것이다. 그러나 미래 한국교회를 내다보며 투자해야 할 일이다.

다음 세대의 기독교 생태계를 회복하기 위해서라도 꼭 해야 하는 일이다. 국가의 법에 위배가 된다면 법을 바꾸기 위해 교회들이 앞장서야 한다. 하나님의 법에 위배된다면, 잘못된 세상을 향해 외쳐야 한다. 대형교회들이 그렇게 해야 한다. 교회가 자녀교육을 책임진다면 가정들은 교회를 중심으로 살게 되어 교회가 부흥하게 될 것이다. 가정마다 걱정스러운 것이 자녀교육일 텐데, 이것을 교회가 하나님의 방법으로 해결해 준다면, 많은 이들이 자녀교육을 위해서라도 예수님을 믿게 될 것이다. 교육이 복음 전도의 통로가 되는 것이다. 믿음이 있는 할아버지나 할머니는 신앙의 유산을 물려주지 못해 안타까워한다. 부모들은 그럴 수밖에 없는 현실이라며 아이들을 학원으로 내몰고 있다. 그런 안타까움과 교육 현실을 교회가 해결해 준다면 가정 안에서의 갈등도 자연스럽게 해결되지 않겠는가? 교회가 미래를 바라보며, 투자하고 책임져야 할 부분이다.

나는 기독학교를 세우는 일에 '땜빵'으로 시작해서 12년을 달려왔다. 미인가학교로 교회가 책임지는 교육을 하는 학교를 세우기 위해 씨름하며 여기까지 왔다. 쉽지 않은 길이었다. 김요셉 목사님의 도움과 격려가 있었지만 목사님의 학교와는 또 다른 형태의 학교였다. 그래서 교사를 수급하고 교과서를 받는 등 일반 학교에서는 너무나 평범하게 이루어지는 일들에서부터 상상할 수 없는 불편함과 어려움을 겪었다. 학교를 말할 때 가장 좋은 학교의 조건으로 언급되는 대학입시에서도 불리한 조건들이 많다. 아무도 가지 않은 길을 가야 했기에 광야에 길을 내는 것같이 힘든 과정을 거쳐 왔다.

하지만 지금 돌아보면 교육의 회복과 부흥을 위해서는 반드시 건너야 할 길이었다. 하나님께 길을 물으며 발을 내딛으면 홍해를 갈라주시고 요단강을 갈라 주시듯 여리고 성을 무너뜨리시듯 하나님이 함께해 주셨다. 모든 일이 하나님의 역사였다. 현재 우리 학교는 좋은 교사와 시스템, 커리큘럼과 프로그램을 가지고 양질의 교육을 하고 있다. 제도권에 얽매이지 않기에 더 유익한 교육을 선별해서 할 수 있었다. 특히 국제화를 위한 해외 프로그램은 제도권 학교는 상상할 수 없는 과정이었다. 대학입시에서도 좋은 성과를 내고 있다. 이윤을 목적으로 하는 학교가 아니기에, 교회가 가정들을 세우기 위해 했던 사역이기에 가능했던 일이다.

교회가 학교를 세워 이 땅을 회복하고 구원하는 일은 재정이 부족하다고 해서 못 하거나 교회가 크니까 할 수 있는 일이 아니다. 학교를 세워 하나님의 사람들을 키우는 일은 창조주 하나님의 권위를 믿고 하나님의 말씀에 근거해서 나갈 때 가능한 일이다. 다음 세대를 향한 사명감을 가지고 교회가 꼭 해야 할 사역이다.

하얀 거짓말의 교육

우리는 하얀 거짓말이 난무하는 세상에서 살고 있다. 하얀 거짓말은 거짓말이긴 한데 거짓을 위한 게 아니라 좋은 의미에서 하는 거짓말을 말한다. 소위 '착한 거짓말'이라고도 한다. 대표적인 하얀 거짓말로는 '사랑하기 때문에 헤어진다'는 말이 아닐까 싶다. 거짓말은 의도가 어떻든 간에 진실이 아닌 거짓이다.

하얀 거짓말을 자주 하고 듣다보면, 옳고 그름의 경계가 모호해져서 참과 거짓을 분별하기 어려워진다. 하얀 거짓말도 반복되면 새빨간 거짓말을 하얀 거짓말로 착각하게 되고, 새빨간 거짓말이 진짜이고 진실인줄 알게 된다. 옳고 그름의 기준이 모호해져 정의로움에 대한 감각도 없어진다. 결국 믿지 못할 세상이 되어가는 것이다. 비정상이 정상이 되고, 정상이 비정상이 되는 이유는 바로 여기에 있다.

문제는 이런 믿지 못할 세상에서 살다 보니 의심이 커진다는 것이다. 좋은 의도를 가지고 말을 해도 의심을 가지고 들으니 거짓말로 듣게 되는 불신의 세상을 만든 것이다. 국가 지도자가 말해도 의심스럽고, 불의의 사고나 사건이 일어났을 때에도 정치적인 의도나 배후가 있을 거라고 의심하기 시작한다. 눈에 보이는 인간이나 현상에 대해서까지 의심과 불신의 눈초리로 쳐다보는 시대가 되고 말았다. 그러니 눈에 보이지 않는 하나님을 믿는 것은 소가 바늘귀에 들어가는 것보다 더 어려운 시대가 된 것이다.

사탄은 하얀 거짓말로 하나님을 부인하게 하고 서로 의심하고 불신하게 만들어 기독교 역사상 전무후무한 핍박과 분열을 일으키고 있다. 눈에 띄는 어려움과 고난, 핍박은 아니더라도 매우 느린 속도로 슬며시 우리 믿음 가운데 들어왔기에 우리는 고통도 느끼지 못했다.

하지만 하얀 거짓말의 파괴력은 한국의 교회를 흔들어 놓았다. 겉으로는 별 어려움이 없는 것 같으나, 내부의 불신과 의심으로 교회를 무너뜨리고 있다. 교회에 문제가 있고 목회자나 성도가 잘못 믿었기 때문이라고 생각하게 하였다. 사탄은 하얀 거짓말 전략을 사용해서 교회가 교회를, 목회자가 목회자를, 성도가 성도를 공격하며 의심하고 불신하게 만들었다. 사탄의 전략은 적중해서 세상을 혼란스럽게 만들었다.

이런 시대에 우리에게 꼭 필요한 것이 있다면 무엇일까? 바로 분별과 지혜의 영이다. 분별의 지혜가 있어야 하얀 거짓말에 속지 않고 이 땅의 모든 것을 축복의 도구로 사용할 수 있다. "너희는 이 세대를 본받지 말고 오직 마음을 새롭게 함으로 변화를 받아 하나님의 선하시고 기뻐하시고 온전하신 뜻이 무엇인지 분별하도록 하라"(롬 12:2).

이 말씀을 보면, 이 세대를 본받지 말고 마음을 새롭게 하여 변화를 받으라고 말한다. 그런데 우리는 본받지 말아야 할 세상을 너무나 많이 본받으며 살고 있다. 세상을 본받아 살지 않으면 실패자가 될 것 같아 불안하여 세상을 따라 살고 있다. 마음을 새롭게 함으로 변화를 받아야 하는데 사탄의 하얀 거짓말에 속아 변질되었다.

구원받은 자임에도 불구하고 구원받지 않은 자처럼 살아간다. 예배의 감격, 기도의 응답, 은혜에 대한 감사를 상실한 채 살아간다. 그렇게 된 이유는 우리의 생각이 사탄에 의해 지배당하고 있기 때문이다. 전인기독학교를 10여 년간 이끌며 교육학 이론과 사상을 연구하면서 깨달은 것은 사탄이 공교육 시스템을 통해 교육을 철저히 이용하고 있다는 것이다. 현대인들은 대학입시의 성공이 삶의 성공이라는 하얀 거짓말에 속아 살고 있다.

에덴동산에서 사탄이 하와를 속여 선악과를 먹게 해서 하나님과의 관계를 단절시켰듯이, 사탄은 오늘날 교육이라는 선악과를 통해 부모를 유혹하여 그것을 따먹게 했고, 하나님과의 관계를 단절시키고 자녀까지도 그렇게 만들었다. 하와가 뱀에게 사기 당했듯이, 부모들은 입시 위주의 성공에 속고 있다. 결국 교육을 대학 보내고 취직하고 돈 잘 벌고 결혼 잘하기 위한 수단 정도로 여기는 부모가 많아졌다.

지옥과 같은 입시를 치렀던 부모세대는 자신들의 성공과 실패를 거울삼아 자녀를 혹사시킨다. 자신이 전문가가 되어서 치열한 전쟁 속으로 자녀를 밀어 넣는 것이다. 이런 교육에서는 하나님의 존재를 찾아볼 수 없다. 대학입시 때문에 예배보다는 학원에 보내야 한다고 생각하니 말이다. 이것이 한국교육의 현실이다. 그러나 이것이 교육의 진실이 되어서는 안 된다.

요즘은 평생 교육시대이다. 교육은 사람을 만든다. 제대로 된 사람이 되기 위해 평생 공부해야 한다. 단순히 좋은 대학 가기 위해 공부하는 게 아니다. 그런데도 입시교육의 노예가 된 사람들은 인간의 행복과 성공이 하나님이 아닌 대학진학 혹은 돈 잘 버는 직업에 좌우된다고 착각한다. 그런 식으로 명문대학에 가고 의사, 판사, 경영인이 된 이런 사람들은 입시를 치르면서 하나님 없이도 성공할 수 있다는 명제가 성립된 경험이 있기 때문에 교회를 떠나고 결국 하나님을 떠나기도 한다.

이제 우리는 입시에서의 성공이 내 인생의 행복과 성공을 좌우한다는 하얀 거짓말에 속지 말아야 한다. 적어도 그리스도인이라면 내 자녀를 어떻게 하면 사람답게 교육할 수 있는지, 신앙으로 키우려면 어떻게 해야 하는지를 고민해야 한다. 잘못된 교육관을 바로잡아야 한다.

인생의 목적을 분명히 알고 내가 누구이며 어디서 와서 어떻게 살다가 어디로 갈지를 알고 살아가도록 자녀를 가르쳐야 한다. 이것이 사람 되게 하는 교육이다. 그러면 사교육으로 입시 교육을 안 해도 스스로 공부해서 대학에 가기도 할 것이다. 분명한 사실은 이들은 행복하고 성공하는 인생을 살 것이라는 점이다.

다음 세대를 책임지는 하나님의 학교들이 많이 생겨서 자녀에게 행복하고 형통한 삶을 살도록 교육하면 좋겠다. 여전히 하얀 거짓말을 하는 국가 중심의 교육 시스템 속에 있을지라도, 교회와 가정과 학교가 책임지는 교육을 한다면 교육위기에 빠진 한국사회에 희망이 있다고 생각한다.

전인기독학교는 이 일을 이루고자 사명감으로 여기까지 왔다. 졸업생들을 보면 이 일은 충분히 가능한 일이라 본다. 졸업한 아이들이 대학에 진학하여 성실하게 생활하고 무엇보다도 교회의 큰 일꾼으로 봉사하고 섬기며 성장하고 있어서 얼마나 감사한지 모른다. 지금도 하나님께서 우리를 통해 한국 교육에 진정한 부흥을 이루고 계신다는 것을 믿는다. 하나님은 믿음으로 달려온 우리에게 믿음의 실상과 열매를 보여 주실 것이다.

하얀 거짓말의 시대 속에서 의심을 품고 살아가는 이 시대에 하나님의 역사를 증거 할 기독학교들이 많이 세워지길 소망한다.

무엇을 위해 학교에 보내십니까?

일 년에 한 번 전국적으로 출근 시간이 한 시간씩 늦춰지는 날이 있다. 김포공항의 비행기도 어느 시간에는 이륙하지 않는다고 안내 방송을 하고 아무도 불평을 하지 않는다. 종교를 초월해서 하루 종일 부모들이 기도하는 날이다. 12년 동안 학교 다닌 평가를 받는 불행한 날이다.

이날은 바로, 수학능력평가시험을 치르는 날이다. 정말로 수능 날에는 듣기 평가 시간을 피해 김포공항의 비행기 이착륙이 조정된다고 한다. 세상에 이렇게 수능에 목숨을 거는 나라가 또 있을까? 수능으로 인해 얻은 것은 무엇일까? 과연 대학 가기 위해 12년간 목을 매는 대한민국 수능공화국은 행복한 것일까?

우리가 수능에 대한 열정을 쏟고 투자를 하듯, 천국에 가려고 애쓰고 있다면 어떨까 싶을 때도 있다. 영원한 삶을 위해서 우리가 하는 것이 무엇일까? 아무리 일류대학을 나와도 삶의 의미와 가치를 모른 채 스스로 목숨을 끊고 있으니 말이다.

오히려 예수님을 만나고 인생의 목적과 의미를 찾은 사람은 무엇을 하든지 행복하다. 가진 것이 많아서, 좋은 집에 살아서가 아니라 존재의 가치와 목적을 알고 있기 때문이다. 우리는 과연 무엇을 위해 자녀를 학교에 보내는 것일까? 아직도 자녀들에게 대학 가기 위해서 공부하는 거라고 말하는가?

아래에 있는 이들을 알고 있는가?

- 엘버트 아인슈타인(물리학자)
- 토마스 에디슨(발명왕)
- 에이브러험 링컨(노예 해방/미국 제16대 대통령)
- 윈스턴 처칠(영국의 정치가)
- 앤드류 카네기(강철왕)
- 앨버트 슈바이처(의사, 철학자)
- 볼프강 모차르트(음악가)
- 블레즈 파스칼(철학자)
- 레오 톨스토이(러시아의 문호)
- 펄 벅(여류작가)
- 빌 게이츠
- 스티브 잡스
- 정주영

아마도 많은 사람이 부러워하고 성공했다고 여기는 이들이며 우리 자녀도 저런 사람이 되기를 바라는 사람들일 것이다. 말콤 글레드웰이 쓴 자기계발 분야에 베스트셀러인 「아웃라이어」라는 책이 있다. 아주 재미있고 의미 있게 읽은 책이다. 아웃라이어(outlier)의 뜻은 본체에서 분리되거나 따로 분류되어 있는 물건이다. 표본 중 다른 대상들과 확연히 구분되는 통계적 관측치를 아웃라이어라고 한다.

앞에서 언급한 이들은 또 하나의 통계적 관측치를 가진 아웃라이어들인데 이들에게는 공통점이 있다. 그것은 나라의 교육 시스템(system)을 거부한 사람들이라는 점이다. 대부분 학교 중퇴자들이고 홈스쿨러들이다. 국가가 원하는 사람을 만드는 학교 시스템을 거부하고 가정이 책임지는 진정한 교육을 통해 영향력 있는 삶을 산 위인들이다.

그렇다면 지금 우리가 자녀의 성공을 원한다면, 수능 점수를 올리기 위해 공부하게 한다면, 좋은 대학 보내기 위해 입시경쟁으로 아이들을 내몰고 있다면 뭔가 문제가 있는 게 아닐까? 이렇게 말해도 '그래도 대한민국에 산다면 1등하고 서울대를 가야지'라고 생각하는 분이 많을 것이다.

하지만 전인기독학교의 생각은 다르다. 우리는 단순한 공부 1등이 아니라 전인적인 1등급의 자녀를 만드는 것을 목표로 한다. Number One도 좋겠지만 Only One을 목표로 한다.

위에서 언급했던 이들처럼 우리 자녀가 성공하길 바란다면 그들이 밟았던 길로 아이들을 인도하면 어떨까? 하지만 우리는 진정으로 성공하는 길을 선택하지 않는다. 제도권에 묶여서 졸업장을 받으려 한다. 보다 높은 가치에 투자하지 못한다.

하나님을 믿으면서도 세속화와 인본주의 배경 속에 교육하는 학교에 자녀를 보내고 있다. 우선 대학 먼저 보낸 뒤 신앙 교육을 하면 된다고 생각한다. 그러나 불행하게도 그런 생각을 하는 부모들의 자녀가 대학에 가면 90% 이상이 믿음을 잃고 교회를 떠난다고 한다. 정작 대학은 보냈지만 천국에는 낙방하는 인생이 되는 것이다. 그런데 아직도 대학 보내기 위해 주일을 포기하며 학원과 학교에 보내고 있다. 안타까운 일이다.

중요한 것은 신앙이다. 유대인들을 보면 유구한 역사 속에서 신앙을 지켜왔다. 아무리 세상이 변하고 문화가 바뀌어도 세대 간의 갈등이 없는 유일한 민족이 바로 유대인이다. 세대 차이가 없는 비결이 바로 신앙이다. 경전과 탈무드를 통해 구약의 교육을 지금도 실천하고 있기 때문이다.

성적을 쫓아 살아가며, 대학 입학을 위해 신앙교육을 제쳐놓는 우리와는 너무 다르다. 그런 생각 때문에 우리들의 삶은 늘 이율배반적이 된다. 윤리 성적은 높은데 법을 어기고 거짓말하는 사람이 많다. 미술 성적은 좋은데 미술 작품을 감상하는 태도는 엉망인 사람들이 상당수이다. 국어 성적은 높지만 자기 글을 쓸 줄도 모르고 교양 없이 말하는 사람이 얼마나 많은지 모른다. 영어 점수는 높은데 외국인을 만나면 그들과 대화할 줄 모른다.

이 모든 것이 대학 가려고 성적은 중시하지만 실력을 기르는 데는 무관심한 현대 교육의 폐단을 잘 보여준다. 이것이 오늘 성경이 말하는 초등학문의 결과이다.

갈라디아서 4장 9절에서 바울은 왜 천박한 초등학문으로 돌아가서 종노릇하려고 하느냐고 말한다. 바울이 말하는 초등학문은 사람의 교훈으로, 약하고 천하며 유치한 교훈이거나 유치한 원리였다. 바울이 이렇게 말한 것은 당시 갈라디아교회와 골로새교회에서 복음을 위협하던 이단 사상인 유대교의 절기 준수나 에센파의 천사숭배, 영지주의의 혼합철학을 염두에 두었기 때문인데, 유대교와 혼합 철학, 이방 종교의 가르침은 삶의 궁극적인 행복을 위한 교육이 아니라 원초적인 삶의 욕구를 채우기 위한 것이기 때문이었다.

이 세상에 속한 종이 아니라 하나님 나라를 유업으로 받을 자가 되었는데 어찌 다시 초등학문으로 돌아가려고 하느냐, 바울이 외치는 이 소리는 갈라디아 교인들뿐 아니라 오늘 우리를 향해 외치는 소리라고 생각된다.

오늘날로 말하면 "왜, 진학을 위해, 대학 가려고 학교 보내느냐?"고 하시는 것 같다. 진학이나 대학은 사실 교육을 받고 학교에 다니는 너무나도 약하고 천박한 이유이다. 가말리엘 아래서 수학한 최고의 학벌을 지닌 바울이 그의 경험을 통해 하는 말은 왜 초등학문에 목숨을 거느냐고 우리에게 묻고 있는지도 모른다.

시스템화된 일반학교교육으로 대학은 가고 그것이 삶의 수단이 될지는 모르지만 결국 삶의 목적을 이루지 못하고 결국 세상에서 종노릇하는 인생을 살게 되는 것이다. 맛은 좋은지 모르지만 우리의 삶을 기름지게 하지는 못한다.

그러나 하나님의 교육, 성경 중심의 성경적 세계관으로 가르치는 교육은 차원이 다르다. 진정한 교육은 창조주 하나님 앞에서는 피조물인 인간이 아버지의 부르심에 "예"라고 대답하며 자신의 정체성을 확신하게 하는 교육이다.

성경에 기초한 교육은 하나님이 하라는 대로 하고 성경에서 말씀하는 대로 교육하는 것이다. 왜냐하면, 진정한 실력은 말씀의 진리를 제대로 알고 실천하는 데서 나오기 때문이다. 이런 사람이 결국 승리자가 된다. 그러니 중요한 것은 학교를 선택하는 부모의 관점이 바뀌어야 한다는 것이다.

오늘날 학교를 생각해 본다

우리가 사는 세상을 떠올리면, '총체적 위기'라는 말이 생각난다. 정치, 경제, 종교, 문화 어느 곳을 보아도 희망이 없어 보인다. 이기적이고 자기중심적인 사고와 생활로 타락한 인간의 모습을 우리들은 너무나도 많이 경험하고 있다. 죄악이 관영한 세상이 되어 살인, 성폭력, 인터넷 게임 중독 등이 판을 치고 있다. 이러한 세상의 문제를 해결하기 위해 대안을 찾고 새로운 이론을 만들어 내는 과정에서 공통으로 말하는 것은 교육이다. 교육이 회복되어야 한다는 것이다.

교육이 회복되어야 한다는 말은 교육이 제대로 기능을 하지 못한다는 것이 전제된 말인데, 그렇다면 왜 교육이 붕괴한 것일까? 교육의 현실과 내용의 수준이 과거에 비해 낮아졌나? 교육 방법론이 과거에 비해 보잘것 없나? 교육에 투자를 안 하는 걸까? 그렇지 않은데도 왜 사람들은 교육이 붕괴하였다고 생각하며 대안을 찾는 걸까?

나는 그것이 잘못된 세계관과 방법으로 교육하기 때문이라 생각한다. 교육은 우리 삶의 모든 것을 형성하고 만들어 준다. 교육은 'How to live?', 어떻게 살 것인가에 대한 방법과 내용을 제시하고 배우는 것이다. 따라서 교육에 어떤 렌즈(Lenz)와 툴(Tool)을 사용해 교육받느냐 하는 것이 아주 중요하다. 교육의 관점을 통해서 우리 삶의 관점을 통하여 가치관, 신념, 사상, 철학이 결정되기 때문이다. 기독교적으로 표현한다면, 믿음이라 할 수 있다. 쉽게 말하면 사람들은 믿는 것을 통하여 세상을 바라보고 그 바라봄으로 인생을 만들어 간다. 그래서 믿음의 대상과 내용을 바로 알고 어렸을 때부터 교육하는 것이 중요하다.

이렇듯 믿음이 우리의 관점과 가치관을 형성하게 한다면, 교육은 삶의 방식을 만들어 준다. 이것이 예수님을 믿는 학부모가 기독학교를 생각하고 선택해야 하는 이유이다. 우리는 일반 공교육에서 사탄에게 속아왔고 하나님의 세계관을 빼앗겼다.

우리는 하얀 거짓말의 세상, 정상이 비정상이 되고 비정상이 정상으로 둔갑한 거짓된 세상에 살고 있다. 공교육 속에 보편화된 관점, 창조주 하나님의 진리를 뒤로 한 채 일반화된 사회적 통념과 정치적 이념으로 오늘날 기독교는 위기에 처하게 되었다.

많은 이들이 세상의 기준이 된 돈과 권력과 성공이라는 우상(매력)에 이끌려 불행하게 살고 있다. 세속화 되고 창조 질서에 위배된 방법으로 교육을 받아 하나님이 행복하게 살게 하여 주신 이 세상에서 불행하게 살고 있다는 말이다.

더욱이 이젠 공교육의 영향으로 기독교마저도 세속화되어 예수님이 없고 내가 주인이 된 기독교를 믿으며 그릇된 신앙생활을 하고 있다. 우리가 사는 포스트모던 시대는 혼합의 시대이다. 진리가 없고 기준도 없으므로 하고 싶은 대로 살도록 한다. 그러나 그렇게 살 때 이 세대에는 혼란만 가중될 뿐 책임자도 없고 책임질 수도 없다. 모두가 피해자로 살아야 한다.

이것이 우리가 속고 사는 시대다. 그렇게 하고 싶은 데로 사는 것이 편하고 좋을지 모른다. 그러나 거기엔 공공의 유익이나 선이 없다. 이기적이고 자기중심적이다. 왜냐하면 각자의 하고 싶은 일이 다르기 때문이다. 하고 싶은 일을 하는 것은 욕심이다. 이것이 죄의 시작이고 뿌리이다.

왜 이런 세상이 되었을까? 그 이유는 타락한 철학 사상 속에서 공교육의 기본 철학이 하나님을 거부하고 있기 때문이다. 사탄은 역사 속에서 하나님의 교회와 사람들을 무참히 공격하고 짓밟고 무너뜨리려 노력했다. 그러나 그리스도의 피 값으로 사는 교회는 무너지지 않았다.

그래서 사탄은 무너뜨릴 수 없는 교회를 공교육이라는 시스템(system)을 통해 서서히 침몰시켜 온 것이다. 사탄은 하나님의 절대성을 교육, 문화, 타종교, 미디어를 통해 점령해 나가고 있다. 마치 점점 뜨거워지는 것을 모른 채, 달궈지는 냄비 속에서 죽어가는 개구리처럼 우리가 느끼지 못하는 순간에 이미 정복당했다.

그렇게 길들여지는 인간의 모습을 이어령 박사님의 강의에서 들은 적이 있다. 교육을 이야기하시며 "학교 종이 땡땡땡"이라는 동요 가사를 가지고 공교육의 폐해를 말씀하신 내용인데, 기억나는 대로 적어 보면 이렇다.

우리가 학교 가기 전에 학교에 대하여 배운 노래가 있어요. "학교 종이 땡땡땡" 노래지요. 그런데 가만히 보면 이게 겁나는 노래예요. 여태까지는 자유로웠는데 학교 가니까 잠자고 싶은데 아이들을 막 깨워요. 그럼 아이는 이렇게 말합니다. "엄마 더 잘래." 하지만 엄마는 대답합니다. "안 돼. 너 학교 가야 해. 늦으면 큰일 나." 학교 가서 뭔가를 배우기도 전에, 학교 안 가면 큰일 나는 것부터 배우는 겁니다.

어떻게 학교에 갔습니까? 배우러 간 것이 아닙니다. 모이기 위해서 간 것이지요. 그것도 어떻게 모이나요? "어서 모이자." 내가 좋아서 모이는 것도 아니고, 어서 안 모이면 지각하고 맞고 큰일 나요. 이 '어서'라는 말 때문에 우리가 얼마나 쫓기며 힘들게 살았는지 모릅니다. "어서 공부해라", "밥 먹어라", "일해라", "뭐해라" 하면서 말이요. 그런데 나 혼자 하는 것이 아니라 "어서 모여라", 집단으로 오래요. 한 사람, 한 사람 지문이 있고, 나와 같은 얼굴은 이 세상에서 나 하나뿐인데 우리가 가는 학교에 가면 모여 있기 때문에 내 얼굴이 보이지 않고 내 아픔이 보이지 않는 집단이란 말입니다.

앨빈 토플러는 그래서 오늘날의 학교는 공장을 모델로 한 것이라 했습니다. 옛날 농사꾼들은 뿔뿔이 흩어져 가더라도 자기 밭만 매면 그만이지만 공장에서는 전부 분업화되었기 때문에 한 사람만 제시간에 자기 자리에 있지 않으면 공장 전체가 멈추게 되지요. 이것이 동시성 노동입니다.

그러니까 초등학교에서 제일 먼저 가르친 것은 '내 삶이 뭐냐?', '내가 누구냐?', '내 아픔이 뭐냐?', '진리가 뭐냐'가 아니라 공장에 투입했을 때에 지각하지 않고 여러 사람이 한 장소에 모이는 훈련을 한 것이 "학교 종이 땡 땡땡 어서 모이자"였던 겁니다. 이것만도 무서운데 더 나아가서 선생님이 우리를 기다린다. 완전히 공포 아닙니까? 선생님은 사랑하고 가르치는 분인데 오는지 안 오는지 기다리는 감독이니 말입니다.

이어령 박사님의 강의를 들으며 많이 웃었지만, 그 내용은 웃자고 하는 것이 아니라 오늘날 현대 교육 사상의 문제점을 정확하게 지적하신 것이다. 서구의 공교육 시스템은 프러시아 시대의 교육 시스템을 그대로 채용한 것이다. 프러시아 시대의 교육 시스템은 국가라는 거대한 조직의 부속품과 같은 인간 양성을 목표로 한다. 그런데 이것이 오늘날 너무 거북하게 들리니까 인권, 복지, 평등 교육으로 위장하고 있는 듯하다. 그러나 이런 공교육 시스템 속에서 인권은 절대로 보장되지도 않으며 평화롭지도 못하다. 교육으로 인해 빈부의 차이가 커지는 현상을 보면 알 것이다.

우리나라의 교육 시스템은 국가의 부속품을 만들어 내고자 하는 프러시아 교육 시스템과 천황에게 복종하는 인간을 길러내는 데 목표를 두었던 일제 강점기 교육 시스템의 잔재가 교묘하게 혼합되어 있다. 이러한 현 교육 시스템 아래에서 12년씩 생활하다보니 자기도 모르게 천재성을 잃어버리고 점점 평범한 존재로 전락하는 것이다. 다른 나라 아이들보다 우수한 두뇌를 가진 우리 아이들이 학년이 올라갈수록 평범한 인재로 전락하는 원인은 바로 이런 시스템에 있다. 하물며 신앙과 리더십은 말할 것도 없다.

우리나라의 공교육 시스템은 지금 이 순간에도 아이들을 사회의 부속품으로 만드는 작업을 착실하게 수행한다. 불난 집에 기름을 붓는 격으로 사교육마저 같은 작업을 열성적으로 수행한다. 그러나 부속품이 필요없는 순간이 되면 버리듯, 세상은 그렇게 열심히 교육받은 우리 자녀들을 쓰다 남은 부속물 취급하는 것이 현실이다. 얼마나 많은 이 시대의 아버지들이 아픔을 당하고 있는가? 아마 과학 기술의 발달로 점점 로봇 시스템이 개발되고 발전하면 할수록 인간들은 더욱 그렇게 될 것이다.

현실적으로 봐도 그렇다. 요즘 부모들은 아이들을 서울대에 보내기 위해 특목고를 보내려 한다. 특목고에 보내기 위해서는 국제중이나 학원과 과외를 한다. 그 비용이 수억 원에 이른다. 그 과정을 잘 수행한 자녀는 서울대, 연대, 고대를 가지만 그렇지 않은 자녀가 대부분이다.

그렇게 대학에 가서 취업전쟁에 살아남기 위해 또 스펙을 쌓는다. 스펙 쌓느라 4년제 대학을 5년, 6년 다니기도 한다. 대학원에 진학한다. 그래서 잘 된 케이스로 삼성을 비롯한 대기업에 입사하고, 높은 연봉도 받는다. 성과나 매출이 없고 40~50대가 되어도 임원이 안 된 사람들은 명퇴를 하고 퇴직금을 받아 자영업을 시작한다. 대표적인 업종이 치킨가게, 전 국민이 좋아하는 외식메뉴이기도 하고 소자본으로 시작할 수 있는 게 치킨가게라는데, 하지만 2~3년 내에 문을 닫는 곳이 대부분이라고 한다. 물론 다 그렇지는 않지만 이런 모습이 소위 일류대를 나와서 일류 기업에 취업한 자들의 보편적 삶이라고 이야기하곤 한다. 그러나 우리의 유일한 희망인 아이가 사회의 부속품으로 전락하여 제조되는 것을 막아야 하지 않겠는가?

그렇다고 해서 학교에 보내지 말라는 것은 아니다. 학교는 학교대로 열심히 보내되, 공교육 시스템을 넘어서는 특별한 커리큘럼으로 가르쳐야 한다. 커리큘럼보다 더 중요한 것이 세계관이다. 성경적 세계관으로 학교 교육이 가능한 학교를 보내야 한다. 한국의 기독교 사립학교가 사학법의 개정으로 이 정체성을 잃었다. 몇몇 학교들이 노력하고 있지만 이미 타락한 교육계는 그것을 용납하지 않는다.

나는 우리나라 공교육 제도를 비난하려는 것이 아니다. 공교육을 통해 역사하는 사탄을 경계하는 것이다. 공교육 안에 있는 세계관은 세속적이고 하나님을 부인하고 있기에 세상교육 안에서 교육받을 때 우리 자녀에게 형성되는 세계관을 걱정하는 것이다. '하나님 없이도 살 수 있다. 세상과 하나님의 것이 분리되어 있고 종교나 신앙은 개인의 취향이고 도덕이나 윤리적이지 세상의 기준이 될 수 없다. 세상의 주인은 나다. 하나님이 아니다.' 이런 사상과 신념에 아이들이 자연스럽게 물들어가는 것이다. 학교에서 공교육을 받으면 받을수록 하나님을 알고 믿고 신앙을 가진다는 것이 쉽지는 않은 것이다.

더욱이 인터넷과 미디어로 세속화된 문화로 혼돈과 혼란의 시대에 우리 자녀는 눈에 보이지 않는 창조주 하나님을 믿지 않거나 예수 그리스도의 탄생과 죽음 그리고 부활 승천을 과학적으로 증명할 수 없다고 이해할 수 없다고 하기 쉽다. 어찌 보면 눈에 보이지 않고 손에 잡히지 않는 성령님을 믿는다는 자체가 불가능해 보이기도 한다. 그래서 나는 이런 교육을 받은 우리의 다음 세대가 하나님을 믿고 신앙을 갖는다는 것은 부자가 바늘귀 들어가기보다 더 어렵다고 생각한다. 일주일 내내 일반학교 교육을 받으면서 그런 가치를 알아간다는 것은 거짓말과 같다. 더욱이 인터넷 게임과 핸드폰을 친구 삼아 사는 아이들에게 기대할 수 없는 일이다. 교회를 다닌다 해도 일주일에 하루, 그것도 한 시간의 교회생활로 가능하다면 그것은 착각이다.

창조주 하나님을 아는 것(Knowing about God이 아니라 Knowing God), 이것은 우리 인생에 너무나도 중요하고 포기할 수 없는 것이다. 하나님을 알아야 나를 알 수 있기 때문이다. 우리들이 존재의 목적과 가치를 알고 행복한 삶을 살기 위해서는 하나님을 알아야 한다.

기독학교는 하나님의 기준으로 신앙교육과 학교 교육을 통하여 세상에서 사는 이치를 훈련하고 방법을 가르쳐 지키게 하는 것이 어려운 상황 속에서도 존재해야 할 가장 큰 이유이다. 이런 학교를 통해 어려서부터 하나님이 원하시는 관점을 가지고 좋은 습관을 지니도록 하는 것이 중요하다는 말이다.

인본주의 교육과 자율성을 강조하는 세대에 너무 피동적인 대처방법이 아닐까 싶기도 했으나 나는 적어도 교육을 받아야 하는 시기, 특히 가치기준을 형성하는 어린 시기에는 꼭 기독교적 교육을 해야 한다고 생각한다.

우리가 잘 알고 있듯이 유대인의 교육법은 남다르다. 유대인은 세상과 분리된 자기들만의 학교를 만들고 그곳에서 최고의 교육 방법과 교사로부터 자녀가 교육받도록 한다. 유대인들은 교육에 담긴 비밀을 알고 있기 때문이다. 오히려 그런 교육을 받은 유대인들이 소수민족임에도 오늘날 세계의 중심에 있음을 우리는 알고 있다. 캐나다 밴쿠버 기독교 세계관대학원

양승훈 교수님은 "오늘날의 유대인들은 혈통적 유대인보다 교육을 통해 만들어진다"고 말씀하셨다. 한국교회도 기독학교를 세워 다음 세대에게 창조주 하나님의 진리교육을 통하여 유대인보다 더 위대한 하나님의 사람들을 양성해야 한다.

나는 하나님의 선택을 받은 자녀가 전인기독학교뿐만 아니라 이 시대에 일어나는 기독학교들 속에서 교육받고 하나님의 자녀로 성장해서 이 시대를 변화시킬 하나님의 백성이 되기를 간절히 소망한다. 이것이 바로 기독학교 사역을 하는 이유이다.

인본주의 영향력 아래 있는 현대교육

우리는 우리가 사는 시대를 잘 알아야 한다. 시대를 알지 못한 채, 이 시대를 위해 무엇인가 한다는 것은 부질없는 짓이다. 교육도 마찬가지이다. 시대의 철학과 흐름을 무시하고 가르치는 것은 '왜 배워야 하는가?'라는 근본적인 접근이 아닌 가르침의 방법이 중요하다는 전제 아래 정책만 바꾸는 우를 범하는 것이다. 그래서 존재의 이유와 가치보다도 시험 잘 봐서 진학하고 취업하는 교육에 치중하게 되는 것이다. 하지만 이것은 진정한 교육이 아니라 교육의 방법만을 가르치는 것이다.

학교사역을 하면서 기독학교의 정체성과 존재 이유와 현대 교육에 대한 고민과 연구, 그리고 현실 학교 교육을 통하여 가장 큰 문제로 다가온 것은 현대 공교육의 사상적 흐름이었다. 공교육에서 인본주의의 교육을 의무적으로 받으면서 끼게 된 세속화된 렌즈가 우리의 신앙을 이원화시켰고 무엇보다도 다음 세대가 하나님에게서 멀어진 원인이라는 것을 깨달았다.

이어령 박사께서 어느 대담에서 "한국교회에 위기가 온 것이 아니라 문명의 위기가 온 것"이라 말씀하셨는데 문명의 위기를 초래한 것이 바로 인본주의 사상이다. 그리고 이 사상으로 교육하고 사람을 만드는 곳이 일반

학교, 공교육이다.

어느 나라, 어느 문화나 그 시대를 이끄는 다양한 사상의 내용과 이론이 있겠으나 이 모든 사상은 신본주의와 인본주의에 뿌리를 두고 있다. 인본주의는 인간 사고의 기초와 뿌리에 문제가 있다고 생각하는 데부터 시작한 것이다. 하나님 앞에 나약한 인간의 모습이 잘못된 것으로 생각한 것이다. 그것이 르네상스의 시대를 거치면서 계몽주의 시대에 사회적으로 표현되기 시작하였다.

이런 인본주의가 정치화되어 정부와 사회과학의 기초를 형성하게 된 것이다. 이것이 오늘날에도 인본주의 현대교육의 밑바탕에 도도히 흐르고 있다. 그런 관점에서 현대교육의 사상은 계몽주의에 밑바탕을 두고 있다.

계몽주의는 이성을 진리 판단의 기준으로 삼아 불합리한 것을 제거하고 세계를 합리적으로 개선하여 인간의 무지몽매함을 계몽하려 했다. 참 그럴싸한 유럽의 사상적 흐름이었다. 하지만 인간 중심의 사고는 인간을 위한 사고가 아니라 사탄의 생각이다. 인간의 합리성 추구는 하나님이 하나님 되심을 거부하고 하나님 없이도 살 수 있다는 교만이다.

인간을 인간답게 살게 하며 인간의 행복을 추구하려는 생각이라 하며 이를 위해 인간의 지식과 과학을 통해 유토피아를 만들겠다는 것이다. 이것이 바로 하나님과 사람 사이를 분리시키려는 사탄이 내민 또 하나의 선악과요, 바벨탑과 같은 하나님을 향한 도전이다. 생활 속에서 하나님의 존재를 거부하고 무시하는 어두운 영적 흐름의 시작, 문명 위기의 시작이었다. 이러한 계몽주의로 인해 우리가 세상을 보는 관점이 하나님 중심에서 사람 중심으로 전환되었다. 인본주의가 꽃을 화려하게 핀 것이다.

계몽주의 사고의 틀 안에서 사실이란 과학적으로 증명될 수 있는 것만을 지칭한다. 과학적으로 증명되며 공식적으로 인정되면 모든 사람은 이를 수용해야만 하는 것이다. 과학 스스로가 수정하지 않는 한 이것은 절대적이다. 그러나 현대과학은 급변하고 있다. 만일 우리가 알 수 있는 모든 것이 과학에 의존하고 있다면 진리는 상대적이라 할 수 있다. 뉴턴의 관성의 법칙이나 작용, 반작용의 법칙은 아인슈타인의 상대성이론에 의해 수정되었다. 그러니 과학이 진리라면 오늘 진리인 것이 내일은 더 이상 진리가 아닐 수 있다.

또한 계몽주의 사회에서 가치란 매우 사적이며 상대적인 것으로 여겨진다. 사람들은 자신만의 가치를 가질 권리가 있으며 다른 사람의 가치에 대해 비판하는 것은 금지된다. 이러한 사고방식으로 현대인들은 옳고 그름, 참과 거짓에 대해서 제각각의 생각을 가지고 있다. 어쩌면 저마다의 기준이 다르기 때문에 사람들 사이에서 서로 실망하고 신뢰하지 못하게 되는 것은 아닌가 싶다. 폭력적인 범죄가 급속하게 증가하고 환경오염에 대해서도 무관심하며, 경제, 정부, 교육계의 정체성이 무너지고 있다.

그런 차원에서 본다면, 오늘날의 크나큰 비극들은 바로 이러한 인본주의 사고방식의 결과라 할 수 있다. 다시 말해 인간의 이성이 발달하고 바람직한 인간상을 만들어 내는 데는 실패했다는 것이다. 오히려 더 악한 인간들은 증가하고 있다.

결국 이런 상황 속에 있는 한, 세속적인 학교는 사실을 가르칠 수는 있겠으나 가치를 가르치기 어렵다. 왜냐하면, 가치는 과학적으로 증명될 수 없는 것이기 때문이다. 이와 같이 현대 사회의 교육은 그 기초를 잃어버린 상태다. 학교는 더 이상 학생들에게 인간성과 사회에 대한 봉사의 마음을 배양시켜주는 곳이 아니다. 봉사마저도 대학에 가기 위한 수단으로 하다니 뭔가 학교가 제 기능을 못 하고 있다는 생각이 든다. 이런 점을 깨달은 부모들은 공교육을 떠나 대안을 찾고 있다.

가치는 존재의 목적을 이룰 때 나타나며 그 존재의 목적은 창조주에 의해 부여되는 것이다. 인간이 하나님을 알아야 하는 이유도 인간의 존재 목적은 창조주 하나님에게 있기 때문이다. 계몽주의 의식에서 가장 중요하고 비극적인 요소는 사실이 중립적이거나 가치 중립적이라는 개념이다.

계몽주의 이전 시대의 사람들은 어떠한 '사실'이라고 부르는 것에는 목적이나 의미를 함축하고 있다고 생각하였다. 그러나 과학 혁명의 아버지인 프란시스 베이컨은 그의 추종자들에게 사물의 목적은 잊어버리고 그 원인을 찾으라고 촉구하였다. 베이컨은 사물의 원인을 찾는 것이 우주를 지배하는 힘을 사람들에게 가져다 줄 것이라고 말하면서 말이다. 또한 사실들이 중립적이며 진리를 제공한다는 생각은 현대 기독교인들 마음속에도 깊숙하게 자리 잡고 있다. 그래서 중립적이라는 것을 문제 삼는 것은 정신적으로 균형 잡히지 못한 사람으로 간주된다. 그러나 이것이야말로 전적으로 내 안에 있는 우상을 숭배하는 자세라 생각한다.

쟈크 엘룰은 이를 "거대한 현대의 몰록", 즉 현대의 다양한 우상들의 근원이라고 부른다. 그는 만일 하나님이 더 이상 실재하는 것처럼 보이지 않는다면, 그것은 하나님이 사실로 여겨지지 않기 때문이라고 말한다. 이런 것이 현대교육사상의 흐름이다. 우리의 자녀는 이러한 교육 사상에 근거한 학교에 다니며 배우고 있는 것이다.

진정한 교육이란 나의 존재의 목적을 발견하고 그것을 가치 있게 만들어 가는 것인데, 오늘날에는 인생에서의 성공, 특히 경제적인 면에서의 성공으로 바뀌어가고 있다. 인간의 성공을 통한 부와 발전이 이 땅에서의 실질적인 천국을 제공할 것이라는 약속 때문에 앞으로 도래할 죽음 이후의 삶에 관한 관심이 사라진 것이다.

학교 교육이 세상의 성공에 대해 관심을 끌게 되면서 인간의 권리는 중요해지고 개인의 책임은 사라졌다. 학교 프로그램에서 경쟁이 중요해지고, 진리는 점점 더 과학적인 탐구나 이성적인 탐구의 결과로 여겨졌다. 또 성경과 고전을 읽지 않고 영상 문화에 심취하게 되었다.

계몽주의 사고가 학교에 미친 효과 중 가장 파괴적인 것은 아마도 도덕과 윤리 교육을 무시하게 된 것이라고 할 수 있다. 윤리학은 인간 삶의 사적인 영역에 속한 것이지 공적인 영역에 속한 것이 아니라고 보기 때문이다. 윤리는 이해될 수는 있으나 받아들여질 수 없는 것이라고 여겨졌다. 그래서 윤리, 도덕을 가르치지 않게 된 것이다.

이러한 계몽주의 교육이론을 대표하는 사람들이 페스탈로찌와 장 자크 루소이다. 장 자크 루소는 자발성의 원리를 내세우면서 인간 스스로 가능성을 무한히 인정하고 있다. 루소는 "덕이나 진리를 가르치기보다 마음을 악덕으로부터 보호하여, 12세까지 건강하게 자라기만 한다면 그 후의 교육은 아무 문제가 없다"고 주장했다.

그러나 이런 주장은 성경과는 너무나 동떨어진 주장이다. 성경은 "마땅히 행할 길을 그 아이에게 가르치라 그리하면 늙어도 그것을 떠나지 아니하리라"(잠 22:6)고 한다. 또한 "아이의 마음에는 미련한 것이 얽혔으나 징계하는 채찍이 이를 멀리 쫓아내리라"(잠 22:15)고 말씀한다.

"자연으로 돌아가라"는 말로 유명해진 루소가 지은 「에밀」이라는 책은 "어린이 교육의 발견서"라고도 하고 "어린이 복음서"라고 한다. 그러나 그 책은 이렇게 시작한다. "조물주의 손에서 나올 때는 모든 것이 선하지만, 사람의 손에 옮겨지면 모든 것이 나빠지고 만다." 성선설은 하나님의 창조질서에 반대되는 사상이다. 아이러니한 사실은 증명될 수 있는 것만 사실이라고 주장하는 이들이 교육의 기본서로 사용하고 있는 「에밀」은 책의 장르로 볼 때 소설이지 사실이 아니다. 그런데도 이 책이 현대교육의 기준이 되고 있다. 그러니 이 땅의 교육이 얼마나 허구인가 말이다.

그런 사상이 20세기에 존 듀이에 의해 현대교육사상의 뿌리가 되었다. 미국 교육의 아버지라 불리는 존 듀이는 실용주의 학자로서 가장 잘 알려졌다. 그의 입장은 실용주의, 도구주의, 경험주의로 특징지어지는데, 인간은 진리를 발견하는 것이 아니라 과학적인 방법으로 진리를 만든다고 말한다. 인간이 인식할 수 없고 보편적으로 경험할 수 없는 영역은 객관적인 진리가 있는지 없는지를 알 길이 없다고 존 듀이는 말했다. 대부분 우리는 존 듀이의 교육철학 아래서 교육 받았고 포스트모던(Post Modern) 시대를 살고 있다.

포스트모던 시대는 인본주의 계몽주의 사상을 넘어 반인본주의 시대를 말한다. 포스트모더니즘의 철학적 뿌리는 하이데거의 철학에 놓여있는데 그의 견해는 반 인본주의라고 묘사된다. 그는 보편적인 인간성을 부정하였으며 인간은 더 이상 중심에 있지 않다. 중심이란 없다고 말하였다. 이러한 해체주의자의 입장으로부터 "환경주의와 정치적인 파격주의"라는 두 가지의 포스트모던 이념이 자라났다. 이것은 인간과 인류의 중요성을 심각하게 감소시켰다.

이것은 계몽주의 사상의 실패를 의미한다. 그래서 이러한 포스트모더니즘의 관점은 진리도 함께 버림으로써 지성은 의지로, 이성은 감정으로 대치되었으며, 도덕성은 상대주의로 대치되었다. 실재 그 자체는 사회적인 구성물이 되었다. 그래서 포스트모더니즘은 어떠한 궁극적인 진리의 존재를 부정한다. 포스트모더니즘은 분명히 매우 부정적인 관점이다. 포스트모더니즘은 이성적이고 독립적인 자아에 대해서도 의심을 품는다. 포스트모더니즘의 다른 양상은 부족주의, 민족주의의 부활이다. 포스트모더니즘 의식은 본질에서 희망이 없다. 포스트모더니즘은 실재를 설명하려는 모든 세계관을 거부한다.

성과에 기초한 교육에 대한 교육계의 최근의 관심은 포스트모던적인 교육으로 움직여가고 있다는 신호이다. 포스트모더니즘은 이성주의 세계관을 신뢰할 수 없는 것으로 여기는 반면, 동시에 유일하고 진실한 세계관을 가지고 있다는 그리스도인의 주장에는 격렬하게 반대한다. 포스트모더니즘은 사물들이 역사적으로 존재해 왔다거나 지금 존재한다는 타당한 설명 방식으로서의 진리를 거부한다. 진리의 사라짐과 함께 도덕원리도 사라진다. '가치 명료화'가 도덕 교육을 대신한 것이다.

계몽주의를 뒤따른 모더니즘은 일반학교에서 학생들에게 종교, 특히 기독교를 반대하도록 가르치는 데 성공했다. 교회와 정부를 분리했기 때문에 일반학교 교육과정에서는 기독교를 언급하지 못하게 한다. 이러한 입장을 종교적으로 중립적이라고 주장한다. 하지만 실제로는 중립적이라는 논리를 가지고 또 하나의 종교 무신론을 전파하고 있는 것이다. 그것으로 한국에서 유독 기독교적인 학풍이 배제되었다.

모더니즘이 교과서와 교실에서 기독교를 몰아내 버렸다면, 포스트모더니즘은 그 후의 학교 교육에 대해 우리가 느끼던 느끼지 않던 간에, 포스트모더니즘은 생각보다 훨씬 더 많은 영향을 미치고 있다. 이미 일반학교 교육에서 성경적 세계관을 가르칠 수 없는 환경이 되었다. 그러한 일반학교의 기초를 이루는 세계관은 진리란 인간 개개인에 따라 결정되는 것이지 인간 밖의 어떤 존재로부터 결정되는 것이 아니라고 보고 있다. 다른 사람의 자유를 침해하지 않는 한도 내에서 자신이 옳다고 여기는 것을 "가치 명료화" 합법적인 자율권을 소유하고 있다는 사상을 내포하고 있다. 이러한 교육사상 위에 세워진 학교 교육은 비성경적인 입장에서 교육받게 된다. 이는 창조주 하나님의 존재를 부인하고 피조물인 인간이 하고 싶은 대로 살아도 된다는 것이다.

그러므로 이런 사상 위에서 교육받게 될 때 학생들은 인간의 판단과 선택이 그들의 삶을 결정하는 중심 원리라고 받아들이게 된다. 그리고 자신들이 받아온 교육적 관점에서 보면 유일신 하나님만을 주장하는 기독교는 부적절해 보이는 것이다. 그래서 기독 학생들은 믿음에 적잖은 혼란에 빠지게 된다는 것이다. 또한 일반학교 교육과 기독교는 삶에 대한, 삶의 목적에 대한 관점이 다르기 때문에 둘 중 하나를 선택해야 한다는 부담을 갖거나 이중적인 삶을 살게 된다. 결국, 기독 학생들로 하여금 신앙을 거부하도록 하는 사탄의 유혹이 그만큼 증가되는 것이다.

이러한 비성경적인 교육 현실을 해결하는 방법은 바로 하나님의 교육을 회복하는 것이다. 하나님께서 예수님과 말씀을 통해서 우리에게 회복의 빛으로 이 땅에 오신 것처럼 성경중심의 교육으로 로 다시 시작하는 것이다. 이것이 이 땅에 필요한 진정한 학교개혁이다.

교육은 교육목적이나 과정을 결정하는 사람들이 가진 신념 혹은 세계관, 종교적 관점에 의해 결정된다. 그러하기에 교육의 영향력이 큰 것이다. 하나님을 가르치든 하나님이 없다고 가르치든 둘 중 하나를 전제로 할 수 밖에 없다. 인간의 활동에 종교적 중립이란 있을 수 없다. 더욱이 삶의 방식을 가르치는 교육에 중립이란 존재하지 않는다. 교육에 있어서 회색지대란 없다. 존 F 케네디는 단테의 「신곡」을 인용하여 "지옥의 가장 뜨거운 곳은 도덕적 위기의 시기에 중립을 지킨 자들을 위하여 예약되어 있다"말했다고 한다. 일반학교들은 겉으로는 종교적 중립을 주장한다. 그러나 속으로 들어가면 인간을 중심에 두어 인간이 진리와 실체의 궁극적인 결정자라고 강조하는 종교교육을 하는 것이다.

아무리 많은 이들이 부인한다 해도 하나님은 이 세상을 창조하시고 인간을 만드셨다. 하나님의 역사는 지금도 멈춰진 것이 아니라 진행되고 있다. 그래서 모든 창조물은 하나님을 예배하고 하나님의 영광을 위하여 살 때 가장 행복할 수 있다. 그러나 사탄은 하나님을 섬기고자 하는 인간의 본성을 이용해서 다른 것을 섬기도록 하였다.

만일 우리가 기독학교를 선택해서 자녀를 교육하고, 기독학교를 세우는 교회의 성도가 된다면 적어도 세속적인 교육 환경으로부터 자녀를 벗어나도록 하는 셈이다. 이것만으로도 엄청난 하나님의 은혜라 할 수 있다. 하지만 그런 은혜를 모르고 나와 상관없는 일로 여기는 사람들이 너무 많다. 하나님을 믿으면서도 세상 속에서는 여전히 세상의 논리를 따르는 것이 맞는다고 생각한다. 어려서부터 받아 온 교육의 영향이 이렇게 큰 것이다. 이렇게 학교 교육을 통하여 믿음의 사람들을 신앙과 삶을 이원론적인 삶을 살게 하며 무능력한 그리스도인이 되게 만든 사탄의 계략이 얼마나 교묘했는지 모른다.

이제 알았기에 우리가 그렇게 살아왔다 해도 우리의 다음 세대에는 바로잡아야 한다. 내 자녀 혹은 손자, 손녀들의 시대에는 그래선 안 된다. 세상이 죄로 인해 타락했음을 깨닫고 타락한 세상에서 하나님의 영광을 위한 청지기로, 하나님 중심의 삶을 살도록 우리의 자녀를 교육해야 한다.

이제 우리들이 할 일이 분명해졌다. 다음 세대, 우리 자녀들이 지성과 영성과 감성을 겸비한 하나님의 온전한 그리스도인이 되도록 교육환경을 제공하는 것이다. 이런 비전을 대한민국의 모든 교회가 품었으면 한다. 다음 세대에게 기독교교육을 시키는 일, 이것이야말로 교회와 성도가 가져야 할 진정한 비전이다.

하고 싶은 일을 하는 것은 욕심이다.

　전인기독학교 초창기에 책임을 맡았을 무렵, 기독학교에서 무엇을 어떻게 가르쳐야 할지 몰라 힘들어할 때 공부하기 시작한 것이 교육학과 성경적 세계관이었다. 교회 기획업무와 청년대학부를 함께 맡고 있었기에 새로운 분야를 공부하기가 쉽지 않았다. 하지만 공부하면 할수록 나를 흥분시키고 지치지 않게 했던 분야가 성경적 세계관이었다. 성경적 세계관을 연구하면 할수록 기독학교를 향한 하나님의 비전을 알고 가르쳐야 하겠다는 생각이 커졌다. 그래서 더 열심히 세계관에 관한 책을 읽고, 연구했는데 이론적이고 학문적인 부분일 뿐 실질적으로 다가오는 것이 부족해 답답했었다.

　그러던 중 내 답답한 마음을 뻥 뚫어주며, 하나님의 관점으로 교육하는 것이 무엇인지를 깨닫게 해주는 영화를 한 편 보게 되었다. 그 영화는 '미녀는 괴로워'였다. 이 영화는 나에게 성경적 세계관을 설명해준, 성화(聖畵)였다.

　영화의 주인공 강한나는 마음이 순수하고 아름다운 목소리를 지녔다. 한나는 치매로 인한 요양원에 입원해 있는 아버지를 무척이나 사랑하는 효

녀였다. 뚱뚱하고 못생긴 한나는 얼굴을 보이지 않고 할 수 있는 일을 직업으로 삼아 살아가고 있었다. 그녀는 노래 못하는 가수들, 그저 춤이나 얼굴로 가수하는 연예인들을 대신해서 무대 뒤에서 노래하는 가수였다. 어느 날 한나는 사기를 당하고 사랑마저도 이용당해 모든 것을 잃고 말았다. 자신의 삶에 회의를 느껴 자살을 결심해 죽으려던 순간, 아르바이트로 폰팅했던 성형외과 의사가 떠올랐다. 그를 협박해서 전신성형을 받기로 결심해서 머리에서 발끝까지 싹 바꾸었다. 뚱뚱하던 모습은 사라지고 아름다운 여인이 된 것이다. D라인의 강한나가 S라인의 제니로 완전히 변신에 성공한 것이다.

이 영화는 성형한 뒤의 여러 가지 에피소드를 통해 성형에 대한 올바른 인식을 심어주는 좋은 좋은 영화였지만 나에게는 더 큰 의미가 있는 영화였다. 진리의 눈을 뜨고 터득하게 해준 영화였기 때문이다. 난 이 영화를 보는 내내 눈물샘이 터져 주체할 수 없었다. 영화가 감동적이라서가 아니라 성경적 세계관이 무엇인지를 깨닫게 되는 은혜가 있어서 그랬다. 세상이 어그러지고 죄악이 관영한 이유를 분명히 깨달을 수 있었다.

그것은 제니, 아니 강한나의 아버지가 말한 "하고 싶은 일은 하나님만 하시고 인간은 할 수 있는 일만 하는 것이야"라는 대사였다. 나는 이 대사를 들을 때 진리를 깨달은 것과 같은 환희가 밀려왔다. 정말 그 이후부터 세상을 보는 나의 관점이 달라진 것 같다. "하고 싶은 일은 하나님만 하시고 인간은 할 수 있는 일만 하는 것이다"라는 말은, 우리가 가르쳐야 할 교육의 핵심을 담고 있는 말이었다. 하나님은 세상을 창조하시고 역사하시는 우리 삶의 주인이신 반면, 우리는 피조물이다.

우리는 어떤 일을 하며 살고 있는가? 우리는 자녀의 미래에 대하여 어떻게 권고하고 있는가? 하고 싶은 일을 하려 하는가? 아니면 할 수 있고, 해야 할 일을 하는가?

요즘 대부분의 부모는 자녀에게 하고 싶은 일을 하면서 살라고 한다. '하고 싶은 일'과 '할 수 있고 해야 할 일', 이것은 우리 인생에 굉장히 중요한 질문이다. 우리들은 지금까지 하고 싶은 일을 하면서 살라고 교육받아왔다. 무의식적으로 그래왔다. 성공한 사람들을 인터뷰하는 것을 들어보면, 대부분의 사람이 자기가 하고 싶은 일을 해서 성공했다고 말한다. 그래서 그런지 몰라도 대부분의 사람들은 하고 싶은 일을 하며 살기를 원한다. 자녀들에게도 "하고 싶은 일을 하면서 살라"고 권하기도 한다. '하고 싶은 일을 하는 것이 무엇이 잘못되었는가?' 싶기도 할 것이다.

이 영화에 등장하는 인물 중 '에이미'라는 노래 못하는 가수가 있다. 그녀는 노래는 못 하는데 가수가 되고 싶어서 강한나를 무대 뒤에서 노래하게 했던 가수였다. 그러다 강한나가 없어지자 답답한 자기 마음을 말한다. "나는 가수가 하고 싶다고! 하고 싶다고!" 말이다. 에이미를 통해서 나는 우리 아이들의 모습을 보게 되었다.

요즘 대부분의 청소년에게 장래희망을 물으면 80~90%는 연예인 아니면 운동선수라고 말한다. 성공한 스타들을 보며 자신들의 재능과 상관없이 스타가 되고 싶은 것이다. 마치 공부 안 하고 못 하는 학생이 서울대 가겠다는 것과 같다. 그렇게 살 이유가 없는데 말이다.

뚱뚱하고 못생긴 강한나는 조금 다른 차원이지만 하고 싶은 것이 많았다. 사랑하고 싶고, 무대 뒤가 아닌 무대 앞에서 노래하고 싶고 진정으로 어느 한 남자에게 인정받고 싶었다. 그래서 선택한 것이 성형수술이었다.

하고 싶은 일을 하면, 우리 삶에서 해서는 안 될 일을 하게 된다. 부인하고 거부해서는 안 될 것들을 부인하거나 거부하게 되는 것이다. 하지 말아야 할 일을 하게 되는 것이다.

영화에서 성형한 후 성공한 제니는 성형한 사실을 감추기 위해 아버지를 외면하고 모른다고 부인하게 된다. 그로 인해 친구와의 관계도 어려워진다. 그리고 결국에는 자기 자신도 부인하고 만다.

문제는 우리도 우리가 하고 싶은 일 때문에 주님을 부인하며 살고 있다는 것이다. 예수님을 배신한 유다나 베드로 역시 자신들이 할 수 있는 일을 하지 않고 하고 싶은 일을 해서 죄를 지었다. 수많은 기독교 지도자들이 비리에 연루되어 감옥에 가는 경우를 보며 안타까워 한다. 내용은 다르겠지만, 모두가 다 자신들이 하고 싶은 일을 하고 할 수 있고 해야 할 일을 하지 않은 결과였다. 자신이 하고 싶은 일을 할 때, 주님을 부인하고 결국에는 자기 자신을 부인하게 되는 것이다.

그리스도인으로 금주금연의 문제를 꺼내면 고루한 사람으로 취급받는 시대가 되었다. 하지만 나는 말해보고 싶다. 술 마시고 담배 피우는 것, 하고 싶어서 하는 일인가? 할 수 있는 일인가? 나는 그리스도인으로 할 수 없는 일이라 생각한다. 그러나 하는 사람들이 꽤 있다. 담배를 피우고 싶고,

술 마시고 싶고, 그밖에 안 되는 일을 하는 것, 이 모든 것은 다 죄이다. 언젠가 이동원 목사님의 설교 속에서 술, 담배에 대하여 이렇게 말씀하는 것을 들었다. "술 먹고 담배 피기 전에 감사 기도할 수 있으면 해라."

인간이 하고 싶은 일은 어떤 것인지 생각해 보자. 우리는 할 수 있는 일을 하면서 '하고 싶다'고 표현하지 않는다. 대부분의 사람이 '하고 싶다'고 하는 것은 할 수 없는 일을 하려고 할 때이다. 하고 싶은 일의 대부분은 욕구 불만에서 나오는 생각이다. 하나님의 생각이 아니다. 다시 말하면 '하고 싶다'는 표현은 할 수 없는 일을 하고 싶어 하는 개인의 욕망이 내재된 표현이다. 그래서 '하고 싶은 일'이란 한마디로 '욕심'이다.

욕심을 국어사전에서 찾아보니 "분수에 지나치게 하고자 하거나 가지고 싶어 하는 마음"이라 정의한다. 분수에 지나치다는 말은 내 존재가 할 수 없는 일을 한다는 것이다. 하고 싶은 일은 절대로 우리가 할 수 있는 일이 아니다. 그런데 일반교육에서는 우리가 무엇이든 하고 싶으면 할 수 있다고 배운다. 우리를 착각하게 하는 것이다. 하지만 할 수 없는데도 하고 싶은 욕심이 우리 삶을 움직이기 시작하면, 다시 말해서 욕심이 잉태하면 우리 삶에 죄가 생긴다. 욕심이 우리 삶에 자라기 시작하면 우리는 하나님과 단절된 삶을 살 수밖에 없는 것이다. 성경에서 말하는 욕심은 많이 가지려 하는 것이 아니라 하나님이 허락하시지 않은 것을 가지려 하는 것이다. 그 결과 우리는 영적 사망을 당하게 된다. 야고보 기자는 "욕심이 잉태한즉 죄를 낳고 죄가 장성한즉 사망을 낳느니라"(약 1:15)고 말한다.

육신을 입고 살지만, 욕심으로 인해 죄를 지어 하나님과 단절된 영적 사망에 이르는 것이다. 우리가 하나님과 긴밀한 교제를 나누지 못하고 하나님의 임재를 경험하지 못하는 이유는 하고 싶은 일을 하며 살고 있기 때문이다. 이 욕심은 인간이 할 수 있는 일이 아니라 하고 싶은 일, 해서는 안 되는 자기 욕망을 채우기 위해 한 행동이다. 욕심이 죄의 근원이다.

인류 최초에 하고 싶은 일을 했던 사람은 하와였다. 그녀는 자신의 삶의 영역에서 자신이 할 수 없었던 선악과를 따 먹는다. 뱀이 선악과를 먹으면 눈이 밝아져 하나님처럼 된다고 하자 하나님처럼 되고 싶었다. 보암직하고 먹음직하고 탐스럽기까지 한 선악과를 보면서 먹고 싶어졌다. 이처럼 하나님처럼 되려는, '하나님처럼 영광을 받고 싶다'는 생각은 인간이 무엇인가를 하고 싶어 하는 욕구에서 시작된 것이다. 이것이 인간의 교만이다. 거짓된 인간의 마음이다. 인간이 하고 싶은 일을 하는 것은 교만이다. 하지만 인본주의 교육, 세속화된 교육 속에서 우리는 이런 마음, 생각을 배우게 된다. 미디어를 통해 아무런 여과 장치 없이 받아들이며 피조물인 인간이 조물주처럼 살려고 한다.

영화 '미녀는 괴로워'에서 작가는 "이 땅에 하고 싶은 일을 하는 분은 하나님밖에 없습니다"라고 말한다. 하고 싶은 일을 하나님이 하시면 창조요 역사이며, 우리에게는 축복이다. 하지만 인간이 하고 싶은 일을 하면 죄가 된다. 타락이다. 보통 우리가 '하고 싶은 일'은 다른 사람과의 비교의식에서 나온다. 부러워하는 것들이다. 대부분 예뻐지고 싶어서 성형할 것이다. 상대적인 미의 기준에 의해서 생긴 마음이다. 하나님이 이미 우리를 완벽하게 지으셨는데 하나님의 최고 걸작품으로 창조하셨는데, 우리는 계속 "난 아니야, 난 아니야"라고 외치는 꼴이다. 이 땅에 절대적인 미는 없고, 다 상대적이다. 그런데 이런 상대성에 우리는 목숨을 거는 것이다.

믿음의 사람은 상대적 행복을 찾거나 하고 싶은 일을 하면서 살지 않는다. 창조주 하나님께서 만드신 완벽한 피조물로서, 예수 그리스도를 통해 주신 사랑과 은혜, 절대적인 감사로 살아간다. 인간이 하고 싶은 일을 하면서 살면 욕심, 불순종, 교만, 실패, 불만족, 죄의 삶을 살게 된다. 그러나 할 수 있는 일을 하면 순종, 겸손, 열매, 성공, 감사, 사명의 삶을 살게 된다. 하나님은 우리를 창조하시고 인간에게 할 수 있는 일을 주셨다. 우리는 하나님의 형상(Image of God)을 따라 각 사람의 모양대로 지으심을 받았다. 각 사람에게 이 땅을 다스리고 정복할 능력을 주신 것이다.

목적이 이끄는 삶에서는 이것을 모양(Shape)이라고 말한다. 영적 은사(Spiritual Gift), 마음(Heart), 능력(Abilities), 기질(Personality), 경험(Experience)을 통해 나의 형태, 하나님을 닮은 나만의 모습을 형성하는 것이다. 이 모양(Shape)으로 주 안에 있으면 우리는 무엇이든지 할 수 있다. 이것이 우리 삶에 자존감(Self Esteem)을 만들어 주고 높여준다.

이렇게 하나님이 주시는 자존감, 자기 스스로의 존재의 가치를 아는 사람은 스스로 만족할 수 있는 자족할 수 있는 능력이 있다. 그리고 하나님은 이 자족할 수 있는 자에게 모든 것을 할 수 있는 능력을 주시는 것이다. 믿음의 사람은 이 능력으로 세상을 섬기며 산다. 아무에게나 모든 것을 할 수 있는 능력을 주시는 것이 아니다.

"나는 포도나무요 너희는 가지라 그가 내 안에, 내가 그 안에 있으면 사람이 열매를 많이 맺나니 나를 떠나서는 너희가 아무것도 할 수 없음이라"(요 15:5). 주님이 내 안에 없고 내가 주님 안에 있지 않으면 우리는 아무것도 할 수 없는 존재가 되는 것이다. 그러나 거꾸로 주님 안에 있으면 모든 것을 할 수 있다. 주님 안에서 내가 할 수 있는 일은 내가 하고 싶은 일을 말하는 것이 아니다. 주 안에서 할 수 있는 일은 나의 일이 아니고 하나님의 일이다. 주 안에서 할 수 있는 일은 나의 야망이 아니고 하나님의 비전이다. 주 안에서 할 수 있는 일은 나의 길이 아니고 하나님의 길, 십자가의 길이다. 주 안에서 할 수 있는 일은 날 사랑하는 것이 아니고 하나님과 다른 사람을 사랑하는 것이다.

그러면 내가 할 수 있는 일은 무엇인가? 내게 능력 주신 자를 위해 해야 할 일을 하는 것이다. 바로 이 땅에 존재하는 존재의 목적을 이루는 것이다. 이 영화에서 자신의 욕심 때문에 아버지를 외면하고 친구에게 버림받고 자기 자신의 존재도 부인할 수밖에 없었던 강한나는 모든 것이 잘못되었다는 것을 깨닫고 자신의 콘서트에 온 수천 명의 팬 앞에서 자신이 누구인지를 밝힌다. 자신이 무대 뒤에서 노래하던 강한나였고 노래하고 싶고 사랑하고 싶고 성공하고 싶어서 성형수술을 했다고 미안하고 죄송하다고 눈물의 고백을 한다. 그런 후 팬들 앞에서 치매에 걸린 아버지를 안는다.

그렇다. 우리가 할 수 있고, 해야 할 일은 이제까지 하고 싶었든 것을 하며 살았든 나를 하나님 앞에 고백하고 회개하는 것이다. 용서를 구하는 것이다. 여기에 진정한 회복의 역사가 있는 것이다. 부모는 자녀를 통해 자신이 하고 싶은 것을 하려고 한다. 그 때문에 자녀들이 얼마나 힘든지 모른다. 자녀는 부모를 통해 하고 싶은 것을 하려고 한다. 그것이 우리 부모를 얼마나 힘들고 아프게 했는지 모른다. 믿는다고 하면서 하나님을 이용해서 내가 하고 싶은 것을 했다면, 우리 죄를 자백해야 한다. 그러면 회복의 역사가 일어난다. 관계가 회복되고 하나님과 나, 나와 이웃과의 사랑이 회복이 되며 우리의 믿음이 회복이 된다. 거기에서 부흥의 역사가 일어난다.

영화가 마무리되면서 세상에서 성공한 가수 제니가 자신이 강한나이고 성형 수술을 했다는 것을 밝힐 때 관중은 술렁거렸다. 하지만 얼마 후에 비난이 아닌 "괜찮아, 괜찮아"하는 응원의 목소리가 들렸다. 나는 이 목소리가 마치 탕자가 돌아왔을 때 맞아주시는 아버지의 목소리로 들렸다.

이 영화는 하나님으로부터 창조된 인간이 욕심에 이끌려 죄를 짓고, 사탄에게 하나님의 나라를 빼앗기며, 예수 그리스도의 구속으로, 그 은혜로 다시 회복되고 하나님의 나라가 이루어지는 것과 같았다. 영화를 보면서 나는 인간의 타락한 모습을 깨닫고 울고, 하나님의 창조 섭리를 느끼며 울고, "괜찮아" 하시며 용서해 주시는 구속의 사랑에 울고, 모든 것이 회복되고 제자리로 돌아와 행복한 삶을 살게 되는 것을 보며 울었다.

한 편의 영화 속에 하나님의 창조와 인간의 타락, 예수 그리스도의 구속 그리고 하나님 나라의 완성을 담아내듯, 기독교의 가르침도 이런 것이어야 한다. 모든 교과목을 비롯한 가르침에 성경적 세계관이 녹아 있어야 한다. 그럴 때 진리에 대한 깨달음이 있고 자기 성찰이 있으며 구속의 은혜로 회복과 변화가 일어날 것이다. 이것이 진정한 교육이다. 안타까운 사실은 오늘날의 학교에서는 이런 교육을 할 수 없다는 것이다. 그러기에 기독학교를 통해 교육이 회복되길 간절히 소망하게 된다.

전인(全人)으로
키우겠습니다.

"○○○처럼 되었으면 좋겠다." 자녀가 누군가처럼 성장하길 바라는 부모의 바람이 있다. 나는 전인인들이 요셉과 다니엘처럼 컸으면 좋겠다. 이방나라의 총리가 되어서도 하나님을 잘 섬긴 요셉과 다니엘처럼 말이다. 오늘날로 말하면 내 자녀가 일본의 총리, 중국의 총리가 된다는 말인데, 쉬운 일은 아니다. 아마 유엔 사무총장이 되는 일보다 더 어려운 일일 것이다.

이들의 인생은 정말 파란만장했다. 다니엘은 더 그랬다. 다니엘은 베벨론 포로시기에 이스라엘 백성 중 '흠이 없고 용모가 아름다우며 모든 지혜를 통찰하며 지식에 통달하며 학문에 익숙하여 왕궁에 설 만한 소년'을 데려오라고 했을 때, 뽑혀서 왕궁에 섰다. 다니엘, 하나냐, 미사엘, 아사랴, 이들 네 명은 특별히 선발된 소년들이었다.

이들은 뜻을 정하여 왕의 음식과 포도주로 자기를 더럽히지 아니하겠다고 하며, 왕의 음식을 거부했다. 포로가 어떻게 해서 왕이 먹으라고 하는 음식을 거절할 수가 있었던 것일까? 다니엘의 친구들은 풀무 불에 던져 죽이겠다는데도 신상에 절을 하지 않았다. 다니엘은 하나님 앞에 정직했을뿐더러 하루에 세 번씩 기도했으며 사자 굴에 들어간다는 것을 알고 있었으면서도 믿음을 포기하지 않았다.

다니엘은 어떻게 해서 이런 행동을 할 수 있었던 것일까? 타고난 믿음일까? 아니다. 그렇지 않았다. 이들이 이방신을 섬기는 왕 앞에서도 이런 당당한 믿음의 모습을 보이며 세상과 타협하지 않고 살 수 있었던 힘은 성경 말씀에서 나왔다. 말씀중심 교육의 힘이었다. 나라를 잃은 아픔은 있었을지 모르지만, 이들은 말씀을 바탕으로 하나님 중심의 교육을 받은 세대였다.

이스라엘 역사에는 므낫세 왕이 있다. 므낫세 왕이 통치하던 시절, 유다 왕국은 살아계신 하나님으로부터 멀어져 있었다(왕하 22장). 백성은 자신들이 하고 싶은 대로 하면서 살아갔다. 오늘날과 같이 불안한 미래를 걱정하며, 사술과 요술에 빠져 이방신을 위한 단과 신상 그리고 심지어 아세라 목상들을 성전 안에도 세웠다. 그리고 므낫세 왕은 자녀까지도 제물로 바쳤다. 무죄한 자들의 피가 온 땅을 적시며 지옥과 같은 므낫세의 시대는 지나고 아들 아몬이 왕위를 계승했지만, 신하에 의해 그는 2년 만에 암살당하고 말았다.

말 그대로 혼란과 암흑의 시대였다. 이런 때에 아몬의 뒤를 이은 왕 요시야는 BC 622년경 불과 여덟 살의 나이로 왕이 된다. 어렸지만 그는 기도하는 왕이었다. 하나님을 경외하는 왕이었다. 스물여섯 살에 그는 성전을 다시 짓도록 명령했고 그 명령대로 성전을 재건했다. 그러던 어느 날, 제사장 힐기야는 돌 조각 더미에서 가죽에 쌓인 무엇인가를 발견했다. 그것은 모세의 법을 기록한 성경이었다. 하나님의 백성이 오랫동안 잊고 있던 하나님의 말씀이었다. 서기관 사반은 다시 이 사실을 왕에게 보고했고 왕 앞에서 하나님의 말씀을 읽었다. 말씀을 듣는 과정에서 요시아 왕은 자신의 옷을 찢고 울면서 회개했다(왕하 22:11). 제사장과 서기관에게 그 말씀에 어떻게 반응해야 하는지 기도하고 알아오라고 명령했다. 그러자 이들은 예언자 훌다를 찾아갔고 훌다는 이스라엘 백성이 하나님을 버리고 우상을 만들고 가까이 했기에 하나님이 노하셨다고 말해주었다.

오늘날 우리는 하나님을 섬긴다고 하면서 여전히 이생의 자랑과 안목의 정욕과 육신의 정욕으로 하나님을 외면하고 있지 않은가? 돈과 자존심, 내 자녀의 성공, 일류대에 진학시키는 것이 하나님보다 앞서 있지는 않은가? 성경은 그것이 우상이라고 말한다. 먼저 우리가 회개해야 한다고 말한다. 우리 삶의 기준과 선택은 모두 하나님의 기준으로, 하나님의 질서로 돌아가야 한다. 요시아 왕의 개혁이 바로 이것이었다. 회개한 뒤 요시아 왕은 성경 말씀을 온 백성에게 들려주고 법으로 지켜 순종하게 하였으며, 이 말씀으로 다음 세대를 교육했다.

왕하 23장에 보면 요시아는 이방 예배를 금지하고 산당을 불사르고 빻아서 가루로 만들고 우상들을 제거했다. 그런 후에 유월절을 지키며 하나님께서 자기와 백성의 죄를 사하셨음을 고백하였다. 이런 왕에 대해 성경은 "요시야와 같이 마음을 다하며 뜻을 다하며 힘을 다하여 모세의 모든 율법을 따라 여호와께로 돌이킨 왕은 요시야 전에도 없었고 후에도 그와 같은 자가 없었더라"(왕하 23:25)고 기록한다.

중요한 사실은 전에도 없었고 후에도 없을 위대한 왕 요시아 시대에 어린 시절을 보내며 말씀으로 교육받은 이들이 바로 다니엘과 하나냐(사드락), 미사엘(메삭), 아사랴(아벳느고)였다는 점이다. 요시야 시대에 그렇게 하나님 중심으로 말씀 교육을 받았더니 그들은 바벨론의 포로가 되었어도 세상이 찾는 곧 흠이 없고(without any physical defect), 용모가 아름다우며(handsome), 모든 지혜를 통찰하며(show aptitude every kind of learning), 지식에 통달하며(well informed), 학문에 익숙하여(quick to understand), 왕궁에 설 만한(qualified to serve in the king's palace) 자들이 되었던 것이다. 어렸을 때부터 창조주 하나님의 말씀으로 교육받은 그들은 후에 포로의 신분이었지만 세상의 관점에서도 선택받는 사람들이 되었다. 하지만 그들은 세상과 타협하지 않았다. 하나님을 믿지 않는 이들보다 더 뛰어난 존재감을 가지고 있었다. 결국 그들은 나중에 하나님이 주신 지혜와 실력으로 바벨론의 지도자가 된다. 특히 다니엘은 나라와 정권이 네 번이나 바뀌는 가운데서도 총리가 되어 권력의 핵심에 있었다.

나는 이것이 성경적 세계관 교육의 영향력 즉, 말씀 중심의 교육, 하나님 학교의 파워(Power)임을 믿는다. 그래서 늘 우리 아이들이 다니엘과 세 친구와 같은 사람들이 되기를 소망하며 기도한다.

이 시대에는 수많은 자녀 교육법이 있다. 그러나 위기 때 쓰임 받고 지도자가 되는 것은 하나님의 사람들이라 생각한다. 하나님의 교육법으로 훈련된 이들이다. 왜냐하면, 이 세상은 하나님의 창조 속에 하나님이 섭리와 경륜 가운데 있기 때문이다.

나는 이런 일이 21세기에도 가능하다고 믿는다. 하나님의 방법으로 교육하는 가정과 교회가 없으니까 안 되는 것이다. 한국 사회와 교회는 유대인들의 성공을 이야기하면서 유대인처럼 교육하지는 않는다. 하지만 하나님의 말씀을 기준으로 교육하고 양육하면 이 세상이 변할 것이다. 이 믿음이 실상이 되고 증거가 되는 학교가 전인기독학교이다. 전인인들을 다니엘과 같은 인물로 키워 아파하는 이 세대를 변화시키며 그들이 하나님의 영광을 다시 회복하는 영향력을 발휘하는 인물이 될 수 있으리라 믿는다.

이방 나라 왕 다리오가 사자 굴에 들어가 죽게 된 다니엘 때문에 속이 상해서 금식하며 잠을 설친 것을 보면, 다니엘의 영향력이 얼마나 컸고, 그가 얼마나 뛰어난 사람이었는지를 알 수 있다. 다음날 새벽 다리오 왕은 다니엘이 어찌 되었나 보러 사자 굴로 달려갔다. "살아계시는 하나님의 종 다니엘아 네가 항상 섬기는 네 하나님이 사자들에게서 능히 너를 구원하셨느냐"(단 6:20). 다리오 왕의 말에 다니엘이 대답했다. "왕이여 원하건대 왕은 만수무강하옵소서 나의 하나님이 이미 그의 천사를 보내어 사자들의 입을 봉하셨으므로 사자들이 나를 상해하지 못하였사오니 이는 나의 무죄함이 그 앞에 명백함이오며 또 왕이여 나는 왕에게도 해를 끼치지 아니하였나이다"(단 6:21~22). 하나님이 하신 일이었다. 하나님이 다니엘을 사자의 입에서 구해내셨다. 이 말을 들은 왕이 기뻐서 다니엘을 굴에서 올리라 하고 다니엘을 참소한 사람들을 굴에 들여보내 사자 밥이 되게 하였다.

이후에 대해 성경은 이렇게 기록하고 있다. "이에 다리오 왕이 온 땅에 있는 모든 백성과 나라들과 언어가 다른 모든 사람에게 조서를 내려 이르되 원하건대 너희에게 큰 평강이 있을지어다. 내가 이제 조서를 내리노라 내 나라 관할 아래에 있는 사람들은 다 다니엘의 하나님 앞에서 떨며 두려워할지니 그는 살아 계시는 하나님이시요 영원히 변하지 않으실 이시며 그의 나라는 멸망하지 아니할 것이요 그의 권세는 무궁할 것이며 그는 구원도 하시며 건져내기도 하시며 하늘에서든지 땅에서든지 이적과 기사를 행하시는 이로서 다니엘을 구원하여 사자의 입에서 벗어나게 하셨음이라 하였더라" (단 6:25~27).

나는 전인인들을 통해 이 세상에 하나님을 믿지 않는, 그 관할 아래에 있는 사람들이 모두 살아 계시는 하나님을 두려워하며 믿고 시인하는 역사가 일어나기를 기도한다. 전인기독학교는 이 일을 위해 하나님의 지도자를 양성하는 학교이다. 그리고 임마누엘교회는 요시아 왕같이 이 학교를 학교 되게 하는 존재이다. 이렇게 우리 자녀를 실력과 영성을 겸비한 지도자로 키우면 세상이 바뀌지 변화되지 않겠는가?

오늘 이 시대에 필요한 사람, 하나님이 찾으시는 사람은 바로 다니엘과 같은 사람이다. 세상 속에 있지만, 세상을 거부하고 부인하는 것이 아니라 그 안에서 하나님의 이름으로 승리하고 성공하며 세상을 형통케 하는 지도자, 이것이 전인기독학교가 꿈꾸는 열매요 우리의 자녀이다. 이런 지도자를 키우는 일은 거룩한 사역이다. 하지만 쉽지 않다.

이 사역을 위해 가정과 교회와 학교가 각 사람을 권하고 모든 지혜로 각 사람을 가르치고 한 사람을 온전한 그리스도인 전인인으로 키우기 위해 성령의 역사 하심을 따라 수고하는 헌신과 희생이 필요하다. 이것을 가능케 하기 위해 우리 부모와 교사 그리고 교회와 학교가 존재해야 한다.

기독학교 공동체는 이 존재 이유를 아는 공동체이다. 교회와 학교와 가정이 하나님의 말씀을 이루며 다음 세대를 믿음의 세대로 만드는 사명을 감당했으면 좋겠다. 골로새서의 말씀을 보면 한 사람을 위한 수고는 괴로운 일이고 고난이 있다고 한다. 바울의 위대함은 그 고난을 기뻐하며 감당하는 것이다.

부모라면 자녀가 자신보다 더 편하고 나은 삶을 살게 하려고 자녀에게 유산을 상속하거나 유명대학에 진학하도록 노력한다. 그러나 하나님이 우리 자녀를 가정에 허락하신 이유는 그 이상의 목적이 있다. 맡겨주신 자녀를 제자 삼으라는 것이다. 세례를 주고 가르쳐 지키게 하며 하나님의 사람으로 만들라는 명령이다. 이것이 부모의 사명이다.

가난하고 약하고 부족해도 하나님으로 기쁘게 만족하는 그래서 세상이 줄 수 없고 알 수 없는 평안을 소유한 사람들, 먼저 그의 나라와 의를 구하는 사람들, 그들이 예수님 때문에 순교의 현장에서도 처참한 죽임을 당하면서도 입가에 미소를 지으며 하늘나라로 간 믿음의 선진들이다. 우리는 이런 믿음의 선진들의 삶을 존경하고 우러러 보면서 정작 이들처럼 살기를 원하지 않는다. 더욱이 부모는 그렇게 살아도 우리의 자녀는 좀 더 편한 길을 가기 원한다.

왜 우리는 이렇게 자기중심적이고 이중적인 그리스도인으로 살며 믿음의 한계를 가지고 신앙생활을 하고 있는가? 많은 이유가 있겠으나 하나님 중심의 학교교육을 받지 못해서 그렇다. 교회는 오래 다녔지만, 진짜 그리스도인의 삶을 가정과 교회와 학교를 통해 일관성 있게 배우질 못했다. 그래서 우리의 다음 세대를 위해 전인기독학교가 존재하는 것이다. 이 땅에 기독학교들이 많이 세워져야 하는 것이다. 나는 믿음의 부모들이 기독교학교의 존재 이유를 알고 함께했으면 좋겠다.

요시아 시대에 성경 중심의 교육을 받은 다니엘과 세 친구의 세대처럼, 믿음의 삶을 통해 수많은 사람을 변화시키고 영향력을 끼친 믿음의 선진들처럼 전인인들이 성경중심의 세계관으로 교육받고 성장하여 이 어둠의 세대에 다니엘과 같은 영향력 있는 지도자들이 될 것을 믿는다.

세상이 우리를 통해 변할 수 있을까?

새벽예배 때 아이들에게 물었다. "세상이 나 때문에 변할 수 있다고 생각하는 사람 손 들어봐라." 몇 명은 당당하게, 몇 명은 눈치를 보며 손을 들었다. 다시 물었다. "정말 내가 예수님 잘 믿고 전인기독학교에서 교육받으면 이 세상이 변할 수 있다고 생각하는 사람, 눈치 보지 말고 손들어 보아라." 3분의 2 정도의 아이들이 손을 들었다. 감사했다.

'나 때문에 세상이 변할 수 있을까?', '전인기독학교를 통해 이 땅의 교육이 변하길 소망하는데, 그것이 과연 가능할까?', '변화될 세상을 믿으면서 교사, 학생, 부모들에게 말하지만, 내 말을 믿는 사람들이 얼마나 될까?' 여러 가지 생각이 들었다.

나에겐 꿈이 있다. 이 땅에 하나님의 기준과 방법으로 운영되는 하나님의 학교를 세워서 하나님의 영광을 드러내고, 하나님의 의로움을 나타내는 지도자를 키우는 일이다. 나는 기독학교를 통해 믿음의 부모들과 함께 위대한 하나님의 역사를 일으키고 싶다. 세상과 분리된 상태가 아니라 세상 안에 있지만, 세상과 구별된 방법으로 세상보다 더 탁월함을 보여주고 싶다. 10여 년간 기독학교를 이끌어 보니, 이것은 충분히 가능했다.

우리 학교 아이들은 일류대학을 가기 위해 학원과 과외를 하면서, 수능을 위한 공부를 하지 않는다. 그래도 일류대학을 간다. 일반적으로 수백만 원의 사교육비를 들여가며, 가정 경제에 위기를 초래하면서까지 대학을 보내려고 한다. 반면 전인아이들은 사교육 없이, 교회에서 지원하는 저렴한 학비로 미래를 위해 공부하기 때문에 가정 경제에도 선순환을 가져온다. 세상 속에서 아이들은 유행을 좇아가며 내가 누구인지도 모른 채 시간 낭비를 한다. 하지만 전인기독학교에 다니는 아이들은 성경적 세계관으로 학교 교육을 받으며 내가 누구이고, 무엇을 위해, 어떻게 살아야 한다는 분명한 삶의 목적을 가지고 있다. 아이들 하나하나가 너무나도 밝고 명랑하며 행복해 보인다.

이런 학교라면 학교에 대한 세상의 기준을 바꾸어 놓지 않겠는가? 그러면 국가가 주도하는 학교가 하나님의 학교를 따라오게 되지 않겠는가? 지금까지 교육이라면 좋은 대학에 가기 위한 것으로 생각했고, 공립 혹은 사립학교를 다녀야 한다고 여겼는데, 그것이 자녀의 성공과 대학에 가기 위한 유일한 선택이라고 여겼는데 그렇지 않다는 것을 알게 되면 세상이 변할 것이라는 믿음이 있다. 믿음은 바라는 것들의 실상이라고 했다. 내가 바라는 것, 나의 비전은 이런 변화를 하나님의 학교를 통해 세상에 보여주려는 것뿐이다.

그렇다면 이 일을 위해 우리가 해야 할 일은 무엇인가? 나는 얼마 전에 본 영화 '역린'에서 그 힌트를 얻었다. '역린'은 아버지 사도 세자의 죽음을 보며 세상의 변화를 만들어가는 정조의 가슴 아픈 변화를 향한 도전을 그린 영화이다. 영화에는 '예의 중용 23장'이 나온다. 여기에서 나는 세상이 변화되는 이치를 깨닫게 되었다.

작은 일도 무시하지 않고 최선을 다해야 한다.
작은 일에도 최선을 다하면 정성스럽게 된다.
정성스러워지면 겉에 배어 나오고
겉에 베어 나오면 겉으로 드러나고
겉으로 드러나면 이내 밝혀지고
밝혀지면 남을 감동시키고
남을 감동시키면 이내 변하게 되고
변하면 생육 된다.
그러니 오직 세상에서 지극히 정성을 다하는 사람만이
나와 세상을 변하게 할 수 있다.

나와 세상을 변화시키는 것은 큰일을 하는 것이 아니라 작은 일을 무시하지 않고 최선을 다하는 정성이었다. 이 세상을 변화시키기 위해 움직여야 할 작은 일은 무엇인가? 이 세상의 변화는 부모들이 세상 학교와 하나님의 학교를 비교하지 않고, 무시하지 않으며, 기독학교를 통해 하나님의 방법으로 교육하려는 정성에서 시작된다. 이런 정성을 묵상하는 가운데 주신 말씀이 누가복음 10장 25~28절이었다. "어떤 율법교사가 일어나 예수를 시험하여 이르되 선생님 내가 무엇을 하여야 영생을 얻으리이까 예수께서 이르시되 율법에 무엇이라 기록되었으며 네가 어떻게 읽느냐 대답하여 이르되 네 마음을 다하며 목숨을 다하며 힘을 다하며 뜻을 다하여 주 너의 하나님을 사랑하고 또한 네 이웃을 네 자신 같이 사랑하라 하였나이다 예수께서 이르시되 네 대답이 옳도다 이를 행하라 살리라"는 말이다.

작은 일을 무시하지 않고 최선을 다하는 정성은 결국 마음과 목숨, 힘과 뜻을 다하라는 것이었다. 그렇다. 정성은 다하는 것이다. 노력하는 것이다.

내 힘으로 안 될 것 같지만 할 수 있는 한 모든 것, 마음과 뜻과 힘을 다하여 더 나아가 목숨을 걸고 끝까지 최선을 다하는 것이다.

예수님이 우리에게 보여주신 사랑은 티끌보다 못한 우리를 위해 자기 목숨까지 주신 사랑이다. 그 사랑이 나를 구원하고 온 인류를 구원했다. 죄로 인해 하나님과 단절되었던 세상을 변화시킨 것이다. 하나님이 예수 그리스도를 통해서 주신 구원의 사랑과 은혜를 가지고 우리에게 맡겨진 삶의 시간과 조건 안에서 정성을 다해야 한다. 예수 믿는 사람은 그렇게 살아야 한다.

"네 마음을 다하며 목숨을 다하며 힘을 다하며 뜻을 다하여 주 너의 하나님을 사랑하고 또한 네 이웃을 네 자신 같이 사랑하라"는 마음으로 아무리 작은 일이라도 무시하지 않고 사랑과 정성을 다할 때 변화는 시작된다. 사랑이 배어 나온다. 배어 나옴은 우리의 존재감이다. 존재감으로 살아갈 때 그 정성이 드러난다. 드러나면 우리의 정성이 밝혀지고, 밝혀지면 의미와 가치가 밝혀졌기에 감동을 받는다. 감동을 받은 세상은 변하게 된다.

세상이 왜 변하지 않는 걸까? 기독교가 주는 감동이 사라졌기 때문이다. 감동은 마음을 다하고 목숨을 다하고 뜻을 다하는 정성에서 나오는 것이니, 정성을 다하면 결국 이 세상에 변화가 생길 것이라 확신한다. 정성으로 교육하면 이 세상의 교육이 변화될 것이다.

전인기독학교는 이런 정성을 가지고 한 아이, 한 아이를 향해 최선과 최고의 교육을 하는 학교이다. 이 땅에 있는 모든 학교가 그래야겠지만, 교육계가 기득권에 의해 타락하고 교육의 내용이 변질하였기에 그런 학교를 찾아보기는 어렵다. 우리의 정성으로 진정한 교육이 무엇인지 보여주고 싶다.

전인교육의 정성스러움이 배어 나오고 겉에 드러나고 밝혀지고 감동시키면 이 땅의 교육은 변화된다. 이런 변화는 변화로 만족하지 않는다. 변화는 생육하기 때문이다. 중용의 23장의 '변화의 결론'은 무엇인가? 생육이다.

성경을 보면 예수님께서 우리에게 주신 명령에는 자녀를 제자 삼는 지상명령(마 28:18~19)도 있지만, 창조 때에 주신 문화 사명(창 1:28)도 있다.

"하나님이 그들에게 복을 주시며 하나님이 그들에게 이르시되 생육하고 번성하여 땅에 충만하라, 땅을 정복하라, 바다의 물고기와 하늘의 새와 땅에 움직이는 모든 생물을 다스리라 하시니라"(창 1:28).

예수님이 오셨을 때 우리에게 제자 삼는 사명을 주신 것은 창조의 사명을 인간이 감당하지 못하고 정복당하고 빼앗기고 열매가 없고 여전히 죄 가운데 있기 때문이었다. 우리는 하나님께서 창조하신 세상을 하나님의 방법으로 생육하고 번성하고 충만하고 정복해야 한다. 그러기 위해서 변화가 필요하다.

무엇부터 변화되어야 할까? 사탄의 가장 강력한 무기가 된 '교육'부터 변화되어야 한다. 공교육화된 학교부터 말이다. 학교를 변화시키려면, 먼저 작고 부족하게 시작된 기독학교들을 향해 교회와 가정들이 정성을 기울여야 한다. 기독학교들은 더 잘 준비하고 경쟁력 있는 학교가 되기 위해 노력해야 한다. 세상의 기준이 되는 결과에 대해서도 담쌓지 않고 도전하는 기독학교가 되어야 한다. 교사들의 교육 철학과 방향을 실험해 보는 실험실 같은 기독교 대안학교를 만들어서는 안 된다. 입시 교육을 세속화된 것으로 치부하여 대학진학을 소홀하게 여기는 것 또한 직무유기라고 생각한다. 도리어 대한민국 입시를 하나님의 방법으로 도전하고 정복하는 태도가 필요하다. 입시는 어쩌면 세상을 변화시키고 하나님의 방법으로 생육하고 번성하고 충만하며 정복하는 가장 쉬운 방법일 것이다. 이 일에 우리 교회, 가정, 학교의 정성이 필요하다. 사명감 있게 마음과 뜻과 목숨을 다하는 정성이 필요하다. 최선을 다하는 정성이 배어 나오고 드러나고 밝혀지고 감동이 있는 교육의 현장을 기독학교가 만들어가야 한다.

　이를 위해 기독학교를 이루는 학교, 가정, 교회는 하나가 되어 목숨을 걸고 거룩한 도전을 해야 한다. 기독학교는 이 땅에 가장 이상적인 학교가 되어야 한다. 그러기 위해 다양하고 경쟁력 있는 교육과정과 프로그램을 통해 실력 있는 학생을 양성해야 한다. 그리고 결과는 모두가 가기 원하는 서울대, 연세대, 고려대를 비롯한 상위권 대학 합격률이 높으면 된다. 그러면 굳이 비싼 사교육비를 내며 학원을 쫓아갈 이유가 없을 것이다. 기독교 가정이라면 더욱 그럴 것이다. 이렇게 믿음의 가정과 하나님의 학교가 합력하여 최선과 최고의 교육으로 정성을 다하여 입시 경쟁력을 가지면 교육 생태계는 변하고 다시 하나님의 교육으로 생육되고 번성하여 교회는 부흥할 것이다.

　학교에서 이런 일에 선봉에 설 사람은 교사와 학생이다. 교사들은 학생들이 학원에 갈 필요를 느끼지 못할 정도로 실력 있어야 한다. 학원의 강사 같은 경쟁력이 있어야 한다. 좋은 교사는 아이들 눈높이에서 잘 놀아주고 받아주고 하고 싶은 대로 내버려두며 인권을 존중하는 교사가 아니라 하나님의 눈높이로 가르칠 것을 마땅히 가르쳐서 하나님의 목적에 맞는 삶을 살며 하나님이 함께하시는 참 진리의 삶을 살도록 가르치는 교사이다. 행복하게 살도록 가르치는 교사이다.

　우리 학교에는 정말 아이들을 온전한 하나님의 사람, 즉 전인으로 양성하기 위한 지정의성체 모든 영역에서 좋은 프로그램들이 많다. 하지만 내가 가장 자랑하고 싶은 것은 교사들이다. 물론 더 성장해야 할 교사들도 있지만, 이렇게 되기까지 수많은 교사가 우리 학교를 거쳐 가셨다. 떠난 교사들 가운데는 아이들이 좋아했던 교사들도 있었다. 그래서 학생들과 부모로부터 불만의 소리도 많이 들었다. 아이들이 좋아하는 교사들은 대부분 잘 가르치기보다는 수업시간에 재미있는 이야기해주고 놀아주고 숙제가 없거나 안 해도 상관없는 분들이셨다. 책임지는 교육을 표명하는 학교로서 함께할 수 없는 교사들이었던 것이다.

무엇보다도 우리 학교에는 입시를 전담하시는 입시팀 교사들이 있다. 마음을 다하고 뜻을 다하고 목숨을 다하고 최선의 정성을 다하는 교육이 무엇인지를 보여주시는 분들이다. 물론 입시팀 교사뿐 아니라 모든 분이 같은 마음으로 가르치고 계신다. 화룡점정(畵龍點睛) 같은 입시팀 교사들의 '정성'을 통해 입시 경쟁력이 있는 학교로 거듭나고 있다.

이를 위해 가정에서 부모가 담당해야 할 '정성'도 있다. 그것은 일반학교와 비교하며 걱정하고 근심하는 것이 아니라 사랑하고 기도하며 최선을 다하여 학교와 함께 자녀의 교육을 책임지려는 정성이 있어야 한다는 것이다. 만약 사랑과 믿음과 소망을 근거로 한 '정성'이 있다면 분명 우리의 자녀는 세상을 변화시키고 생육하는 영향력 있는 지도자들이 될 것이다. 그러나 그런 정성 없이 여전히 판단하고 정죄의 눈으로 학교를 평가한다면, 주변의 부정적인 소리로 인해 근심하고 걱정하고 갈등하고 있다면 학교는 여전히 좋지 못한 학교로 존재할 것이다.

자녀가 학교생활에서 작은 것 하나라도 무시하지 않고 최선을 다하며 정성껏 생활하도록 가정에서도 가르쳐야 한다. 부모 또한 학교의 작은 일도 무심하게 넘기지 않고 최선을 다하면, 그 정성이 자녀뿐 아니라 부모까지도 행복하게 만들 것이다.

학교에서 나를 가장 답답하게 만드는 아이는 숙제를 성실하게 하지 않는 아이이다. 안타까운 가정은 결석을 너무 쉽게, 많이 하는 가정, 해야 할 것을 하지 않는 가정이다. 학부모 교육과 기도회에서 얼굴을 볼 수 없는 가정들이다. 그런 가정들이 불평불만도 많고 요구도 많다. 그러나 그런 태도로는 기독학교에 다닌다 해도 별 변화나 열매를 경험할 수 없을지도 모른다. 안타까울 뿐이다. 그래도 많은 부모들이 학교를 신뢰하고 열심히 최선을 다해주신다. 감사함이 더 많은 학교이다.

　마지막으로 교회가 들여야 할 '정성'은 기도라 생각한다. 가정과 학교가 조화를 이루며 갈 수 있도록 정성을 다해야 한다고 본다. 한국 현실 속에서 기독학교가 입시 경쟁력을 가진다는 것이 불가능하다고 여겨지는가? 나는 교회가 학교를 위해 기도할 때, 기도로 '정성'을 다할 때 가능하리라 확신한다.

　세상을 하나님의 방법과 삶으로 변화시키는 사명, 이것이 전인기독학교의 사명이고 우리가 이 땅에 존재하는 이유이다. 할 수 있다. 하면 된다. 한번 해 볼 것이다. 아니 이미 시작되었다.

에필로그

하나님의 자존심이 되시기를
소망하는 전인기독학교

욥기 1장에 보면 하나님과 천사들(하나님의 아들들)이 모인 자리에 사탄이 왔습니다. 저는 이 말씀을 읽으며 '사탄이 왜 그 자리에 왔을까? 하나님께 깐죽거리려고 온 거로구나!'라고 상상했습니다. 미움받을 만한 태도로 들러붙어서 쓸데없이 자꾸 말하는 것을 깐죽거린다고 합니다. 하나님은 그런 사탄에게 네가 어디에서 왔느냐(욥 1:7)고 물으셨습니다. 사탄은 세상을 두루 돌아 여기저기 다녀왔다고 말합니다. 세상을 두루 돌아다니다 보니 하나님이 전능하시고 세상을 창조하신 것은 알겠는데 하나님을 믿는 사람이나 공동체보다는 자신이 퍼뜨린 죄로 인해 타락한 세상이 더 눈에 띄었던 겁니다. 하나님이 아무리 세상을 사랑하신다고 해도, 막상 사람들은 하나님을 사랑하지 않고 자기 자신을 사랑하고 불신과 미움, 성냄과 다툼을 일삼고 살인의 죄까지 지으면서 살고 있으니 하나님의 사랑은 짝사랑 아니냐고 깐죽거리는 것입니다.

사탄이 깐죽거리자 하나님은 한 사람을 소개합니다. 욥이었습니다. 욥에 대해 하나님은 "온전하고 정직하여 하나님을 경외하며 악에서 떠난 자"(욥 1:8)라고 소개합니다. 하지만 사탄의 깐죽거림은 계속되었습니다. 욥기

Epilogue

8장 9~11절을 보면 사탄은 하나님께 "욥이 까닭 없이 하나님을 경외하겠습니까? 하나님께서 축복해 주셨으니까 그렇지요. 축복을 거두어 보십시오. 그러면 욥도 하나님을 욕하지 않겠습니까?"라고 말합니다.

결국, 하나님은 사탄에게 "욥의 생명만 두고 다 거두어 가봐라." 하십니다. 이 말에는 욥에 대한 하나님의 신뢰와 세상을 향한 하나님의 자신감이 드러나 있습니다. 이후에 욥은 재산을 전부 잃었고 자녀도 모두 죽었습니다. 이런 상황 속에서도 그는 자기 옷을 찢고 머리털을 밀고 땅에 엎드려 예배하며 고백합니다.

"내가 모태에서 알몸으로 나왔사온즉 또한 알몸이 그리로 돌아가올지라… 여호와의 이름이 찬송을 받으실지니이다"(욥 1:21)

하나님은 이런 욥을 알고 계셨습니다. 이 세상 그 무엇 때문에 하나님을 믿는 자가 아니라, 이 세상 그 무엇을 잃는다 해도 하나님을 부인하거나 원망하지 않을 자라는 사실을 말입니다. 욥은 온전하고 정직하며 하나님을 경외하며 악에서 떠난 자로, 하나님의 자존심을 지켜 준 사람이었습니다.

저는 전인기독학교가 성경적 세계관을 통한 전인교육을 통하여 이 땅에 하나님의 자존심을 세워드리는 욥과 같은 사람을 키우는 학교이길 소망합니다.

에필로그

　오늘날에도 사탄은 이 땅의 현실을 둘러보며 하나님에 대해 깐죽거리고 있지 않을까 싶습니다. 무너져가는 하나님의 교회와 가정들, 공교육이라는 제도 속에 사탄에게 주권을 빼앗긴 교육, 믿음 없이 자신의 의를 위해 교회에 다니는 교인들, 내 안에 있는 욕심의 우상을 우상인지도 모른 채, 하나님을 위한 것이라고 포장하여 하나님을 이용하며 자기를 더 사랑하는 자들, 예배드림보다 세상의 유희와 쾌락에 빠져서 교회마저도 친교모임으로 만들어 재미만을 추구하는 교인들, 이러한 한국 기독교를 보며 사탄이 하나님께 가서 이렇게 깐죽거릴 것 같습니다.

　"하나님! 아들을 주시기까지 사랑하셨고 전무후무한 부흥을 주셨는데 인간들은 다 하나님을 배신하고 이용하고 변질하였네요. 그런데 왜 아직도 짝사랑 중이세요?"

　이러한 사탄의 깐죽거림을 들으시고 하나님이 "내 종 욥을 보았느냐?" 하셨듯이 말씀하신다면 과연 누구를 내세우실까요? 저는 하나님이 "너, 전인기독학교를 보았느냐? 나를 사랑하며 지혜가 가득하고 꿈을 꾸며 꿈을 가꾸는 전인기독학교의 '전인이'들을 보았느냐? 이들은 온전하고 정직하여 하나님을 경외하고 악에서 떠난 자녀이고 가정이고 학교이다." 이렇게 말씀하실 것이라 소망합니다.

Epilogue

　전인기독학교가 지나온 12년 동안 많은 어려움을 겪었습니다. 사탄이 우리 학교를 여러 가지로 방해했고 나라가 인정하지 않는 학교라는 편견과 불리한 조건으로 인한 따가운 시선도 느껴야 했습니다. 그러나 우리 학교는 세상을 정복할 영성과 실력을 겸비한 자녀를 기르고 온전하고 정직하여 하나님을 경외하고 악에서 떠난 믿음의 사람들이 있는 공동체라고 자랑하실 수 있도록 하나님만 바라보며 하나님의 자존심을 지켜드리기 위해 열심히 달려왔습니다.

　하나님의 자존심을 지켜드리는 일, 자녀를 온전한 하나님의 사람으로 교육하고 지도자로 만드는 일이 대한민국 현실에서는 참으로 힘들고 때로는 불가능해 보이기도 합니다. 한국의 교육 현실과 인본주의 교육 사상으로 세속화된 교육을 보면 더 그렇게 느껴집니다.

　'이이제이'(以夷制夷)라는 말이 있습니다. '한 세력을 이용하여 다른 세력을 제어하는 것'을 말합니다. 사탄에 의해 국가 중심의 공교육으로 무너진 이 세상과 다음 세대를 회복하는 방법은 하나님의 교육으로 회복하는 것입니다. 다른 방법이 없습니다. 인간의 생각과 관점을 형성하고 교육하는 것이 교육입니다. 빼앗긴 교육의 주권을 회복하고 살려야 합니다. 이 일을 위해서 한국교회가 교회가 책임지는 학교를 세워야 합니다. 이를 통해

에필로그

믿음의 가정들이 일어나고 믿음의 유산을 물려주어 다음 세대가 믿음의 자녀가 되면 교회는 부흥하게 되고 교회가 부흥하면 이 나라 이 민족이 다시금 하나님의 영광을 드러내게 될 것입니다.

대한민국의 교육 관계자들과 부모들이 '교육의 로망'으로 꼽는 나라가 핀란드입니다. 이재철 목사님은 「지성과 영성의 만남」에서, 핀란드의 교육이 가능했던 것을 기독교의 힘이었다고 말합니다. 핀란드는 전 국민이 기독교인이었던 국가입니다. 핀란드의 국민은 자녀를 참된 사람으로 교육해 행복하게 살게 해 주고 싶은 많은 고민을 했습니다. 이를 위한 해결책은 참된 인간으로 사는 교육을 시키고 그런 교육을 위해서는 하나님을 알아야 하기에 이것을 가능케 하는 교육이라면 돈이 얼마가 들든 부담하기로 결의한 것입니다. 그래서 핀란드는 소득이 높은 사람은 세금을 80퍼센트까지 낸다고 합니다. 이를 근거로 이재철 목사님은 기독교인이 "우리가 세금 80퍼센트를 내더라도 세상을 한번 바꾸자고 마음먹으면 바꿀 수 있다"고 말합니다.

그렇습니다. 저도 같은 마음입니다. "어떤 부담을 지더라도 기독학교를 세워 이 세상을 한번 바꾸자!"라고 말하고 싶습니다. 학교를 세워 이 세상을, 하나님의 교육을 회복하고 다음 세대를 책임지는 일, 이것은 지금 우리가 해야 하고 할 수 있는 일입니다. 한국교회가 다음 세대의 교육을 책임지

Epilogue

며 가정을 살리고 나라를 살리기 위해 감당해야 할 마지막 희망이고 사명입니다. 이 일은 한국교회가 지금 기독교 인구가 몇 명이든 공교육 속에 갇힌 교육의 본질을 회복하고 참된 교육을 통하여 다음 세대가 하나님을 알고 인정하며 행복하고 참된 삶을 살도록 하는 위대한 일입니다.

지그 지글러는 "어떤 일의 시작을 위해서 위대한 사람이 되어야 할 필요는 없습니다. 그러나 당신은 위대한 일을 위해 시작해야 합니다"라고 했습니다. 한국을 살리고 교회를 살리고 우리의 다음 세대를 살리는 하나님의 학교를 세우는 일, 이 위대한 일은 지금 시작해야 하는 일입니다. 그리고 그 일을 할 수 있는 방법을 스티븐 잡스는 "위대한 일을 할 수 있는 유일한 방법은 당신이 하는 일을 사랑하는 것입니다"라고 했습니다. 나는 하나님의 학교를 세우는 위대한 일을 시작했고 기독학교를 만들어가는 일을 사랑합니다.

그 사랑을 김국도 이사장님을 통해 배웠고 아직도 배우고 있으며 김요셉 목사님을 비롯한 많은 분을 통해 배우고 있습니다.

이제 저 또한 누군가 시작해야 할 위대한 일, 하나님의 학교를 세우는 일과 그 사랑을 믿음의 가정들과 한국 교회와 기독학교를 세우기를 소망하는 분들에게 도움이 되고자 하는 마음입니다. 바라고 소망하기는 전인기독학교의 이야기를 통해 가정과 교회가 함께 하나님의 기독학교를 세우는 위대한 이 거룩한 비전과 뜻에 함께 동참하기를 기도합니다.

참고문헌

※ 이 책에 직접 인용하지 않았지만 조금이라도 관련되는 책도 함께 소개합니다.

기독교적 세계관 (양승훈), CUP
니고데모의 안경 (신국원), IVP
존 웨슬리의 교육신학, 감리교신학대학 출판부
존 웨슬리의 교육, 기독교대한감리회교육국
평양대부흥운동과 기독교학교, 기독교교육연구신서, 예영
완전한 진리 (낸시 피어스), 복있는 사람
그리스도인, 이제 어떻게 살 것인가? (찰스 콜슨), 요단
기독학교의 미래 전망 (기독학교교육연구소), 예영
사람은 무엇으로 사는가? (레프 N. 톨스토이), 푸른숲주니어
기독교학교를 어떻게 시작할 것인가? (제임스 W. 브랠리 역음), CUP
살아있는 책으로 공부하라 (캐서린 레비슨), 꿈을이루는사람들
기독교 교육은 무엇인가? (루서스 존 러쉬두니), 꿈을이루는사람들
학교교육에 대한 기독교적 이해 (기독학교교육연구소), 교육과학사
창조 설계의 비밀 (리 스트로벨), 두란노
세계관은 삶이다. (최용준), CUP
기독교의 기본 진리 (존 R. W. 스토트), 생명의말씀사
창조 타락 구속 (알버트 월터스), IVP
세계관은 이야기다 (마이클 고힌), IVP
개혁주의 기독교 세계관 (마이클 호튼), 부흥과개혁사
성경은 드라마다 (크레이그 바르톨로뮤, 마이클 고힌), IVP
성경적 세계관으로 홈스쿨링 하기 (이스라엘 웨인), 꿈을이루는사람들
다음 세대의 날개 (한 홍), 두란노
이제는 세계인으로 키우라 (박하식), 글로세움
삶을 변화시키는 가르침 (하워드 헨드릭스), 생명의말씀사
신본주의 교육 (프랭크 게블라인), 기독교문서선교회
기독교 세계관 렌즈로 세상읽기 (양승훈), 바울
학교란 무엇인가, EBS 제작팀, 중앙 BOOKS
말씀으로 키운 자녀가 세상을 이긴다 (전성수), 두란노
아웃라이어 (말콤 글래드웰), 김영사
팬인가 제자인가 (카일 아이들먼), 두란노
지성과 영성의 만남 (이어령, 이재철), 홍성사
강남에서 서울대 많이 보내는 진짜 이유 (심정섭), 나무의철학
20202040 한국교회 미래지도 2 (최윤식, 최현식), 생명의말씀사
성공하는 아이에게는 미래형 커리큘럼이 있다 (이지성), 랜덤하우스
왜 학교는 불행한가 (전성은), 메디치
왜 교육정책은 역사를 불행하게 하는가 (전성은), 메디치
목적이 이끄는 삶 (릭 워렌), 디모데
거인들의 발자국 (한 홍), 두란노
조용한 혁명, 기독교학교 (브레들리 히스), 꿈을이루는사람들
도전과 기회 3C 혁명 (강영우), 생명의말씀사
삶으로 가르치는 것만 남는다 (김요셉), 두란노
삶으로 배우는 것만 남는다. (김요셉), 두란노
사람은 무엇으로 성장하는가 (존 맥스웰), 비즈니스북스
교실에서 하나님과 동행하십니까? (해로 반 브루멜른), IVP
목적이 이끄는 삶을 위한 SHAPE (에릭 리즈), 상상북스
엘리트보다는 사람이 되어라 (전혜성), 우석
홈스쿨링 (레이 불만), 규장
이제 학교는 선택이다. 도솔
대중문화, 더 이상 침묵할 수 없다. 기독교윤리실천운동, 예영
현대사상과 문화의 이해 (진 에드워드 비스), 예영
기독교 세계관과 현대사상 (제임스 사이어), IVP
그리스도와 문화 (리차드 니버), 대한기독교서회
급변하는 흐름 속의 문화 (C.A. 반 퍼슨 지음), 서광사
현대 예술과 문화의 죽음 (한스 로크마커), IVP
서양 문화의 뿌리 (헤르만 도예베르트), 크리스찬다이제스트
21세기의 도전과 기독교문화, 통합윤리학회, 예영
핀란드 교실 혁명 (후쿠타 세이지), 비아북
핀란드 부모혁명 (박재원 구해진), 비아북